以审判为中心的
刑事诉讼制度改革探索

—— 一个刑事法官的视角

Exploration on Reform of the Criminal
Procedure System Centering on Trials

余 剑 ◎著

图书在版编目(CIP)数据

以审判为中心的刑事诉讼制度改革探索：一个刑事法官的视角/余剑著. —北京：北京大学出版社，2023.6

ISBN 978-7-301-33874-2

Ⅰ.①以… Ⅱ.①余… Ⅲ.①刑事诉讼—司法制度—体制改革—研究—中国 Ⅳ.①D925.204

中国国家版本馆 CIP 数据核字(2023)第 053980 号

书　　　名	以审判为中心的刑事诉讼制度改革探索——一个刑事法官的视角 YI SHENPAN WEI ZHONGXIN DE XINGSHI SUSONG ZHIDU GAIGE TANSUO——YIGE XINGSHI FAGUAN DE SHIJIAO
著作责任者	余　剑　著
责任编辑	尹　璐
标准书号	ISBN 978-7-301-33874-2
出版发行	北京大学出版社
地　　　址	北京市海淀区成府路 205 号　100871
网　　　址	http://www.pup.cn　新浪微博：@北京大学出版社
电子信箱	sdyy_2005@126.com
电　　　话	邮购部 010-62752015　发行部 010-62750672　编辑部 021-62071998
印刷者	北京鑫海金澳胶印有限公司
经销者	新华书店
	730 毫米×980 毫米　16 开本　18 印张　295 千字 2023 年 6 月第 1 版　2023 年 6 月第 1 次印刷
定　　　价	68.00 元

未经许可，不得以任何方式复制或抄袭本书之部分或全部内容。
版权所有，侵权必究
举报电话：010-62752024　电子信箱：fd@pup.pku.edu.cn
图书如有印装质量问题，请与出版部联系，电话：010-62756370

序　言

　　这是一本来自于刑事司法一线的审判业务专家精心研究撰写的学术著作。作者余剑法官是刑法学硕士,后又取得刑事诉讼法学博士学位;长期从事刑事审判,获评全国优秀法官、上海审判业务专家、刑事审判领域领军人才称号,对刑事法研究颇有造诣。我曾多次和他一起参加学术研讨,他对刑事法律的深刻理解和娴熟运用,给我留下极其深刻的印象。每次演讲他都脱稿发言,见解新颖,条理清晰,论证深入,逻辑严谨,以事实说话,以道理服人,既有很好的法理阐释,又能切实解决实际问题。

　　余剑法官具有丰富的刑事司法经验,主持审理过多起在全国有重大影响的案件,在上海市审判系统颇有影响。上海一知名律师事务所主任曾谈起对司法队伍素质的看法,感叹现在有些法官专业水平确实高,其中就特别提到余剑法官,认为余剑法官理论水平高、业务能力强,主持庭审中总能敏锐地抓住所审案件的核心争点,引导控辩双方始终围绕庭审重点展开诉讼活动;余剑法官还非常尊重律师的辩护职能,只要是依法依理进行辩护,有助于案件查明事实、正确适用法律,从不轻易打断律师的发言,保证所需要的辩护时间,展现出高超的庭审驾驭能力;在余剑法官主持的庭审中控辩双方都能充分发挥出自己的专业水平,感觉非常过瘾。这是对余剑法官专业素质的充分肯定。

　　此外,余剑法官还有着不断学习进取的精神。多年来,在繁忙工作之余,他始终保持学术热情,经常聚焦前沿问题,屡有新作问世,相关成果既有理论的高度,又有实务的精度,赢得学术同行的一致好评。

　　《以审判为中心的刑事诉讼制度改革探索——一个刑事法官的视角》是余剑法官的新作,本书从一名刑事法官的视角对我国刑事诉讼制度的改革历程进行了系统的总结、梳理和展望,为进一步完善这一制度献计献策。浏览全书,我深深感到文如其人,水平可嘉,至少表现出以下三个方面的特点:

一、以问题为导向,突出实践与理论的良性互动

我国的《刑事诉讼法》制定于 1979 年,全国人大于 1996 年和 2012 年先后两次对《刑事诉讼法》做全面修改。党的十八届四中全会作出推进以审判为中心的司法体制改革战略部署,对我国刑事诉讼制度的发展具有十分重要的意义。根据这一战略部署的要求,《刑事诉讼法》及相关司法解释又不断地得到修改和完善。

以审判为中心的刑事诉讼制度改革目的在于着力破解影响司法公正、制约司法能力的体制性障碍、深层次问题,而这些问题往往是通过司法实践中具体案件反映出来的。研究诉讼制度改革不可能离开对各种典型、疑难司法案件的了解。通过分析具体案件发现制度所存在的问题,再基于此寻找改革的措施和方法,在这一点上处于审判一线的法官无疑具有先天优势。本书作者正是利用这一职业优势和自己的研究能力,以强烈的问题意识为导向,立足刑事法官的视角,详细梳理总结刑事诉讼实践中的疑难、复杂问题,探讨如何进行司法改革,围绕我国刑事诉讼制度在哪些方面需要改、为什么要改、如何改、怎么才能改得成功等问题,进行了全方面、多角度、深层次、系统性的分析研究。研究过程中注重从法理层面分析、剖析实务问题和改革内容,并对具体法律条文的理解和适用提出有理论支撑的解释和说明,将实践与理论紧密结合。

例如,对于卷宗移送问题,1979 年《刑事诉讼法》虽未规定移送方式,但实践中通常是移送全案卷宗。1996 年《刑事诉讼法》规定为移送主要卷宗,2012 年《刑事诉讼法》则又规定为移送全案卷宗。对此,作者认为,现行法律对卷宗移送方式的修改并不是对 1979 年《刑事诉讼法》的简单恢复和回归,而是在强调庭前形式审查的总体目标下作出的调整,即 1996 年与 2012 年的修改,都强调将刑事法官对公诉的庭前审查要从实质审查转化为形式审查,2012 年的全案卷宗移送是为了进一步保障辩护人的阅卷权,但并未改变庭前形式审查的模式。由此,刑事法官应牢固树立以庭审为中心的办案理念,避免先定后审、先判后审,并为律师阅卷提供充分的便利,为庭审的实质审理奠定坚实的基础。

再如，关于庭前准备程序的完善问题，作者认为，关键在于厘清制度的价值目标，它对相关制度的改革具有引领作用。本书通过分析美国审前程序、英国双重预审程序、德国中间程序、日本公审程序等域外相关法律制度，指出刑事诉讼庭前准备程序的价值目标应定位于案件审理的"准备"和"分流"，即为正式庭审做好充分、有效准备，并作为过滤机制将不必要开庭或不符合开庭审判的案件进行分流。基于这一价值目标，本书对我国的公诉审查、庭前会议、庭前证据展示等相关程序提出了非常有价值的完善建议。理论与实践紧密结合的研究方法，不但使研究成果具有很强的现实针对性，也增强了研究结论的说服性和可信性，同时也明显提升了全书的学术水平。

二、以改革为主线，突出原因与对策的系统分析

在实践中，余剑法官敢于创新，善于以改革精神破解审判难题。他在全国率先开展关键证人屏蔽作证机制、探索七人制合议庭审理重大刑事案件、探索拒不认罪案件相对独立量刑程序、开展刑事案件庭审微直播。在新冠病毒感染疫情期间，他还率先联合检察院、看守所等机构，搭建可多方连线的云法庭，探索刑事案件在线庭审，推动在线庭审的常态化和规范化。这些探索体现了作者对司法守正创新的不懈坚持和努力，取得了良好的社会效果，从中获得了宝贵的改革经验，积累了丰富的研究资料和素材。本书对这些经验进行了详细的整理和总结。

例如，在他主审的一起涉毒数量高达4000余克的重大毒品案件中，率先推进"关键证人屏蔽作证机制"，侦查人员可不在法庭现场作证，而是在专门房间，通过变音、不暴露面容等方式连线法庭进行作证，使关键证据得以当庭出示和质证，保证了案件的审判质量，同时也保护了侦查人员的人身安全。2012年《刑事诉讼法》在修正时，将这一探索经验加以吸纳，以法律形式固定下来，进一步强化了证人、鉴定人、侦查人员等的出庭作证义务，维护了司法公正。正如作者书中所述，我国证人出庭率低既有厌讼等传统习惯的原因，也有诉讼资源不足的原因，还有制度保障不充分的原因。因此，对于该问题，不能完全照搬西方，以为只要确立传闻证据排除规则就可解决，而应结合国情，探索和设置关键证人出庭作证机制。人民法院应在法律允许的范围内积极探索相关配套机制，通过拓宽制度供给先解决关键证人出庭作证难的问题，再逐步提高证人的出庭作证率。

再如，本书也聚焦了律师对程序问题进行"死磕"的难题，认为推进以审判为中心的诉讼制度改革，就是要充分尊重和保障人权，充分保障、落实犯罪嫌疑人、被告人的辩护权利，尽最大可能为辩护律师依法履职提供制度保障和便利条件。出现对程序的"死磕"现象，原因可能在于我国的刑事诉讼程序中缺少程序争议问题的裁决机制。对此，作者专门提出可以探索在庭前会议机制中完善程序争议问题的裁决机制，法官应当在充分听取控辩双方意见的基础上，以适当的形式对程序争议作出裁决，并向控辩双方公布并说明理由，同时提供妥当的救济途径。这样，方可有效化解庭审中控辩双方的非理性对抗。

除此之外，本书还对刑事案件在线庭审机制的完善、刑事和解在死刑案件中运用的裁判平衡、精准化量刑建议的审查方式等诸多司法难题进行了探讨。这些研究既涉及规则构建又涉及机制创新，践行了能动的刑事司法理念，研究成果对于今后继续做好刑事诉讼制度改革工作无疑具有积极的参考价值。

三、以目标为引领，突出效率与公正的双重追求

本书在各个问题的讨论中，都充分贯彻了统一的刑事司法理念——彰显以人民为中心的主旨要义。人民群众对司法工作既有司法效率的期待，又有司法公正的期待。案多人少矛盾是当前制约刑事审判和刑事诉讼质效水平提升的重要因素。有效破解人案矛盾、有效满足群众的双重期待，既是改革的目标，又是改革的方向。余剑法官对如何实现司法效率与司法公正的双重追求也提出了颇有见地的见解。

例如，关于如何解决人案矛盾难题，作者认为，传统诉讼制度以被告人不认罪为基础构建，以控辩对抗为审查基础。为了应对过度犯罪化趋势，以认罪答辩为前提的快速审理机制被各国吸收采纳，我国认罪认罚从宽制度的改革探索正是践行这种司法理念的具体实践。不过，本书并不局限于讨论认罪认罚案件，而是将所有认罪案件作为研究对象，将认罪案件区分为认罪认罚、认罪不认罚、部分认罪等三种类型，有针对性地探索不同类型案件的快速审理机制。重点围绕认罪案件的内涵、相关审理特别程序的适用条件、证据认定、量刑程序等进行分析，将认罪认罚从宽制度作更细化的深入研究，见解富有新意，为下一步的改革探索提供了新的思路。

再如,关于证据标准问题,为了进一步提升审判效率和审判质量,作者建议在充实和细化刑事诉讼证明标准的基础上,探索建立各类犯罪的证据指引,给侦查机关确定各类案件的证据收集规格,明确应当收集哪些证据、如何收集证据、证据应当达到何种要求等,通过强化前端证据收集的规范性、合法性、标准性,提升证据审查的实质性和便捷性,以此在确保审判质量的基础上提升审判效率。对"证据确实充分"的刑事证明标准进行如此具体化与规范化的尝试,对防止冤假错案、规范刑事案件的办理是极其有益的。

总体来说,本书既回溯了我国刑事诉讼制度改革的完善与变迁,也展望了下一步改革的重点和目标,全书内涵丰富、观点清晰、论理充分,理论紧密联系实际。读者能够从书中深切感到余剑法官坚实的法学理论基础、丰富的刑事司法经验、强烈的职业责任感和不懈追求司法公正的意识理念,也能从本书中看到新时期刑事法治建设不断进步的动力,洞察我国刑事诉讼制度的发展方向。希望余剑法官继续坚持学术初心,以法为度,融合理论与实践,多出高质量研究成果,为发展、完善我国刑事法律制度不断做出新的贡献。

是为序。

上海交通大学凯原法学院教授
张绍谦
2023 年 2 月

代　序

如何进一步推进以审判为中心的刑事诉讼制度改革

　　推进以审判为中心的诉讼制度改革是中共中央在坚持全面依法治国,推进法治中国建设背景下作出的重大改革部署,是坚持严格司法、确保司法公正、提高司法公信力的现实需要。近年来,人民法院积极推进以审判为中心的诉讼制度改革,相继推出了"三项审判规程"等一系列重大举措,取得了显著的成效。然而,在新形势下如何进一步推进以审判为中心的诉讼制度改革,让人民群众在每一个刑事案件中感受到公平正义,一些法院和从事刑事审判的同志却一定程度上存在"抓手不够,办法不多"的困惑。笔者认为,人民法院深入推进以审判为中心的诉讼制度改革,在当前形势下仍大有可为,应当乘势而上,着眼于以下三个方面积极推进:

一、进一步发挥刑事审判对侦查活动的规范和制约作用

　　积极推进以审判为中心的诉讼制度改革,就是要通过法院审判职能的充分发挥和不断强化,确保证据裁判原则在刑事诉讼全过程中的贯彻落实,使侦查、审查起诉的案件事实、证据都经得起审判的检验,从源头上确保案件质量。

　　侦查活动是刑事诉讼的重要环节,主要承担证据收集、固定、保存、鉴别、审查等重要功能,对整个刑事诉讼活动起到重要的基础性作用。提升侦查工作质量是确保刑事案件审判质量的基础和前提。为此,我们既要建立在审判活动中对侦查机关证据收集合法性进行审查的事后制约制度,又要着眼于审判职能的充分发挥,为侦查活动的规范提供必要的标准和指引,起到事前规范的作用。

　　具体来说,一是要全面总结审判经验,建立各类犯罪的证据指引,指导侦

查机关按照审判的标准严格依法全面收集证据。证据指引是以证据链条为基本支撑,与犯罪事实紧密关联,以证据规则为基本遵循而构建的分层次、立体化、开放式的规范体系。证据指引解决的是在办理不同类型刑事案件过程中应当收集哪些证据及如何收集证据的问题,是"犯罪事实清楚、证据确实充分"法定证明标准的具体化与规范化。侦查机关根据分层、分段、分类的证据指引的要求,结合案件的实际情况,规范证据的收集、固定和判断过程,就能最大程度提升办案质量和效率,防范冤错案件。

二是要严格落实技侦材料证据化的要求,通过各种方式,将技术侦查形成的证据材料转化为审判中能够进行庭审质证的证据,全面贯彻证据裁判原则。证据裁判原则是证据法和诉讼法制度的核心原则,它不仅要求裁判建立在证据基础上,而且强调必须建立在经过庭审调查并确认属实的证据基础上。对于作为证据使用的技侦材料,必须采用规范的方式在庭审中进行质证,并在裁判文书中予以表述,而不宜采用庭外核实的方式,更不能由司法人员进行单方的复听后,即作为认定事实或者增强证据真实性内心确认的依据。实际上,对于起到关键证明作用的以技术侦查方式取得的证据,在庭审中完全可以采用不暴露技术方法和不泄露相关人员身份的方式进行依法有效的质证,关键还是要牢固树立以庭审为中心的程序公正意识,确保裁判确认的事实能接受诉讼当事人各方的检验,让诉讼参与人和社会公众真正信服。

三是要逐步探索侦查机关以法院裁判生效作为刑事案件结案标准的制度。长期以来,侦查机关以移送检察机关审查起诉作为案件侦查结案的标准。这就造成实践中部分侦查机关和侦查人员往往只关注破案、抓获犯罪嫌疑人,忽视证据的收集、固定、检验以及审判过程中事实的补充查证、存疑证据的调查核实等工作。审判人员和检察人员在需要侦查人员进行补充调查工作时,原来负责案件的侦查人员往往已经在负责侦查其他案件,或者已经调离了原侦查部门。即使原负责案件的侦查人员愿意配合开展工作,但由于案件已经侦查终结,这些工作都很难计入侦查人员的工作量考核之中,既影响其工作的积极性和主动性,也会影响调查工作的质量。

基于目前基层侦查部门普遍存在的办案任务重,力量不足的实际情况,可以考虑在死刑案件和重大刑事案件中进行探索,先行先试,确立以裁判生效作为刑事案件侦查工作结案标准的制度。原案件侦查办案组在裁判生效前不撤销,并在案件审判过程中负责确保证人出庭、保护证人、事实的补充查证、证据的调查核实以及追赃挽损等工作。这些工作应当在侦查机关和侦查人员的考核、评比中充分体现,以牢固树立侦查人员以审判为中心的办案意识。

二、进一步推动刑事审判方式的改革和完善

20世纪90年代初,上海市徐汇区人民法院等基层法院在最高人民法院的指导下,对刑事审判方式改革进行先行探索,直接推动了1996年刑事诉讼法的修改和具有我国特色的控辩式庭审方式的形成。2012年和2018年两次刑事诉讼法的修改,使得我国刑事审判方式更趋完善。然而,从当前刑事审判实践来看,庭审流于形式的顽疾仍未得到根治,庭审控辩充分对抗的制度保障亟待加强,诉讼以审判为中心、审判以庭审为中心的改革目标尚未实现。因此,我们仍有必要因时因势,不断改革和完善刑事审判方式,进一步推进庭审实质化,真正发挥庭审在查明事实、认定证据、保护诉权、公正裁判中的决定性作用。

具体来说,一是要区分繁简案件采用不同的审判方式,真正实现繁案精审、简案快审。近年来,刑事诉讼法两次修改围绕着刑事案件简案简审进行了积极的探索。尤其是认罪认罚从宽制度的确立,对于审判效率的提升、司法资源的合理配置,起到了重要的促进作用。然而,从实践来看,刑事审判方式仍然存在"简案还不够简,而繁案却没有繁起来"的问题,改革目标的实现亟待进一步的实践探索和制度创新。

实际上,庭审的功能主要就在于通过控辩充分对抗,解决控辩各方争议的事实和法律问题,使法官兼听则明,作出公正裁决。对抗是庭审功能发挥的基础,甚至可以说没有对抗就没有庭审。控辩各方争议的点越多,庭审就越应当充分展开;争议的点越少,庭审就越应当更为聚焦。对于没有争议的案件,就完全可以采用卷宗审查的方式解决事实证据是否清楚,法律适用是否准确的问题,只要当庭确认被告人承认指控内容的真实性和自愿性即可。因此,对于基层法院审理的认罪认罚案件,完全可以采用庭前审查事实证据,庭中审查认罪认罚自愿性,庭中或庭后择期宣告判决结果的方式进行审理。对于繁案,包括基层法院审理的被告人不认罪案件,以及高中级法院审理的重大刑事案件,则应当以充分保障控辩对抗为目标,积极探索关键证人、鉴定人、侦查人员、有专门知识的人出庭作证机制,在法庭调查中充分贯彻直接言词原则的要求,在法庭辩论中引导控辩各方围绕争议问题充分展开辩论,把案件事实的矛盾点、法律适用的争议点通过庭审充分厘清,确保案件的公正裁决。

二是要构建完善的庭前准备程序,健全程序争议问题的庭前裁决机制。相对完善的庭前准备程序对于实现庭审实质化的改革目标具有重要的保障功能。2012年刑事诉讼法修改设立了庭前会议的制度,规定对于一些复杂疑难案件,可以在庭前召开控辩双方参加的会议,就程序性争议问题集中听取意见。这对于准确把握庭审重点、保障庭审顺利进行和提升庭审效率具有重要意义。然而,庭前会议的制度设计中并未相应建立完善的程序性争议裁决机制。除对回避申请和非法证据排除的申请的决定有一定的程序性规定外,对其他程序性争议和申请事项的处理,大多没有具体的程序性规定。这就导致辩方的程序性异议和申请在庭前得不到充分重视和解决,往往只能在庭审中由审判长在未经充分听取意见和说明理由的情况下予以强制性驳回,一旦把握不当,就会引起辩护律师在庭审中与法庭直接形成冲突对抗的非正常现象。

要解决上述问题,就有必要构建完善的程序性争议裁决机制,使程序性裁决的作出符合正当程序原则的要求。对于辩方提出的程序性异议或程序性要求,法庭均应当及时作出程序性裁决,对是否支持辩方的异议和要求进行明确回应。程序性裁决应当建立在充分听取控辩双方意见的基础上,以适当的形式作出,向控辩双方公布并说明理由。控辩双方对合议庭的程序性裁决存在异议的,除法律有明确规定的以外,一般不能单独提出上诉,但可以将对程序性裁决的异议在上诉中一并提出,由二审法院审查一审程序性裁决的合法性和合理性,确保程序公正。

三是要充分利用信息技术手段保障庭审控辩的充分对抗,推动信息技术与诉讼制度、诉讼规律的深度融合。随着信息科技的快速发展和人民法院加快推进审判体系和审判能力现代化的迫切要求,信息技术手段在司法场景中的应用已成为大势所趋。从推进以审判为中心的刑事诉讼制度改革维度出发,我们应当积极探索运用现代信息技术手段强化刑事庭审的控辩对抗性,大力推进庭审实质化进程。近年来,在疫情防控背景下,在线庭审在刑事审判中得到广泛应用。在线庭审不仅能够解决特殊时期被告人不便于从羁押场所提押到法院的安全保障问题,还能有效提升诉讼效率和诉讼便捷性。实践表明,在具备"高清大屏、足够带宽"的技术保障条件下,在线庭审方式并不会减损质证权的保障,反而能够通过多媒体示证系统、远程作证、证人屏蔽作证等信息技术的运用,起到推动庭审实质化的作用。

此外,现代信息技术还可以应用于刑事证据鉴真场域,辅助法官通过庭审准确判断和采信证据。对于被告人供述和证人证言等言词证据,可以在侦查阶段收集证据时即提倡全程录音录像,录音录像与书面笔录同步生成并移送法院。在庭审中,如果控辩双方对供述和证人证言的真实性提出异议时,即可快速切换至争议点进行实时播放并接受质证,并充分运用提升视频帧率、优化视频回放等技术手段,有效捕捉情态信息,切实提升庭审的亲历性和对抗性。此种言词证据鉴真方式与西方国家通行的证人出庭作证、接受交叉询问的言词证据鉴真方式比较,更为直观准确,能够真实还原言词证据形成过程,避免证人在诉讼过程中受到人为干扰做虚假陈述或由于距案发时间久远出现证言细节错漏等情形,更利于法庭对言词证据的真实性和合法性作出准确判断。对于物证、书证,则可以充分运用多维技术、区块链技术存证等技术手段,确保证据的真实性和客观性,并辅之以庭审中的多媒体示证技术,使证据的外观、形状、内容更为清晰可见,为庭审中准确校验证据提供充分保障。

三、进一步加强刑事审判中被告人辩护权利的保障

依法获得辩护是被告人的基本诉讼权利。被告人、辩护人对辩护权利的有效行使是确保庭审控辩各方充分对抗,实现庭审实质化的基础前提。积极推进以审判为中心的诉讼制度改革,就是要在刑事诉讼中充分体现尊重和保障人权的要求,充分保障、落实被告人的辩护权利,尽最大可能为辩护律师依法履职提供制度保障和便利条件。从刑事诉讼结构来看,辩方面对以国家强制力为保障的控方,其诉讼地位无疑处于天然的劣势,只有在审判阶段采取有力措施保障和落实被告人及其辩护律师依法享有的各项诉讼权利,才能使辩方能够有机会与控方平等对抗,使"真相越辩越明",确保法庭能够居中裁决,明断是非。

具体来说,一是要重视辩护人在庭前程序中的有效参与,充分保障辩护人收集、调取证据和申请证人出庭等诉讼权利。辩护权的保障不仅应当在庭审中予以体现,更应当落实于庭前、庭后各环节,尤其是在庭前准备程序中。只有在庭前准备阶段,通过一定的程序和制度设计,保障辩护律师收集、调取证据的权利,对其提出的排除非法证据,申请证人、侦查人员、鉴定人、有专门知识的人出庭作证的要求予以充分重视和及时回应,才能使辩护律师真正能在庭审中与控方进行平等对抗。从以审判为中心的诉讼制度改革目标出发,法庭不仅要重视辩护人在庭前的有效参与,更应当为辩护人强化辩护能力提供积极的帮助。对于辩护律师提出的收集、调取证据的申请,法庭在审查后认为有必要的,应及时向相关单位和个人发出调查令,要求其配合辩护律师的调查,否则将追究法律责任。对于辩护律师确实难以直接收集、调取的证据,则应要求侦查机关、检察机关进行收集、调取,必要时可以由法庭直接调取。对于辩护人在庭前提出的程序性申请和异议,应当及时通过听证和裁决方式予以解决和回应。只有确保辩护律师在庭前有效参与,才能使其在庭审中实现平等武装、充分对抗,有效发挥庭审的功能作用。

二是要充分重视辩护人的辩护意见,建立保障在庭审和裁判文书中对辩护意见进行有效回应的机制。庭审中,审判长要善于引导控辩双方在遵循法庭规则的前提下充分抗辩,以辞听两造、居中裁决。对辩方有理有据的辩护意见,要求控方必须当庭作出回应。实践中,往往出现公诉检察官对辩护意见进行选择性回应的情况,审判长应当及时归纳提示,确保法庭辩论效果。裁判文书中应当严格要求对辩方意见进行完整反映和归纳,改变实践中有的文书对辩方意见作选择性表述或过于简略的表述的不当做法。对控辩双方争议点进行归纳提炼后,应当在裁判文书中充分有效地回应,并强化说理性要求,做到有理有据,以理服人。在上诉案件审理和案件质量评查时,应当将辩护词与裁判文书进行对照,对于没有完整反映和归纳辩护观点,没有有效回应,导致案件认定事实和适用法律确有错误的,应当依法改判或发回重审。在评查中对于因上述情形导致案件被改判发回的,应依法依规追究合议庭的差错责任。

三是要进一步提高二审开庭率,确保辩护律师在刑事二审程序中充分行使辩护职能。以审判为中心的诉讼制度改革要求,不仅应在刑事一审程序中充分体现,在刑事二审、复核、审判监督等刑事审判程序中也应当得到全过程的贯彻落实。当前,刑事二审开庭率偏低的问题已饱受刑事辩护律师诟病,其质疑的合理因素确实值得重视。刑事二审程序承担着重要的全面审查、依法纠错功能。如果大量的二审案件都采用书面审理的方式进行审查,甚至对于事实证据存在重大争议的疑难复杂案件都不开庭审理,可能会导致二审功能的虚化和刑事申诉、信访案件的激增,与审判定分止争的目标要求相悖。因此,有必要从制度和实践层面,积极探索进一步提高二审开庭率的问题。除死刑案件、重大疑难复杂案件等法律规定必须开庭的情形外,对于上诉人及其辩护人对事实、证据提出有理有据的异议的二审案件,原则上也应当要求必须开庭审理,以充分听取和回应上诉人的诉求和辩护律师的辩护意见,及时纠正一审在认定事实和适用法律上的错误。这样既能依法充分保障辩护律师在刑事二审中辩护职能的有效发挥,也能提升审判质量,确保公正裁判,充分贯彻落实以审判为中心的诉讼制度改革的目标要求。

余　剑

2023 年 1 月 28 日

目 录

第一章　刑事诉讼庭前准备程序改革探索　001
　第一节　刑事诉讼庭前准备程序的内涵　001
　第二节　域外刑事诉讼庭前准备程序的概况　003
　第三节　刑事诉讼庭前准备程序的价值目标　006
　第四节　我国刑事诉讼庭前准备程序存在的问题　009
　第五节　我国刑事诉讼庭前准备程序的完善路径　014

第二章　刑事诉讼证人出庭作证制度改革探索　036
　第一节　事实确证与证人出庭作证　036
　第二节　证人出庭作证的制度选择　039
　第三节　关键证人出庭作证的制度设计　043
　第四节　侦查人员出庭作证制度的具体内容　047
　第五节　构建完善的证人屏蔽作证机制　055
　第六节　证人出庭作证配套机制的完善　061

第三章　被告人认罪案件审理程序改革探索　065
　第一节　被告人认罪案件的范围　065
　第二节　被告人认罪案件程序适用的特殊性　069
　第三节　被告人认罪案件审理程序的完善　073
　第四节　被告人认罪案件的证据认定　081

第四章　相对独立量刑程序改革探索　　086
　　第一节　量刑程序的实践考察　　086
　　第二节　量刑程序构建的理论探索　　095
　　第三节　量刑事实的证明方法　　108
　　第四节　量刑程序展开的方案设计　　118
　　第五节　量刑程序改革的制度配套　　133

第五章　刑事诉讼证明标准制度改革探索　　140
　　第一节　刑事证明的内涵　　140
　　第二节　刑事证明标准的实践考察　　151
　　第三节　"排除合理怀疑"证明标准在我国刑事诉讼中的合理定位　　164
　　第四节　"排除合理怀疑"证明标准的补充适用　　171

第六章　刑事附带民事诉讼审理程序改革探索　　181
　　第一节　刑事附带民事诉讼制度的沿革和特点　　181
　　第二节　刑事附带民事诉讼当事人的确定　　191
　　第三节　刑事附带民事诉讼赔偿范围和标准　　200
　　第四节　刑事附带民事诉讼审理和调解程序　　209

第七章　刑事诉讼制度改革若干前沿问题探索　　224
　　第一节　七人合议庭制度的实践与完善　　224
　　第二节　刑事案件在线庭审机制的完善与优化　　237
　　第三节　证据收集合法性调查程序的完善　　249
　　第四节　刑事和解在死刑案件中运用的裁判平衡　　255
　　第五节　正确对待认罪认罚案件精准化量刑建议　　266

第一章

刑事诉讼庭前准备程序改革探索

一般来说,做事前进行精心的准备和周密的策划,往往就能取得事半功倍的效果。对于诉讼庭审程序来说,同样需要有一个完善的庭前准备程序。近年来,围绕着构建中国特色的控辩式庭审模式、强化庭审功能作用、促进庭审实质化的目标,刑事诉讼审判方式历经多次调整和变革,取得了重大进展。然而,在当前审判实践中,刑事诉讼庭审流于形式的问题仍然存在,诉讼效率不高的问题也日益突出,这就对我们进一步深化刑事诉讼审判方式改革提出了更为迫切的要求。要建立公正、高效的刑事诉讼审判机制,真正实现庭审实质化,确立庭审在刑事审判中的中心地位,就必须对现有的刑事诉讼庭前准备程序进行改革和完善。

第一节 刑事诉讼庭前准备程序的内涵

通常认为,刑事诉讼庭前准备程序是正式庭审的前置程序,是一种预备性程序。但是,我们对刑事诉讼庭前准备程序的具体内容的认识还存在较大差异,有必要厘清该程序的具体内涵。

一、庭前准备程序与审前程序的区别

在研究刑事诉讼庭前准备程序的问题之前,对刑事诉讼庭前准备程序的范畴进行准确的定位,是十分必要的。在哲学中,范畴是指主体的思维掌握客观世界普遍的或本质的联系的关节点或支撑点。[①] 对要研究的问题涉及的基本范畴进行准确的分析和定位,是正确把握其内在联系和外在关系,从而

[①] 王寅:《认知语言学》,上海外语教育出版社2007年版,第98页。

得出科学结论的关键。与民事诉讼不同,刑事诉讼的过程并非由法院立案开始,而是由侦查机关立案开始。因此,刑事诉讼庭前准备程序与刑事诉讼审前程序有不同的范畴。

刑事诉讼审前程序是建立在裁判中心主义司法理念上的概念,是指刑事诉讼进入审判程序前的侦查和检控程序。[①] 在诉讼发展史上,初期的刑事诉讼与民事诉讼没有明显的界分,其主要内容像现代民事诉讼一样,是法庭对案件的审判过程;后来,基于刑事追诉活动自身的特点,以及由此决定的诉讼职能的不断分化,法庭审理之前开始逐渐延伸出一些由公权力行使的专门调查活动,[②] 作为规范这些审前调查活动的刑事审判前程序也开始相应地慢慢发展起来,刑事诉讼审前程序作为专门概念由此而生,并专门指代刑事案件的立案、侦查、起诉等侦查、检控环节。

而刑事诉讼庭前准备程序则与审前程序不同,是指刑事诉讼经法院审查决定进入审判阶段后,在第一次正式开庭审理之前的相关工作程序。庭前准备程序也不同于庭前公诉审查程序,因为,所谓诉讼程序,从动态上看,是指按照一定的顺序、程式和步骤作出法律决定的过程;从规范意义上看,则是指一系列法律原则、规则和手续的总和。它既包括控辩裁三方共同参与诉讼活动的规则和程式,也包括一些应当予以规范的程序性事项和事务性工作。我们研究刑事诉讼庭前准备程序,就是研究刑事诉讼公诉阶段完成决定提起公诉,法院受理后,至法院第一次开庭审理前的程序性活动和准备性工作中的问题。

二、庭前准备程序的基本内涵

由此可见,庭前准备程序是在刑事诉讼中,人民法院对提起公诉的案件经审查决定开庭审判后所进行的法庭审理前的准备工作,它是设置在法庭审判之前的一个前置程序,是刑事诉讼中一项重要的预备性程序,主要目标是为了确保庭审能够集中、高效审理。具体来讲,庭前准备程序应当服务于以下目标:

一是彰显程序公正。从审判实践看,庭审前,辩护人和诉讼代理人在没

[①] 陈瑞华:《刑事诉讼的前沿问题》,中国人民大学出版社 2000 年版,第 256 页。
[②] 宋英辉、吴宏耀:《刑事审判前程序研究》,中国政法大学出版社 2002 年版,第 1—10 页。

有法定程序参与庭前程序性事项决定的情况下,很难有途径向审判人员反映对程序性决定的意见。从程序公正的角度,为了确保诉讼主体的充分参与,庭前程序有必要吸收控辩双方参与,以了解有关情况、听取各方的意见,进而促进控辩双方的平等对抗,进一步彰显程序公正的诉讼价值。

二是实现过滤机能。从案件现状和审判效率角度看,我们不可能选择"旷日持久"的审理模式。英美国家实行"起诉书一本主义",法官确实是在审前与卷证隔离,但庭审耗时冗长。在相对有限的诉讼资源和时空条件下,需要通过庭前程序将浩繁的各类程序、实体问题进行过滤,以实现庭审的高效、快速审理。

三是强化实质审理。从认识论和方法论层面讨论,侦查、起诉、审判是查明案件事实、厘清法律责任的一个完整认识、判断过程。在进入审判阶段之后,相关审理一定是在前面认识基础上的拾遗补阙与认识深化,而绝非简单重复。当法院决定立案审理后,有必要通过庭前准备程序,让控辩双方充分参与,将无争议的事实或证据固定下来,将疑难问题梳理出来,以便在后续庭审中法庭可以集中审理相关争议焦点和矛盾点。

第二节 域外刑事诉讼庭前准备程序的概况

一、英美法系庭前准备程序

(一)美国审前程序

美国联邦刑事诉讼程序中,审前程序包括侦查和起诉,以前述庭前准备程序的范畴来看,美国的庭前准备程序应从预审(preliminary examination)开始,预审在地区法院进行,检察官和被告人均应到庭,辩护律师也可以出庭,预审的目的是审查是否存在合理根据以支持对被告人提出的指控,以确定是否交付审判。进行预审的法官之后不能再主持庭审,以防止对案件形成预断。预审并不是刑事诉讼的必经程序,而是被控以重罪的被告人的权利,被告人可以放弃预审。另外,凡经大陪审团审查决定起诉的,一般不再经过预审。

美国的庭前准备程序最具特色的是辩诉交易和证据开示。美国刑事诉讼庭前准备阶段有传讯(arraignment)程序,由法院在公开法庭进行,被告人必须到庭,并要求对指控进行答辩。如果被告人作有罪答辩,法官查明被告人系出于自愿且清楚有罪答辩的后果,就可以不经正式开庭,径行对被告人作出判决。在美国的司法实践中,有罪答辩经常是起诉方与辩护律师之间进行交易也即"辩诉交易"(plea bargaining)的结果,控辩双方不仅可以对控罪,也可以对量刑进行交易。当然,法官必须对交易的正当性进行审查,并在有一定事实根据的条件下对被告人作出最终的判决。美国的庭前准备程序中一项重要内容是证据开示(discovery),即检察官与被告双方互相向对方展示各种文件和证据。美国的证据开示程序是由当事人双方推进的,法官居中对有争议的事项作出裁决,并对应开示而未予开示的证据在庭审中予以排除,从而在程序上保证控辩双方遵守开示规则。

此外,美国的庭前准备程序还包括审前是否释放被告人的裁量,审前证据保全,审前动议的裁决,决定案件合并或分开审理及通知送达等事务性工作。有时,为提高庭审效率,还会由法庭召集审前会议,固定证据和争议焦点。

(二)英国双重预审程序

英国的庭前准备程序要经过治安法院(magistrates court)和刑事法院(crown court)两道环节,所以可称为双重预审程序。刑事案件起诉后,均应先由治安法院进行处理,对于以简易起诉书起诉的,由治安法官依简易审判程序审理并判决,而对于以正式起诉书起诉的,或治安法官认为不能适用简易程序的案件,则由治安法官进行预审,预审包括书面预审程序和言词预审程序,主要审查证据是否充分,起诉是否有理由,是否符合起诉的条件;并决定对被告人是否需要审前羁押。

治安法院经审查后决定移送起诉的,案件即移交刑事法院。刑事法院在正式庭审以前,还要传讯被告人,并要求其对起诉书指控的每个罪状进行答辩,如果被告人作有罪答辩,则无须正式开庭而直接作出判决。在传讯程序中,法官还可以应被告人申请或自行决定撤销、修正起诉书,或者根据同样的事实重新提出起诉书。在庭审前,同样有证据开示规则,但英国的证据开示对控方要求比较严格,而对辩方只要求在一些特殊例外情况下存在展示义务。此外,一些庭审准备的事务性工作,通常也是由治安法院和刑事法院分工完成。

二、大陆法系庭前准备程序

(一) 德国中间程序

德国的庭前准备程序包括中间程序和审前的准备性工作。中间程序是指一般的案件中，在提起公诉后到法庭开庭审理前之间的独立的庭审预备程序。一般是由刑事审判庭的一名职业法官负责阅卷，并负责向被告人送达起诉书副本及指定辩护人等事宜。该法官在阅卷过程中，可以自行或委托检察官进行补充侦查，调取证据；并负责在评议会上向合议庭报告审查结果。合议庭评议后，如果认为案件符合开庭审理条件，则开始进行传唤、送达等技术性准备工作。如果认为案件不符合开庭审理条件，则可以在征得检察官和被告人同意后决定彻底终止诉讼，也可以决定暂时中止诉讼。中间程序中，还要对被告人审前羁押问题作出决定。

辩护人有权至检察院和法院查阅卷宗。如果案件适用刑事处罚令程序、保安处分程序和简易程序，则无须经过中间程序。但是，法官在依上述程序审理案件时，发现应适用普通程序的，仍应经过中间程序审查，再进入庭审。

(二) 日本公审程序

日本刑事诉讼中采取起诉书一本主义，检察院决定提起公诉的，只需向法院移送载明确定诉因的起诉书，而不移送证据材料。案件提起公诉后，即进入公审准备程序。日本的公审准备程序包括控辩双方的准备程序和法院的准备程序。控辩双方的准备程序的主要内容是证据开示，重点是控方向辩护方展示其收集、调取的证据。控辩双方还应就诉因和争议焦点的明确化予以协商。双方应将准备的情况及时通知法院。

法院的准备程序包括为保证公审顺利进行的必要准备措施，如送达起诉书副本、告知辩护人委托权、指定公审日期等，还包括对被告人是否审前羁押作出决定以及就诉因、罚条和争议焦点与控辩双方进行协商。必要时，法庭让检察官和辩护人到庭，进行准备会议，就指定公审日期和其他诉讼必要事项进行协商，但不得涉及可能对案件产生预断的事项。对于符合简易公审程序条件的，法官在听取控辩双方意见后，可以作出适用简易公审程序的裁定。对于检察官提出简易命令和交通案件即决裁判请求的案件，简易法院可以以简易方法作出裁判。

（三）意大利初步庭审程序

意大利的初步庭审程序由专门负责初步庭审的法官主持，该法官不得兼任该案正式庭审的法官。初步庭审以书面审查为主，检察官应将全部卷宗材料移送给法官。除证人外，检察官、被告人、辩护人都要参加初步庭审程序。初步庭审程序的任务是审查检察官所收集的证据是否有充分的理由认为应对嫌疑人提起公诉，以防止不当的起诉。初步庭审结束，法官可以发出审判令决定开始正式庭审，并仅将部分案卷材料移送审判法官；也可以宣告不追诉的判决。

正式庭审的技术性准备工作也大都在初步庭审程序中完成。辩护人可在初步庭审阶段至法院文书室查阅全部卷宗材料。在部分案件中，如果被告人在初步庭审确定5天之前，或者控辩双方尚未提出各自的结论之前申请采用辩诉交易程序，并经检察官同意，初步庭审法官可以决定适用辩诉交易程序，不经正式庭审而直接作出判决。其他简易程序如处罚令程序、立即审判程序和快速审判程序则不需要经过初步庭审程序。

第三节　刑事诉讼庭前准备程序的价值目标

一、各国庭前准备程序的共通内容

以上各国的刑事诉讼庭前准备程序基本上体现了国外刑事诉讼庭前准备程序的特点。总的来看，刑事诉讼庭前准备程序主要包括以下两方面的内容：

1. 准备

即为正式开庭审理作好充分、有效的准备。保证庭审迅速、连续进行是刑事诉讼庭前准备程序的主要任务。准备工作的内容主要包括以下四个方面：(1) 确定开庭审理日期、法庭组成人员、通知控辩双方和处理回避申请等。(2) 保证诉讼参与人到庭参加诉讼。包括对被告人决定是否需要审前羁押，传唤并采取措施保证证人出庭，通知公诉人、辩护人等程序和措施。(3) 保证控辩双方在庭审中能平等对抗，包括在必要时为被告人委任辩护人，帮助辩护人调查取证，处理辩护人限制控方证据使用的动议及保证辩护人在开庭前了解控方证据材料等，有的情况下也要求辩方向控方展示有关证据。(4)进行证据保全,明确诉因和固定争议焦点。

2. 分流

刑事诉讼庭前准备程序的另一项重要任务就是作为一种过滤机制,将不符合开庭审判条件和不必要开庭审判的案件进行分流。分流的主要内容有以下三方面:(1)通过对公诉案件的审查,将不符合开庭审理条件的案件予以终结或退回检察机关。(2)通过辩诉交易,对被告人作有罪答辩的案件在审查后,决定不经开庭审理,直接进入量刑程序。(3)通过审查认为符合简易审判条件的案件,直接依简易程序审理或交由管辖简易案件的法院或法庭审理。

二、庭前准备程序的基本价值追求

庭前准备程序的准备和分流并不是截然分开的,它们作为庭前准备程序的两项重要任务,是通过庭前准备程序整体的合理运作而实现的。从上述国外刑事诉讼庭前准备程序在庭审前对刑事诉讼案件进行的准备和分流来看,各国无论对庭前准备程序的设计采取何种模式,均体现了对公正和效率两大诉讼程序价值的追求。

一方面,公正是法律程序所要实现的最高理想和目标。公正包括实体公正和程序公正,评价一项诉讼程序是否公正,不仅要看其是否能为实现实体公正提供保障,更重要的是看其是否符合程序公正的标准。在诉讼价值理论界,程序公正标准有"积极性公正理论"和"消极性公正理论"两种学说。陈瑞华博士从后者出发,将刑事审判程序的最低限度公正标准设定为六项原则:程序参与原则、中立原则、程序对等原则、程序理性原则、程序自治原则、程序及时终结原则。[1] 从以上各国的庭前准备程序内容来看,基本上体现了上述六项原则的要求。如预审法官与庭审法官相分离,保证裁判者的中立,避免产生预断。证据开示保证了控辩双方平等对抗,保证当事人及证人出庭保障了程序的参与和运作的理性。而庭前准备的整体有效运作,就保证了庭审的实质化,使裁判结论真正建立在庭审的调查和辩论基础之上。

另一方面,效率[2]本来是经济学中表征成本与收益之间关系的范畴。随

---

[1] 陈瑞华:《刑事诉讼的公力合作模式——量刑协商制度在中国的兴起》,载《法学论坛》2019年第4期。

[2] 有的学者也将这一价值范畴称为"效益",实际上,两者都是对英文"efficiency"一词的翻译,其含义是相同的。

着 20 世纪 60 年代以来西方经济学对法学的渗透、融合以及在此基础上经济分析法学学派的形成,效率逐渐成为一种基本的法律价值。对程序效率价值的强调是建立在司法资源有限的前提下的,它要求尽可能以较小的诉讼成本实现诉讼目的,其基本的价值内容和价值规定性是诉讼过程的经济合理性与诉讼结果的合目的性。[①] 刑事诉讼庭前准备程序集中体现了效率价值的要求。庭前准备程序的准备工作,可以保证庭审的快速和有针对性,防止重复开庭造成诉讼拖延。能起到缩短诉讼周期,节约诉讼成本的作用。庭前准备程序的过滤机制将不符合庭审条件的案件及时终结,大大降低诉讼成本。通过庭前准备程序的繁简分流,更是有效地实现了司法资源的合理配置,提高了诉讼效率。

三、司法公正与司法效率的辩证统一

由此可见,刑事诉讼庭前准备程序的诉讼价值目标应当是程序的正当化和效率化。应当指出的是,刑事诉讼庭前准备作为刑事诉讼的特定诉讼阶段,其程序正当化和效率化的诉讼价值目标是立足于刑事诉讼整体的正当化和效率化,而不仅仅是指准备程序本身的正当化和效率化。因此,对刑事诉讼庭前准备程序的改革与完善,从价值目标来看,应当是使庭前准备程序更有效地促进和保证刑事诉讼的正当化和效率化。

刑事诉讼的正当化和效率化两种价值目标是辩证统一的关系。两者既相互包含、相互促进,又相互冲突、相互限制。程序正当化本身就包含了对程序效率的要求。"正义的第二种含义——也许是最普遍的含义——是效率。"[②]程序的及时终结性就是程序公正的衡量标准之一。程序的效率化就是要以最为经济合理的程序来实现案件的程序公正和实体公正,程序的效率化对程序的正当化具有不可或缺的保障作用。刑事诉讼程序的正当化也促进了对刑事诉讼效率化的重视和追求。

程序正当化与效率化在实现过程中并不总是一致的,它们之间也必然存在着冲突。在司法资源有限的前提下,刑事诉讼程序的正当化所带来的诉讼成本的增加会导致程序效率的降低,而使程序最大限度地实现效率化往往会

[①] 李文健:《刑事诉讼效率论》,中国政法大学出版社 1999 年版,第 34 页。
[②] 〔美〕理查德·A.波斯纳:《法律的经济分析(上)》,蒋兆康译,中国大百科全书出版社 1997 年版,第 31 页。

使程序的正当化受到限制。因此,在对庭前准备程序进行改革和完善时,必须要考虑如何对这两种诉讼价值目标进行协调,以更为合理地对程序进行设计,使之兼顾程序公正和程序效率,最大限度地实现刑事诉讼的正当化和效率化。

在程序正当化与效率化冲突时如何进行协调和选择的问题上,诉讼理论界有"公正优先"和"效率优先"两种学说[①]。笔者认为,这两种学说实际上并不矛盾。"公正优先"强调的是对程序效率化的追求不能违反和背弃最低限度的正义标准。而"效率优先"强调的是在效率与公正两者不能兼顾的情况下,应当允许以牺牲部分程序公正来实现程序的效率化。因此,将两种学说结合起来,我们就可以得出这样的结论:在程序正当化与程序效率化产生冲突时,应当放弃一定的程序正当化要求,以更大地促进程序的效率化,但程序的效率的最大化也必须有一定的限度,也就是程序的效率化不能使刑事诉讼程序达不到最低限度公正标准的要求。当然,在程序设计时,应当根据特定国家刑事诉讼实践的现实客观需要,来确定对程序正当化和效率化价值目标的实现和放弃的合理限度。

第四节　我国刑事诉讼庭前准备程序存在的问题

一、法律规定及沿革

(一) 庭前准备程序的相关规定

我国刑事诉讼中并没有规定独立的庭前准备程序,对庭前准备活动的规定散见于《中华人民共和国刑事诉讼法》(以下简称《刑事诉讼法》)和《最高人民法院关于适用〈中华人民共和国刑事诉讼法〉的解释》等相关规定中,主要涵盖了审查受理与庭前准备、庭前会议与庭审衔接等内容。总的来看,包括以下几个方面:

(1) 程序性公诉审查。人民法院对人民检察院提起公诉案件的起诉书和证据材料进行程序性审查,并在七日内审查完毕,依不同情况决定是否

---

① 陈瑞华:《刑事审判原理论(第二版)》,北京大学出版社2003年版,第12—20页;李文健:《刑事诉讼效率论》,中国政法大学出版社1999年版,第1—10页。

受理。

(2)确定管辖和决定回避。人民法院审查起诉时发现不应由本院管辖或由于其他原因需要由其他法院管辖的,应当将公诉案件退回人民检察院。庭前准备阶段当事人申请审判人员回避的,由院长或审委会作出是否回避的决定,并告知申请人。

(3)强制措施的决定和变更。人民法院在庭前准备阶段,可以根据需要决定对被告人采取或变更强制措施,可以对已羁押的被告人取保候审或监视居住。也可以对未羁押的被告人决定逮捕。

(4)委托和指定辩护人。被告人及其近亲属、亲友可以在审查起诉阶段或庭前准备阶段委托辩护人为被告人辩护。人民法院对符合特定情形而没有委托辩护人的被告人,应当或可以在庭前准备阶段为他们指定辩护人。

(5)辩护律师的阅卷、会见与通信。辩护律师在庭前准备阶段,有权至人民法院阅卷并可摘抄、复制有关材料,可以同在押被告人会见和通信。其他辩护人经人民法院许可,也可以阅卷、与在押被告人会见和通信。

(6)帮助辩护律师调查、收集证据。人民法院在庭前准备阶段,认为确有必要的,可以依辩护律师的申请,以签发准许调查书及直接调查取证的方式,帮助辩护律师向被害人及其他证人或有关单位和个人收集、调取证据。

(7)简易程序案件的审查和受理。人民法院在庭前准备阶段,对于人民检察院建议按简易程序审理的公诉案件,在三日内审查完毕,决定是否受理。

(8)决定开庭后的准备工作。包括确定合议庭成员,送达起诉书副本,确定开庭日期并通知人民检察院,通知辩护人、诉讼代理人及传唤当事人到庭,对公开审判的案件先期公布案由、开庭时间和地点等。

(9)通知辩护方提供证据及通知证人出庭。人民法院应通知被告人、辩护人于开庭五日前提供出庭作证的身份、住址、通信处明确的证人、鉴定人名单及不出庭作证的证人、鉴定人名单和拟当庭宣读、出示的证据复印件、照片。人民法院应于开庭三日以前通知证人、鉴定人出庭,对于通知时证人表示拒绝出庭作证或无法通知证人的,应当及时告知申请通知该证人的公诉机关或者辩护人。

(二)庭前准备程序相关规定的沿革

我国目前的《刑事诉讼法》,是在1979年《刑事诉讼法》的基础上经过修正而来的,应该说,修正后的《刑事诉讼法》确立的庭前准备程序,与修正前发生了较大的变化,主要体现在将以前实质性的公诉审查方式改变为程序性审查方式。1979年《刑事诉讼法》虽然没有直接规定案卷移送方式,但是实践中,采用的是全案卷宗移送方式,即采取的是一种超职权主义的庭前公诉审查方式,人民检察院在提起公诉时,将全部卷宗材料移送法院,法官不仅可以在庭前阅卷,还可以讯问被告人,依职权主动收集、调取和审查证据,并对公诉案件进行实体性审查并可作出退回补充侦查或要求人民检察院撤诉的决定。这一庭前审查方式使得刑事诉讼实践中出现"先定后审""先判后审"的弊端,使法庭审判流于形式,刑事诉讼的各项原则和制度在庭审中不能贯彻执行,审判的质量得不到保证,而法官庭前"先入为主"产生预断,也使得控辩审诉讼结构失衡,不利于法官公正裁判。因此,在1996年《刑事诉讼法》修正时,为了改变上述弊端,卷宗的移送方式改为了主要卷宗移送,只要求检察机关向法院移送"起诉书、证据目录、证人名单和主要证据复印件和照片",而不需要移送全案卷宗材料,这种修改的目的是将庭前审查方式从实质审查转换为形式审查。需要明确的是,2012年《刑事诉讼法》修正时,经过反复调研和权衡,认为全案卷宗移送符合我国国情和世界趋势,具有相对合理性,要求检察机关在提起公诉时应向法院移送案卷材料和证据,采用全案移送的卷宗移送方式(2018年《刑事诉讼法》延续这一规定)。但是,这种修正不是对1979年《刑事诉讼法》的简单恢复和回归,而是在形式审查的总体目标下作出的调整,并且通过进一步强化辩护人的阅卷权等,来提升控辩双方的对抗性和推进庭审的实质化。此外,经过多次修正,《刑事诉讼法》也对原来的指定辩护、起诉书送达及辩护律师调查取证、简易程序等方面涉及庭前准备程序的内容进行了修改和补充。

二、原有庭前程序相关规定存在的问题

(一)对庭前准备程序的片面认识

回顾《刑事诉讼法》修改时存在的争议和观点,笔者认为,当时立法界和学术界对刑事诉讼庭前准备程序的认识存在着以下几方面的不足之处:

(1)没有将刑事诉讼庭前准备阶段作为相对独立的诉讼阶段,庭前准备程序规定的修改缺乏整体性考虑。从对庭前准备程序的认识来看,许多学者将其等同于庭前公诉审查程序,因此《刑事诉讼法》修正时,无论是立法部门还是学术界,都没有提出从整体上构建和完善刑事诉讼的方案,对刑事诉讼庭前准备程序所涉及内容的修改都是单独的,修正后的规定也散见于各章节中。

（2）庭前准备程序的设计未考虑多方参与性。《刑事诉讼法》修正时,对于庭前准备阶段程序设计时,往往只考虑到刑事诉讼主体一方的行为,且以人民法院的行为为主,未强调控辩双方在庭前准备中的参与性,这是不符合诉讼的公开性和参与性原则的。

（3）强调"一步到庭",庭审实质化,而未意识到庭前准备程序必不可少的保障功能。学术界仅从世界各国庭前审查公诉程序的改革趋势,就认为存在着简化庭前程序的潮流。这实际上是不全面的。从西方各国的刑事诉讼改革来看,如英国、意大利等国确实都对庭前公诉审查程序进行了效率化改革,但对实体性预审弱化的趋势是与对整个庭前准备程序的强化联系在一起的,其目的是从总体上促进刑事诉讼的正当化和程序化。因此,只有合理设计和强化庭前准备程序,才能真正保证庭审的实质化。

（4）未认识到庭前准备程序在促进刑事诉讼效率化的作用。对刑事诉讼进行分流,是庭前准备程序的重要内容之一,也是解决案件久拖不决、节约司法资源的有效方法。通过庭前准备程序的合理设计和运作,将简易程序、辩诉协商的适用与庭前准备程序联系起来,是十分必要的。而《刑事诉讼法》修正时,学术界和立法部门并没有考虑到这一点。

（二）司法实践中存在的弊端

因此,《刑事诉讼法》关于庭前准备程序的规定,虽经司法解释的补充,在实践中对于改变"先定后审",保证庭审的对抗性上发挥了一定的作用,但从实践看,当时关于庭前准备程序的规定,不仅未能满足保障刑事审判正当化与效率化的需要,而且甚至没有达到修正时的立法目的和意图。总的来看,当时规定的弊端主要表现在以下几个方面：

（1）法官庭前形成预断的问题没有得到解决。1996年《刑事诉讼法》修正后,要求人民检察院仅移送主要证据复印件,人民法院只对材料进行程序性审查。但从实践来看,主要证据复印件实际上已包括了公诉方的全部有力证据,而法院的承办法官出于对实体真实的强烈追求和庭审效率的考虑,必然会对主要证据复印件进行庭前查阅,这不可避免地会产生庭前预断,而且由于主要证据复印件大都有利于控方,法官更容易产生被告人有罪的预断。因此,主要证据复印件移送方式的设计在实践中被证明未达到排除法官预断的效果。2012年《刑事诉讼法》修正后,重新采用全案卷宗移送方式,总体改革方向是推动法院庭前进行形式审查,避免产生预断,但在多年司法习惯影响下,再加上庭前准备程序尚未完善等因素,法官在庭前还是保留着对案件进行实质审理的惯性。

(2) 庭审实质化无法保证,庭审仍然流于形式。1996年《刑事诉讼法》取消了法官在庭前依职权调查、核实证据的规定,而对庭前准备程序的规定不完善,未建立证据展示、证据和争点固定、强制证人出庭等制度,庭审难以真正达到查清事实、明确罪责的目的。因此,刑事审判实践中法官往往习惯于在开庭后通过阅卷和调查来核实证据、查清事实,并据此作出判决,庭审仍然流于形式,除极少数较为简单的案件外,大部分刑事案件都无法通过庭审而当庭宣判,甚至法官的当庭认证都无法得以实现。

(3) 庭审对抗性仍然不强,控辩式庭审模式难以落实。1996年《刑事诉讼法》的一项重大改革内容就是对一审审判方式的改革,吸收了更多控辩式庭审模式的因素,使庭审方式更具有对抗性。但由于忽视了庭前准备程序的配套改革和完善,使得庭审的对抗性难以得到保障,控辩审的诉讼三角结构在实践中仍然处于失衡状态。从这方面的问题来说,庭前准备程序中未建立证据展示制度,使辩方难以掌握有利于被告的证据,而法院帮助辩护律师调取证据的制度,由于没有操作性规定而难以落实,庭前准备阶段保证证人出庭的措施没有明确规定。总的来说,庭前准备程序未体现控辩双方的参与性,使辩方这一诉讼中的较弱方不能在庭前准备阶段得到法院的帮助而强化自己的对抗能力,这就必然导致庭审的充分对抗只能停留在纸面上而无法落实。

(4) 庭审效率不高的问题十分突出。1996年《刑事诉讼法》由于改变了过去法官庭前定案和完全由法官主导的庭审方式,使法官对庭审时间、次数的控制力大为削弱,而庭前准备程序中没有规定证据展示制度,控辩双方对庭审的事项没有有效协商,争点无法固定,辩方对庭审的准备在时间和取证能力上都得不到保障,使得实践中庭审时间过长、反复开庭、庭审中伏击审判的问题十分严重,尤其是辩护律师由于庭前准备不充分,往往在庭审中抓不住主要争点,使庭审产生拖延,造成许多法官不得不对其进行干涉,这显然不符合诉讼结构平衡的要求。

(5) 案件在适用程序上没有实现有效的繁简分流。1996年《刑事诉讼法》虽然增设了简易程序的规定,但实践中简易程序的适用比例远远满足不了分流的需要,且我国的简易程序本身未体现出被告人的意志,不符合程序正当化的要求。在目前刑事案件逐年上升而法院的人力、物力无法增长以适应其要求的条件下,庭前准备程序所具有的有效的分流作用未能得以发挥,造成案件适用程序上该简的不能简、该繁的也难以繁,刑事审判的整体效率无法提高。

第五节　我国刑事诉讼庭前准备程序的完善路径

现有刑事诉讼庭前准备程序的设计尚存在着许多不合理和不完善的地方,给审判实践带来许多的问题和不便。有必要对现有的庭前准备程序进行完善。

一、庭前准备程序完善的必要性和总体思路

(一)庭前准备程序完善的必要性

对现有的庭前准备程序进行完善,并在条件具备的情况下进行重构,是十分必要的。

(1)庭前准备程序的改革是我国刑事诉讼程序正当化和效率化的要求。如前所述,程序的正当化与效率化是各国对庭前准备程序设计和改革所共同确立的诉讼价值目标,我国要实现刑事诉讼程序的正当化和效率化,就必须对庭前准备程序进行完善和重新设计,这不仅能实现庭前准备程序本身的正当化和效率化,也能最大限度地保证刑事审判程序整体的正当性和效率性。我国现行庭前准备程序的设计,存在许多不符合程序正当化和效率化要求的地方,如未建立证据展示制度,不能保证控辩双方平等对抗;简易程序不完善,无法实现有效分流等。也只有进行重新设计和完善,才能使之趋向合理化。

(2)庭前准备程序的改革是进一步深化刑事诉讼庭审方式改革的要求。我国目前刑事诉讼庭审方式的改革力度正在加大,从改革的方向来看,其目标是使庭审实现实质化,使庭审真正起到定罪量刑的实质作用,这是审判公开原则的要求,也是实现司法公正、避免司法腐败、增强司法过程透明度的司法改革目标的体现。为适应这一要求,学术界关于建立沉默权制度、证人出

庭制度、当庭认证制度等的呼声都已为立法部门所接受或提上了议事日程，这些改革举措的目的，都是为了改变庭审流于形式的不正常现象。而这些深化改革的措施，要真正落到实处，发挥其促进庭审实质化的作用，就必须要通过完善的庭前准备程序来保障，如证人出庭制度，如果没有完整的庭前证人出庭申请、审议和通知或强制证人出庭的规定，没有有效的分流程序来保证司法资源的合理分配，就无法在实践中真正实施。

（3）庭前准备程序的改革是目前刑事审判实践走出困境的迫切要求。我国目前刑事审判实践陷入一个困境，即一方面对刑事审判实体真实的要求很高，各级法院都制定了严格的错案追究制度，而案件事实上的认定错误尤其是不可原谅的，造成法官不得不对实体真实予以最大限度的追求；另一方面又要求实现庭审的实质化，要求当庭认证和当庭宣判，学术界及社会公众对证人不出庭、审限告示程序问题也提出许多批评。刑事审判难以对这些要求予以兼顾，且我国刑事司法资源十分有限，法院刑事审判效率问题也十分突出。要解决这些问题，走出审判所面临的困境，就必须对现有的庭前准备程序进行改革，使刑事诉讼在开庭前实现充分的准备和有效的分流，从而使审判人员能够真正在庭审中解决被告人的刑事责任问题，保证司法资源的合理配置，使实体真实与正当程序能够在实践中达到平衡与兼顾。

（二）庭前准备程序完善的总体思路

在对刑事诉讼庭前准备程序进行改革时，我们必须对现阶段是否具备实现改革方案的条件进行思考，从而更为合理、全面地设计改革方案。

对庭前准备程序进行重构，是一种比较理想的方案，可以有效地实现程序的正当化和效率化，因此，我们应当对重构的理想方案进行探讨，作为我们改革的目标。同时，我们又必须看到，在目前条件下，对庭前准备程序进行重构的现实条件还不完全具备。这是因为刑事诉讼庭审方式的进一步改革尚在探索阶段，刑事证据法尚未出台，庭前准备程序重构的配套性措施还不完善；作为法院内部职能部门的调整，也需要进一步探索，且目前我国刑事司法人员的素质参差不齐。因此，我们还必须立足于现在，设计对庭前准备程序进行完善的方案，以解决目前较为迫切要解决的问题，推动刑事诉讼庭审方式改革的进一步深化，在一定限度内促进刑事诉讼程序的正当化和效率化。

二、庭前公诉审查程序的制度设计

（一）实体审和程序审的双重实践路径

从目前世界各国刑事诉讼庭前公诉审查程序来看，大致可分为实体审和程序审两类。

实体审是指由专门的预审法官或审判法官，对检察官提起的公诉的证据和事实进行实质性审查，从而决定其是否有足够的理由和证据足以将被告人交付审判。实行实体性公诉审查的国家又可以分为两种类型：一类是以英美为代表的言词审查方式，即要求检察官和被告人、辩护律师、证人到庭，由双方进行询问和辩论，预审法官根据言词审理的情况决定是否将被告人交付审判。另一类是以法德为代表的书面审查方式，即检察官在提起公诉时将全部案卷材料移送法院，由审查庭或审判法官对卷宗进行审查，从而判断对被告人的指控是否有充足的理由，决定是否开庭审判。

程序审是指不对提起公诉案件的事实和证据进行审查，只对检察官提起的公诉是否符合法院开庭审判的程序性条件进行审查，对符合条件的即决定开庭审判。实行程序审的典型代表是日本，日本实行"起诉书一本主义"，即检察官提起公诉时，只向法院提出起诉书，起诉书中不得附带可能使法官对案件产生先入为主观念的文书及其他物品，也不引用证据内容。法院对于公诉，亦不审查其事实和证据，只审查其是否具备开庭的程序性条件。因此，在日本的刑事诉讼中，检察官提起公诉往往就意味着审判程序的开始，法院即开始进行庭前准备工作。

（二）公诉审查程序的发展趋势

从诉讼功能和诉讼价值理论来看，一项完善的公诉审查程序应当能够符合以下三个目标：一是有效地防止不必要的起诉进入审判。二是不能让审判法官在开庭前形成先入为主的预断。三是公诉审查程序本身不应过于烦琐，应当合理利用司法资源。以这三个目标为标准，前述几种类型的公诉审查程序各有利弊：

英美的公诉审查程序对于防止不必要的起诉是十分有效的，由于实行预审法官与审判法官相分离，也有效地防止了审判法官的预断，但其公诉审查实行的言词程序效率较低，造成对司法资源的浪费。法德的公诉审查程序虽然审查起诉的效率较高,但未能贯彻排除预断的原则。而日本的公诉审查程序,虽然排除了审判法官的预断,程序效率也较高,但由于将审判发动权完全交予检察官,不能有效防止不当起诉,从而造成不必要的开庭,影响整体的诉讼效率。

各国目前也都认识到了各自的公诉审查程序存在的问题,有的还采取了相应的改革措施。例如,英国通过《1996年刑事程序与侦查法》对公诉审查程序进行了简化,将治安法院对证据的审查全部改为书面形式,并对部分案件实行不经过审查而直接移送刑事法院的方式。[1] 而原为法德型的意大利为排除审判法官预断,在新的《刑事诉讼法》中规定,经过初步庭审程序批准检察官的起诉后,提交审判法官的卷宗严格限制为指控文书、物证和通过附带证明取得的证据,除此之外,还强化了律师在预先侦查阶段的辩护地位等。[2] 德国学者指出:"即使在证人被当面质询的德国审判中,案卷的重要性也不能被低估。法官可以因阅卷受到不适当的影响。在审判中,法官可以照着卷宗引导证人作证。"[3]日本也有学者批评本国的公诉程序性审查导致刑事诉讼成为"牙科医生式"的诉讼作业。

根据上述分析,目前并没有完美的公诉审查模式,但各种类型比较而言,英美和日本的公诉审查程序虽然在效率上有所不足,但相比于法德不能排除预断保障程序公正来看,更符合诉讼正当化与效率化价值目标冲突的选择原则,更符合刑事诉讼发展的共同趋势。[4]

(三)我国公诉审查程序的完善方向

1996年之前,我国的刑事诉讼中庭前公诉审查程序实行的是实体审,公诉机关在提起公诉时将全部卷宗移送法院,由审判法官通过阅卷、调查等方式对起诉的事实和证据进行审查,并作出是否开庭审判的决定。这种审查程序使审判法官先入为主,产生预断,导致"先定后审",庭审流于形式,且退回补充侦查在实践中造成诉讼拖延,影响诉讼效率。因此,1996年《刑事诉讼法》对公诉审查程序进行了重大改革,变实体审为程序审,规定检察院在提起

---

[1] 刘立宪、谢鹏程主编:《海外司法改革的走向》,中国方正出版社2000年版,第84页。
[2] 施鹏鹏:《迈向刑事诉讼的宪法化——意大利的"奥兰多"改革及其评价》,载《国家检察官学院学报》2019年第2期。
[3] 〔德〕赫尔曼:《中国刑事审判改革的模式——从德国角度的比较观察》,转引自龙宗智:《刑事诉讼庭前审查程序研究》,载《法学研究》1999年第3期。
[4] 世界刑法学协会第十五届代表大会《关于刑事诉讼法中的人权问题的决议》规定:为了使法官的公正确实存在,必须严格区分起诉职能与审判职能,负责判决的法官必须是未参与预审的法官。

公诉时只向法院移送起诉书、证据目录、证人名单和主要证据复印件,法院只对公诉案件进行程序性审查,对于符合开庭程序性条件的、材料齐备的,即应当决定开庭审判,并取消了法院在庭前调查证据的做法。这一改革并未完全消除"先定后审"的弊端,由于法官不能全面了解案卷材料,加之辩护律师权利的配置不到位,不仅难以构建起抗辩制的庭审模式,而且造成了审判程序以公诉方提供的审查起诉目录为中心的现象,检察院居于庭审的主导位置,容易影响法官在庭审过程中对案件的全面了解,使法官产生被追诉者有罪的预断。[1] 因此,2012年修正《刑事诉讼法》时,经过多方调研,最终采用全案移送的卷宗移送方式。如上所述,这些调整仍是在推动庭前准备程序形式审的目标下进行的,一方面,法院在开庭前对证据只作形式审查,只要起诉书中有明确的指控犯罪事实的,即应当决定开庭审理;另一方面,限制庭前调查取证,明确法院的调查取证只能在法庭审理过程中而不是庭前先行进行。

应当说,修正后的程序审查方式相对于过去的实体审查方式来说,是一个很大的进步,是更符合诉讼内在规律和价值目标要求的。但实施多年来,在实践中也产生了许多的问题,反映了这一审查方式在程序设计上的缺陷和过渡性。这些问题主要表现在以下几个方面:(1)由于实行程序性审查,且这种程序性审查在实践中已演变为程序性登记[2],因此,我国目前的公诉审查方式不能起到防止不必要的起诉的作用。从法院刑事一审案件的宣告无罪和公诉机关撤诉率来看,确有部分可以通过审查公诉进行过滤的案件进行了不必要的审判,造成了司法资源的浪费,影响了诉讼效率。(2)未能有效地贯彻"排除预断"的原则。例如,无论是1996年的"主要证据移送",还是2012年的"全案卷宗移送",均未能完全实现预审法官和审判法官相分离。因此,在实践中,审判法官在开庭前出于追求实体真实的强烈意念,仍然会对主要卷宗的复印件或者全案卷宗进行仔细的审阅,从而形成先入为主的预断。(3)未考虑到对公诉案件刑事附带民事诉讼的审查。由于附带民事诉讼不同于刑事诉讼经过公诉机关预先的严格审查,因此对其也实行程序性审查,就会导致许多不符合审判条件的附带民事诉讼进入审判程序,增加了刑事审

---

[1] 张忠斌:《刑事公诉案件卷宗移送制度的演变》,载《人民法院报》2018年12月18日第45版。
[2] 公诉案件的审查目前在许多法院均是由立案庭进行,立案庭对检察院移送的起诉书及其他材料进行清点后,除少数情况要求检察院补送遗漏材料外,大多数案件均以登记的方式完成审查工作。

判的难度,影响刑事诉讼的效率,造成司法资源的浪费。

因此,对我国目前的庭前公诉审查程序进行完善,是必然的也是必要的,问题在于如何对这一程序进行完善。笔者认为,对我国的庭前公诉程序的完善,既要使其更符合程序正当化和效率化的要求,尽可能的实现公诉审查程序的诉讼功能和作用,又要考虑到我国的实际情况,并在价值冲突时予以正确的取舍。具体说来,应当把握以下两个基本原则:

(1) 坚持程序审的方向。从程序效率化价值目标来看,程序审是更符合诉讼效率需要的,当然,通过实体性公诉审查防止不必要的审判,是有利于保障被告人权利的,但我国由于检察机关并非单纯的控诉机关,它本身也是司法机关,同时还是法律监督机关,因此从我国的司法体制来看,应当是由检察机关通过其内部的审查起诉程序防止不必要的起诉和审判,而无须法院再进行实体性公诉审查,因此我国刑事诉讼庭前公诉审查应当实行程序审,并且不断予以完善,直至实行完全的"起诉书一本主义"。

(2) 实现审判法官和庭前审查法官相分离。要从制度上保证排除审判法官庭前形成预断,最有效的办法就是实现审判法官和预审法官相分离。当然,如果实行彻底的程序审的公诉审查方式,不设置专门的预审法官也能实现排除预断。但是,我国由于在刑事诉讼中有过于追求实体真实的传统,因此,为避免审判法官在庭前阶段习惯性地审查案件事实和证据,在条件成熟时,仍然有必要探索实行审判法官与预审法官相分离。

本着这样的原则,结合上一节中提出的立法上的完善和司法操作上的完善两种思路,笔者认为完善我国的庭前公诉审查程序有以下两种方案:第一种方案是,通过立法上的修正,在法院设立刑事案件审查准备庭①,公诉机关决定提起公诉的,应仅向法院的审查准备庭提交明确诉因、罚条的起诉书,由审查准备庭对检察院提起的公诉进行程序性审查,审查准备庭可以在必要时召集控辩双方就诉因和争点进行协商,可以要求公诉机关变更、撤回诉因;还应对附带民事诉讼是否符合法律规定的条件进行审查。审查准备庭对公诉审查后,认为诉因明确,材料齐备的,应当决定开庭审判,并在开庭前将起诉书、整理后的诉因、争点和出庭证人名单等材料移送至审判法官。

---

① 应当说明的是,我们之所以仍然提出建立审查庭制度,主要不是考虑审查公诉的需要,而是出于整个庭前准备程序运作的要求,以及适应今后法院对刑事审前程序行使裁判权的组织设置需要,关于这点将在下文中予以详细论证。

第二种方案是,在现有《刑事诉讼法》的框架内,利用目前司法改革中形成的立审分离模式,由立案庭设刑事审查组,对公诉进行审查。公诉机关向刑事审查组移送由法律规定的主要证据复印件、起诉书等材料,刑事审查组对公诉实行程序性审查,对材料齐全,符合开庭条件的,即决定开庭审判,并于开庭五天前将主要证据复印件或整理后的诉讼材料移送审判法官。审查组认为起诉书的诉因不明确、不准确的,可以与公诉机关协商,要求其变更,检察机关不同意的,应当向审判法官说明情况。审查组还应对附带民事诉讼是否符合起诉条件进行审查,并给予未聘请诉讼代理人的被害人必要的诉讼指导和帮助。

三、庭前会议程序的制度设计

庭前会议是审判程序中庭前准备的重要环节,其主要目的是为开庭作准备,通过对程序性争议问题的处理,为庭审扫除程序性障碍,从而确保庭审集中、有序、高效开展,提高庭审的效率和质量。[①] 2012年的《刑事诉讼法》首次确立了庭前会议制度。实践中,各地法院对新确立的庭前会议制度在审判程序中进行了尝试性的操作。2017年,最高人民法院制定《人民法院办理刑事案件庭前会议规程(试行)》,对庭前会议制度进行了完善。这些规定对于正确贯彻落实《刑事诉讼法》,充分发挥庭前会议制度的功能作用具有重要的实践意义,但也存在部分需要厘清的理论和实践问题。

(一)庭前会议制度的价值目标定位

目标定位准确,才能带来方案设计的合理和可行。明确庭前会议制度的价值目标定位,对于庭前会议制度的具体程序设计和实践操作,具有重要的指导意义。目前,诉讼理论界和实务界的观点大多认为,庭前会议制度的主要功能在于提高庭审效率,其追求的价值目标也是以诉讼效率为主。实践中在宣传庭前会议试点的效果时,也大多将节省庭审时间、提高庭审效率作为探索成功的标志,如广州市珠海区法院报道其审理的廖卫华等22人黑社会性质组织案时称:"通过召开庭前会议,庭审时间(2天)比预计的3天时间缩短了三分之一,庭审后6天宣判,整个审判阶段仅耗时20天,这种审判效率

---

① 朱孝清:《庭前会议的定位、权限和效力》,载《检察日报》2014年8月13日第3版。

在同类普通刑事案件中甚为少见。"[1]

笔者认为,上述观点值得商榷。庭前会议制度所追求的主要价值目标,仍应当是保障程序公正,而不是提高诉讼效率。庭前会议制度的主要诉讼功能,是通过庭前对程序性争议问题的及时处理和对辩护方提出的程序性要求的及时回应,充分保障辩护方的诉讼权利,实现控辩平衡,保障程序公正。主要理由如下:

(1) 庭前会议制度提高诉讼效率的功能作用在审判实践中是十分有限的。诉讼效率问题并不是庭前会议制度所要解决的主要问题。相对于其他国家而言,我国庭审效率已经很高,庭审时间已经很短,没有必要再通过专门的庭前会议制度设计来提高庭审效率。从整体上提高诉讼效率,应当是通过繁简分流,合理配置司法资源予以实现。对于重大、复杂刑事案件,庭审时间短,审理速度快并非一定是有利于实现审判公正的。实践中,庭前会议通过证据展示和固定争议焦点提高庭审效率的作用是十分有限的,尤其是在被告人不认罪的案件中,考虑到大多数被告人在庭审前均处于被羁押的状态,如果让被告人参加庭前会议,实际上起不到提高诉讼效率、节约诉讼资源的作用。如果被告人不参加庭前会议,辩护人往往不能代替被告人本人表达对证据的意见。被告人认罪案件则本来就可以适用简易程序,简化举证和质证环节,无须通过庭前会议来提高该类案件的庭审效率。

(2) 庭前会议制度保障庭审顺利进行的作用是通过保障辩方诉讼权利的方式而得以实现的。有观点认为,庭前会议制度能够保障庭审不因程序性争议问题而被打断,从而确保庭审效率。但是,庭前会议制度保障庭审顺利进行的作用,恰恰是通过保障辩方诉讼权利的方式来实现的。近年来,刑事审判实践中屡屡出现的因庭审中程序性争议问题而影响庭审效率的问题,主要是因为庭前法院对辩护方的程序性争议和要求未能充分关注和妥善解决,导致庭审中辩护人提出诸多程序性异议。为确保庭审的顺利进行,法官往往当庭驳回辩方的要求,辩方则采用各种方法进行抗争,导致庭审中出现辩护律师与法官之间的对抗,从而导致庭审时间的拖延。充分发挥庭前会议制度保障辩方诉权的重要功能,就能够保障庭审顺利进行,但这是在充分保障辩方诉讼权利价值目标追求下所产生的效果,而不应当是价值目标本身。如果

---

[1] 《穗两级法院下月试水庭前会议》,载《南方日报》2012年8月30日第7版。

单纯以庭审效率的提高为追求目标,以是否节省了庭审时间,是否节约了司法资源作为衡量庭前会议制度在实践中运作效果的评判标准,就会实际上限制庭前会议的适用,并可能使该项制度在实践中丧失生命力。

(3)庭前会议制度能够在实践中发挥保障辩方诉讼权利,实现控辩平衡,促进程序公正的功能作用。庭前会议制度属于刑事诉讼庭前准备程序的制度范畴。我国刑事诉讼中,一直没有将庭前准备阶段作为相对独立的诉讼阶段,庭前准备程序的设计往往只考虑到刑事诉讼主体一方的行为,且以法院的行为为主,没有充分体现控辩双方在庭前准备中的参与性,从而导致辩方诉讼权利不能在庭前准备阶段得到有效保障,也就无法与控方实现平等对抗。辩方诉讼权利的保障在庭前会议制度中的实现主要通过两种方式:一是辩方可以在庭前提出一些程序性争议问题,如回避、管辖、非法证据排除等,这些程序性争议问题可以在庭前准备阶段得到充分关注,并由法院给予充分考虑,作出有理由的决定。二是辩方可以在庭前向法院提出保障其诉讼权利实现的种种程序性请求,并由法院给予充分关注和回应。例如,法院可以通过庭前会议制度,处理辩护方关于收集、调取证据,关键证人、鉴定人出庭,有专门知识的人出庭、重新鉴定、要求控方展示有利于辩方的证据等种种申请,以帮助辩方在庭审中能够真正与控方形成平等对抗。

(二)庭前会议制度的具体程序设计

明确了庭前会议制度以保障诉讼权利为主要价值目标之后,其具体程序设计中的争议问题就能迎刃而解。

(1)庭前会议的适用范围。庭前会议并不是刑事案件审理的必经程序。庭前会议应主要适用于被告人或辩护人对起诉指控的事实和罪名存在异议的案件。① 只有在辩方对起诉指控存在异议的案件中,辩方为实现平等对抗,才会在庭前提出种种程序性争议问题,以充分保障其诉讼权利。如果辩方对起诉指控不存在异议,则一般可以适用简易程序进行审理,亦无召开庭前会议之必要。此外,值得强调的是,庭前会议应当适用于辩方在庭前提出程序性争议问题的情形,如非法证据排除、申请证人、鉴定人出庭等。在此情况下,法院为解决这些问题,通过庭前会议听取各方意见,以及时作出决定,避

---

① 武汉市新洲区检法机关联合制定的庭前会议实施细则中,也将被告人作无罪辩解及辩护人作无罪辩护的案件规定为必须召开庭前会议的情形,参见花耀兰:《武汉新洲:五类案件须召开庭前会议》,载《检察日报》2013年1月25日。

免这些程序性争议问题影响庭审的顺利进行。在证据材料较多、案情重大复杂、社会影响重大的案件中,控辩双方及法院也可能有通过庭前会议进行证据展示、明确争议焦点,整理证据,以提高庭审效率,确保庭审质量的需要,因此,这类案件也应当纳入适用庭审会议的案件范围。

(2)庭前会议的启动机制。庭前会议既可以由法院依职权启动,也可以由控辩双方建议或申请而启动。公诉人或检察员可以在庭审前建议合议庭召开庭前会议;当事人及其辩护人、诉讼代理人也可以在庭审前向法庭申请召开庭前会议。建议或者申请召开庭前会议的,应当向法庭提交相关书面材料,写明建议或申请召开庭前会议的理由、需要解决的问题等,并附相关的证明材料。法院收到书面材料后,应当及时作出是否召开庭前会议的决定,并告知提出建议的公诉人、检察员或者申请人。基于庭前会议充分保障辩方诉权的价值定位,庭前会议应当主要是应辩方的要求而启动。实践中,辩方并无必要直接申请召开庭前会议,只要其在庭前提出程序性争议问题或要求,法院认为有必要听取控辩双方意见后作出决定的,就可以召集庭前会议。法院决定召开庭前会议的,控辩双方均无权拒绝参加庭前会议,如果检察机关认为法院的决定不当的,可以通过相应的法律监督程序提出意见,但不能赋予检察机关对是否召开庭前会议的否决权。

(3)庭前会议的参与主体。对于庭前会议的主持者,诉讼理论界的观点普遍认为,主持庭前会议的法官应当是主持正式庭审的法官之外的法官,以排除庭审前的预断。[①] 有的学者还建议由立案庭法官主持庭前会议,使其具有"预审法官"的职权。[②] 笔者认为,上述观点值得商榷。我国并非采用"起诉书一本主义",公诉机关在起诉时即应当向法院移送全部卷宗材料,当前我们未区分庭审法官和庭前准备法官,职业法官在庭审前已进行全面阅卷,并了解控辩双方关于定罪量刑的主要证据,故不存在因为主持庭前会议而形成庭审前预断的问题。相反,由负责案件审理的合议庭法官主持庭前会议,更有利于对程序性争议问题的处理,也有利于提高庭审效率。

对于被告人是否应当参加庭前会议的问题,笔者认为,庭前会议是否要求被告人参加,应当根据庭前会议需要解决的问题而定。如果是解决非法证

---

① 闵春雷、贾志强:《刑事庭前会议制度探析》,载《中国刑事法杂志》2013年第3期。
② 陈卫东、杜磊:《〈刑事诉讼法〉的修改与完善——庭前会议制度的规范建构与制度适用——兼评〈刑事诉讼法〉第182条第2款之规定》,载《浙江社会科学》2012年第11期。

据排除问题,则应当要求被告人参加;如果是解决其他程序性问题,或者进行证据展示,则不一定要求被告人参加。当然,如果辩护人在会见被告人后,向法院提出其与被告人在庭前会议要解决的问题上意见不同的,则应当要求被告人参加,直接听取其本人意见。庭前会议非正式庭审,当然无对公众公开之必要,故一般应不允许旁听人员参加。

(4)庭前会议的主要内容。庭前会议在实践中可以作为三种平台,即解决程序性争议问题的平台、证据展示的平台和庭前附带民事调解的平台。庭前会议解决的程序性争议问题可以包括庭前应当讨论的所有程序性问题。只要是诉讼法赋予辩方可以在庭前行使的诉讼权利,都应当予以保障,并纳入庭前会议了解情况、听取意见的范围,包括但不限于回避,管辖,调取证据材料,申请证人、鉴定人、有专门知识的人出庭,排除非法证据,不公开审理等等问题。庭前会议中还可以进行证据展示,以达到整理证据、明确争议焦点的目的,也可以作为庭前附带民事调解的平台,在庭前组织附带民事诉讼当事人双方进行调解。

(5)庭前会议的具体操作。庭前会议的具体操作问题,即庭前会议的次数、地点、会议形式及会议具体程序等问题,也是实践中亟待明确和解决的重要问题。从实践效果看,庭前会议召开的次数不应进行限制,只要是有解决程序性问题的必要,合议庭可以多次召集庭前会议,甚至可以推迟庭审时间,使程序性问题在庭前准备阶段得到充分的关注和解决。庭前会议的形式可以多样化,可以在法庭中举行,也可以在会议室举行,甚至可以以电话会议的方式举行,如果被告人参加庭前会议的,从安全角度考虑,应当在法庭中进行,并且由法警值庭。

庭前会议召开的具体程序,应当视庭前会议要解决的问题而定,一般应当是由主持庭前会议的法官明确所要解决的问题,并逐项听取控辩双方的意见,必要时还可以在法官主持下,由控辩双方出示相关的证据并进行辩论,庭前会议的过程应当制作笔录,并由参与各方在笔录上签名确认。由于庭前会议不是庭审,因此不能对案件的实体问题进行讨论,更不能在庭前会议中进行质证,即使控辩双方的发言涉及案件的实体问题,也不应当确认其效力,应当以其在庭审中发表的意见为准。

对于控辩双方在庭前会议中发表意见是否具有约束力的问题,从实践中来看,对于控辩双方就程序性争议事项达成共识的,还是应当通过法院的程序性决定予以确认,而对于其他不会引发争议的问题,如证据展示,或者允许在庭审中改变观点的问题,当然不存在效力的确认问题。因此,一般不应对控辩双方在庭前会议中发表意见的约束力问题过于苛责。

(三)庭前会议制度与程序性裁决机制的衔接

由于2012年《刑事诉讼法》第182条第2款规定庭前会议的主要任务是"了解情况、听取意见",故一般均认为,庭前会议只能了解情况和听取意见,法院不能在庭前会议中对回避、出庭证人名单、非法证据排除等程序性事项作出裁定、决定。[①] 然而,庭前会议要实现保障辩方诉讼权利的价值目标,实践中需要法院对通过庭前会议所要解决的程序性争议事项在庭前作出相应的裁决。为此,有学者提出:"从维护庭前会议的制度定位的角度出发,长远来看,还是应当赋予庭前会议具有作出有关裁断的权力。因为,只有解决了这些事项才能够解决庭审的后顾之忧,将庭审真正集中在实体争议之上,庭前会议制度的价值才能够得到切实体现,其所具有的各项功能才能够正常发挥。"[②]对此,笔者认为,庭前会议不能作出裁决的立法规定与程序性争议问题在庭前解决的实际需要之间,并不存在矛盾。庭前会议不能作出裁决,并不等于庭前不能作出裁决。有些问题,如回避、管辖、非法证据排除、证人出庭申请、重新鉴定、专门知识的人出庭、公开审理等问题,都需要在庭前作出决定,并相应做好庭前准备工作。庭前会议只是刑事诉讼庭前准备程序中的一项制度,庭前会议的任务是了解情况,听取意见,是为法庭在庭前作出程序性决定提供一个充分听取控辩双方意见的平台。法庭通过庭前会议听取控辩双方意见后,一般应当及时在庭前,而不是在庭审中作出对程序性争议问题的裁决,以保障庭审的顺利进行。庭前会议制度要真正发挥保障辩方诉讼权利、提高庭审效率的功能作用,必须同程序性裁决机制的完善结合起来。

从目前的立法规定来看,我国刑事诉讼中尚未确立完善的程序性争议裁决机制,我国刑事诉讼法赋予了被告人及其辩护人多项提出程序性异议或程序性要求的诉讼权利,如提出管辖权异议,提出回避申请,申请公诉人开示未随案移送的证据材料,申请提出新的证据,申请向被害人及其近亲属、控方证

---

① 《最高人民法院关于适用〈中华人民共和国刑事诉讼法〉的解释》,中国法制出版社2013年版,第190页。

② 陈卫东、杜磊:《〈刑事诉讼法〉的修改与完善——庭前会议制度的规范建构与制度适用——兼评〈刑事诉讼法〉第182条第2款之规定》,载《浙江社会科学》2012年第11期。

人收集与案件有关的材料,申请传唤证人、鉴定人、侦查人员出庭作证,申请重新鉴定、勘验、检查,申请对被告人进行司法精神病鉴定,申请不公开审理,申请排除非法证据等。这些程序性异议或程序性要求,大多需要在庭审前向法庭提出,而法庭均享有根据案件情况进行裁量,并作出是否支持或同意的决定的权力。但从立法规定来看,除对回避申请和非法证据排除的申请的决定有一定的程序性规定外,对其他程序性申请的处理,大多没有具体的程序性规定,没有建立相应的程序性申请裁决机制。程序性裁决机制的缺失,尤其是庭前不能及时作出程序性裁决,往往导致辩方的程序性申请被忽视,或在庭审中由审判长未经充分听取意见和说明理由即予以强制性驳回,这也是造成目前刑事案件庭审中出现的辩护方与法庭直接形成冲突对抗的非正常现象的重要原因之一。

为此,应当以庭前会议制度的确立为契机,构建完善的程序性裁决机制,使程序性裁决的作出符合正当程序原则的要求。具体来说,对于法律赋予辩护方提出的程序性异议或程序性要求,法庭均应及时作出程序性裁决,对是否支持或同意辩方的要求进行明确的回应。程序性裁决应当由合议庭在充分听取控辩双方意见的基础上,以适当的形式作出。程序性裁决应当向控辩双方公布,并说明理由。控辩双方对合议庭的程序性裁决存在异议的,除有法律明确规定的以外,一般不能单独对程序性裁决提出上诉,但可以将对程序性裁决的异议在上诉中一并提出,由二审法院审查一审合议庭程序性裁决的合法性和合理性。庭前会议制度只有与完善的程序性裁决机制相衔接,才能真正确保当事人诉讼权利的落实,避免庭审中辩护律师与合议庭的对抗,也才能真正起到提高庭审效率,确保庭审实质化的作用。

综上,在具体操作上,程序性裁决机制应当遵循以下要求:一是要充分听取当事人意见(可以听取书面意见,也可以召开听证会听取意见);二是程序性裁决应当向当事人公布;三是程序性裁决应当说明理由;四是程序性裁决应当为当事人提出异议提供救济途径;五是在必要时应召集听证会,听取证人证言。

四、庭前证据展示程序的制度设计

刑事诉讼中的证据展示[①]制度,是指要求控辩双方在开庭审判前或者审判过程中按照一定的程序和方式相互披露各自掌握或控制的诉讼证据和有关资料的制度。我国是否需要构建证据展示程序以及如何构建证据展示程序还存在不少争议,也需进一步予以厘清。

（一）庭前证据展示程序的域外规定

传统上采用当事人主义诉讼模式的英美法系国家如英国、美国、加拿大等,都以成文法、法院规则或判例法的形式规定了证据展示制度,而原来属于大陆法系的日本和意大利,在刑事诉讼模式由职权主义向当事人主义转变后,也都通过立法设置了有关证据展示的制度。而传统上采职权主义诉讼模式的国家,如德国、法国等,均未建立证据展示制度。

法德等国刑事诉讼中之所以没有证据展示程序,是因为其实行全案卷宗移送主义和职权主义的庭审方式,因此辩方可以在开庭前通过到法院阅卷了解控方的所有证据材料,而控方也可以通过法庭的主动调查证据,了解辩方的证据,因此没有设立证据展示制度的必要。而英美等国,实行部分卷宗移送,法官在审判中处于消极、中立地位,因此,必须建立证据展示制度,才能确保刑事诉讼程序的正当化和效率化。

（二）我国构建庭前证据展示程序的必要性

1996年之前,我国的刑事诉讼实行全部卷宗移送的制度和职权主义的庭审方式,辩护人可以通过在庭审前到法院阅卷了解控方的全部证据材料。因此没有建立证据展示制度。1996年修正《刑事诉讼法》后,我国开始实行部分卷宗移送的制度,并对庭审方式进行了改革,使其更具有对抗式庭审方式的特征,但却没有建立相应的证据展示制度[②],因此造成实践中控辩双方力量严重失衡,辩护律师在庭审前难以充分了解控方的证据材料。由于检察院和法院在对"主要证据"解释上的不同,检察院常常将一些关键证据到开庭时

[①] 证据展示,是由英文"discovery"翻译而来,有的学者也译为证据开示、证据发现或证据先悉。笔者认为,翻译为"证据展示"更符合我国语言的用词习惯。

[②] 有的学者认为我国刑事诉讼法规定了证据展示制度,并归纳了其存在非正式性、单一性等特点。笔者认为不能因为我国规定了律师庭前阅卷方面的规定就认为我国有证据展示制度,否则这一制度就不成其为当事人主义刑事诉讼的特有制度了。

才提出来,搞伏击审判,使辩方措手不及。2012年修正《刑事诉讼法》后,我国采用了全案卷宗移送和程序审相结合的审查方式,上述问题在某种程度上得到了缓解。但是,由于我国刑事诉讼中律师取证的能力本身受到许多限制,如果不能完全了解控方证据,对抗式的庭审方式就会流于形式,起不到应有的作用。辩护律师阅卷权得不到充分保障仍是我们面临的突出问题之一。

　　因此,在我国刑事诉讼中确立证据展示制度是十分必要的,建立这一制度,除了保障控辩双方平等对抗外,在实践中还能起到以下作用:一是有利于揭示案件事实真相。控辩双方通过庭前证据展示后,就能在庭审时对证据提出合理有据的质证意见,对于不符合事实的证据,能提供有力的反驳和反证,从而保证案件得到正确处理。二是有利于确保庭审起到实质作用,真正在庭上解决被告人的刑事责任问题。通过证据展示,控辩双方在庭审时就能有准备地、有针对性地提出证据和意见,而法官就能从中对证据的真实性和合法性及证明力作出判断,实现当庭认证或当庭宣判。三是有利于提高庭审效率。在审判实践中,由于辩方在庭前不了解控方的证据,因此在庭审时往往作无谓的纠缠,而控方对辩方提出的未准备的证据,经常要求休庭,从而使庭审效率受到严重影响。而建立证据展示制度后,通过庭前证据展示,控辩双方在庭上就能做到有的放矢,使庭审效率得以保证。四是有利于促使有罪的被告人认罪伏法。虽然我国未设置辩诉交易程序,但庭前证据展示后,被告人通过辩护律师对控方证据的了解,就能在心理上对于开庭时是否要如实交代罪行作出衡量。在被告人如实供述罪行的情况下,无疑有利于查清事实真相和提高庭审效率。

　　当然,证据展示制度也有其负面的影响,一些学者和实务工作者对于建立证据展示制度可能对刑事诉讼产生的副作用的担心颇有一定的道理。由于刑事诉讼的严重性,再加上我国律师素质整体来说参差不齐,证据展示在实践中可能会导致控方证人受到威胁或侵犯,导致辩方伪造证据,被告人作虚假供述。即使是在美国,也有法官提出"在刑事诉讼中,长期的经验使法庭认为,证据展示通常并不会使事实真相得到揭示,相反会导致伪证和隐瞒证据的发生。了解整个案件对其不利的犯罪人为了提供一份虚假的辩护,经常去制造虚假的证言……"[①]此外,还有人提出我国确立证据展示制度可能会导

————————
[①] 陈瑞华:《刑事诉讼的前沿问题》,中国人民大学出版社2000年版,第522—523页。

致程序复杂化,影响诉讼效率。

笔者认为,不能因为证据展示制度可能出现的副作用就否定我国建立这一制度的必要性。而应当结合诉讼实践通过制定完备的证据展示制度来克服可能出现的弊端,如采取对证据展示范围、证据展示的参与资格进行限制等措施。至于诉讼效率,虽然增加了一项程序,但其对于整体诉讼效率的促进作用要远大于其本身对效率的制约,这在实践中也得到了证明,如烟台市中院对于证据展示程序在实践中适用的探索,就取得了良好的效果。[①]

(三)庭前证据展示程序的具体内容

结合各国的规定和我国的实际情况,构建庭前证据展示程序应包括以下具体内容:

1. 证据展示责任的分配方式

证据展示责任是指诉讼双方依法承担的庭前证据展示义务。从证据展示制度的发展历程来看,证据展示责任经历了由单方责任到双方责任的转变。如英国过去长期仅强调控诉一方向辩方展示证据,直到 1996 年的《刑事诉讼与侦查法》才规定增加辩方的证据展示义务。目前各国均确立了证据展示的双方责任。控方和辩方均承担向对方展示证据的义务。关于我国是否应确立双方责任,学术界存有争议。反对双方责任的观点认为,我国辩护律师取证能力较弱,规定其展示义务没有意义;[②]在检察院的开示义务尚未完全落实和确定以前,不应当设定辩方的证据开示义务。[③]

从证据展示制度保障诉讼双方平等武装、防止伏击审判的功能来看,我国构建庭前准备程序应当确立双方责任,当然从我国实际情况来看,应当将证据展示的参与人明确为公诉人和辩护律师。其他辩护人及被告人不宜参与证据展示程序。确立辩方的证据展示责任不仅不会影响被告人辩护权的行使,且有利于庭审的公正和高效进行。目前,在庭审中确有辩护律师突然提出证据而公诉人毫无准备导致庭审无法继续的情况,这也反映了双方责任是现实需要而并非脱离实践的超前规定。当然,控辩双方证据展示的责任应当是实质平等而不是形式平等。也就是说,双方在证据开示的范围上是不对

[①] 汪建成、付磊:《刑事证据制度的变革对检察工作的挑战及其应对》,载《国家检察官学院学报》2012 年第 3 期。

[②] 龙宗智:《刑事诉讼中的证据开示制度研究(下)》,载《政法论坛》1998 年第 2 期。

[③] 孙长永:《当事人主义刑事诉讼与证据开示》,载《法律科学》2000 年第 4 期。

等的,控方应当将有利于控诉和不利于控诉的证据均向辩方展示,而辩方则无须展示不利于被告人的证据。这主要是由控辩双方在取证能力上的不平衡和控方作为国家代表所应负的追求客观真实的义务所决定的。

目前,各国对控辩双方证据展示的范围规定上均采取不对等的作法,赋予控方更大的证据展示责任,要求控方应向辩方展示在侦查和起诉过程中所获得的全部证据。[①] 由于我国检察机关的特殊职能,使其在追求案件客观真实上负有更大的职责,且《刑事诉讼法》明确规定检察院负有忠实于事实真相的义务,不得故意隐瞒事实真相。因此,在我国确立公诉方承担向辩护方展示全部证据的责任是没有制度和认识障碍的。同时,各国也对控方展示证据规定了一些例外情况,例如《美国法典》第18编第3423条规定:"在联邦法院审判的死刑案件中,控方原则上有义务在审判前向辩方提供陪审团成员与控方证人的姓名和信址,但是,如果法院以优势的证据认定提供这样的清单会危及人的生命和安全时,可以不作这样的开示。"《国际刑事法院规约》第68条也规定,开示证据可能导致严重危害证人或其家庭成员的安全时,检察官可以不开示有关的证据,而以提交其概要来代替,但以不损害被告人的权利及公正审判为限。我国可以借鉴这一制度,确立公诉人庭前展示证据的例外情况,一般来说,应当是严重性质的犯罪案件中,对于控方证人有可能受到威胁或侵害的,公诉方可以不展示其姓名、住址和书面证词。

2. 证据展示的具体方式

对于庭前证据展示的具体方式,各国均有不同,英国采取的是二次展示的方式,检察官的初次展示要求将除审查起诉阶段已展示的准备在庭上使用的证据材料外,其他可能削弱控诉一方指控的证据材料向辩方展示,这些材料可以直接提交给辩护律师,也可以由辩护律师在合理的时间和地点进行查阅。在辩方进行证据展示后,控方还要作第二次展示,将可以被合理期望有助于被告人的辩护的证据材料向辩方展示。此外,检察官在诉讼过程中,还有持续展示的义务。美国则是通过预审和审前动议来进行证据展示的,预审阶段检察官应向辩方展示所有用于起诉的证据材料,对于其他证据材料,辩护律师可以通过审前提出证据展示动议的方式,要求查看控方掌握的某些记

[①] 目前,各国仅有日本规定控方不展示不准备在庭审中使用的证据,但这一规定目前在日本国内受到严厉批评,正在改革完善过程中。

录和文件,对于法庭确认的证据展示动议,控方应当执行。而辩方应在庭审前向控方展示证明被告人不在现场的证据、有关被告人精神状况的专家证词,以及证明被告人代表政府行使公共权力情况的证据材料。日本由于实行起诉书一本主义,司法实务中,通常是由辩护律师在检察官提起公诉后,到检察厅阅览证据并作为己方的证据展示。意大利则是由辩方分别到检察机关和法院特别设立的部门查阅卷宗材料。

根据上述经验和我国的实际情况,我国的证据展示应当是在检察机关进行,辩护律师在检察机关提起公诉后,即可至公诉人办公室查阅全部侦查和起诉卷宗,并将自己准备在庭审中使用的证据向控方展示。由于庭前准备阶段辩方和控方均可以调查证据,因此还应设立持续展示的程序,可以由法院以庭前会议的形式或由控辩双方交法院,由法院通知对方来阅看。庭前证据展示应当在开庭五日前结束,此后如辩方获得重要证据的,如有必要应当延期审理。

3. 法官在证据展示中的具体作用

法官在证据展示程序中的作用是十分重要的,由于控辩双方各自承担着对立的诉讼职能,因此要求他们完全自觉地进行证据展示,是不现实的。另外,控辩双方在庭前证据展示中不可避免地会出现认识上的分歧,把解决分歧的权力交给任何一方,对另一方都是不公平的。因此必须确立法官在证据展示程序中的司法审查、监督权。这种审查、监督权主要包括两方面内容:一是对控辩双方对于特定证据是否属于证据展示的范围的争议进行裁决;二是对控辩双方违反证据展示义务的进行制裁。法官对证据展示的审查、监督权在英美等实行证据展示制度的国家均得以确立,在实践中已成为保障证据展示必不可少的制度。我国要构建庭前证据展示程序,也必须确立法院对公诉人和辩护律师双方证据展示的司法审查权和监督权。由于我国的司法体制中检察院与法院同为国家司法机关,且检察院还承担法律监督的职能,因此有的观点认为我国不宜确立法院的审查、监督权,应当将是否能展示证据的决定权交予检察院。

笔者认为,我国司法制度与西方司法制度不同,这决定了我国法院在证据展示中所起的作用与英美等国存在差异,但这种差异不应成为否定设立庭前证据展示程序中法院审查监督权的理由,因为这一权力属于诉讼中的指挥权的延伸,这并不意味着法院凌驾于检察院之上发号施令,而是法院承担的审判、裁决职能的体现,对于诉讼中的问题由法院决定是符合我国《刑事诉讼法》的规定的。将决定权交于检察院,在实践中会导致辩护律师的权利仍然得不到保障的问题,是不符合诉讼规律的。对控辩双方违反证据展示义务应当如何制裁,从英美等国的规定来看,有决定延期审理并命令展示、排除未经展示的证据和其关联的证据、宣布审判无效、以藐视法庭罪对拒不开示证据的一方当事人给予处罚等。我国应当确立排除未经展示的证据的制度,只有采取这一制度,才能真正保证证据展示制度在实践中得以实施。

五、庭前分流程序的制度设计

(一)繁简分流程序的规定和缺陷

我国 2018 年修正后的《刑事诉讼法》为提高刑事诉讼效率,进一步完善了简易程序,对刑事案件进行繁简分流。我国的简易程序适用于符合下列条件的案件:案件事实清楚、证据充分;被告人承认自己所犯罪行,对指控的犯罪事实没有异议;被告人对适用简易程序没有异议。《刑事诉讼法》同时规定,适用简易程序审理案件,对可能判处三年有期徒刑以下刑罚的,可以组成合议庭进行审判,也可以由审判员一人独任审判;对可能判处的有期徒刑超过三年的,应当组成合议庭进行审判。上述规定在刑事诉讼实践中起到了一定的分流作用,促进了刑事诉讼整体效率的提高,但也暴露出一些问题,主要表现在以下几个方面:

(1)简易程序适用范围仍然不大。我国的刑事案件数量正呈逐年增长势头,人案矛盾凸显,导致积案增加、诉讼拖延。要提高诉讼效率,防止诉讼拖延,就有必要持续扩大简易程序的适用范围。正如学者指出,"建立简易程序,至少是为了确保刑事诉讼中的司法资源投入得到合理的配置,并在此基础上保证普通诉讼程序朝着正当化方向的改革努力获得成功。"①

(2)简易程序的形式单一。我国只设计了一种形式的简易程序,在适用简易程序审判的案件中,无论案件属于何种情况,都适用同样一种简易程序的审理方式。而反观其他国家和地区,大都设计多种形式的简易程序,以分别处理不同特点的案件。例如,美国有司法官审理轻微犯罪程序和辩诉交易程序两种简易程序;德国有处罚令程序,保安处分程序,简易程序,没收、扣押

---

① 陈瑞华:《刑事诉讼的前沿问题》,中国人民大学出版社 2000 年版,第 410 页。

财产程序，对法人、社会团体处以罚款程序等五种简易程序。我国简易程序所适用的案件罪行轻重程度跨度较大，对其一律适用同样的处理程序，不符合提高诉讼效率、有效实现分流的需要。

（3）简易程序在程序上尚不够简化。我国的简易程序在程序的设计上尚不够简化。在是否开庭审理方面，我国用简易程序审理案件无论何种情况都必须开庭，而其他国家都有不通过开庭而书面处理简单刑事案件的程序或直接进入量刑程序的辩诉交易程序。在开庭审理程序方面，法院开庭审理前也要向被告人送达起诉书副本；先期公布案由、被告人姓名、开庭时间、地点；法庭上必须听取被告人陈述，开庭时公诉人不出庭，审判员还要代其宣读起诉书和举证等。这些不够简化的现状导致实践中简易程序合理配置司法资源的功能不能有效发挥，也使得实践中一些基层法院的审判人员和公诉人不愿采用简易程序。

（4）简易程序中未充分体现被告人作为诉讼主体的地位。简易程序在诉讼程序上的简化，往往会直接导致被告人的诉讼权利受到较大的限制，并很可能剥夺被告人获得无罪判决的机会。从各国立法来看，大都赋予被告人对于简易程序的自愿选择权，即规定司法机关决定适用简易程序时必须征得被告人的同意。具体又分为两种类型：一是事先征得被告人同意，如意大利、日本等国。二是裁决作出后被告人可以提出异议，异议的提出导致适用普通程序，如法国。我国的简易程序，虽在保障被告人基本诉讼权利上作了规定，但被告人对简易程序的启动没有任何选择的权利，程序的启动完全建立在法院与检察机关的合意之上，具有纯粹职权主义的特征，被告人作为诉讼主体对程序参与的权利未得到保障。

（二）庭前分流程序的完善方式

要进一步提高刑事诉讼效率，充分发挥简易程序的分流作用，确保普通程序趋向控辩式模式的改革措施能够真正得以实施，必须对我国的简易程序进行改革，探索更加符合诉讼规律，更能实现程序公正与程序效益诉讼价值目标的刑事案件繁简分流机制。具体可从以下两个方面进行探索：

一是构建多种形式的简易程序，扩大简易程序适用范围。我国可以探索建立多种形式的简易程序，使各种不同特点和轻重程度的案件能够用不同的方式予以处理，以满足刑事案件繁简分流的需要。从各国的简易程序来看，有辩诉交易程序、处罚令程序、保安处分程序、简易审判程序、立即审判程序等多种形式,由于我国没有建立保安处分制度,且大多数类似国外的微罪均是作为违反治安管理处罚法的行为进行行政处罚的,因此除我国已有的简易审判程序外,可以借鉴的只有辩诉交易程序。

笔者认为,我国完全照搬英美的辩诉交易程序是不现实的,但是我国应当吸收辩诉交易程序的合理因素,以建立多种形式的简易程序,扩大简易程序的适用面,以更为有效地实现案件的繁简分流。具体来说,也就是以被告人完全出于自愿的认罪作为适用简易审判程序的重要条件,并对自愿认罪并同意适用简易程序审判的被告人在量刑上予以一定的从轻裁处。这也是当今简易审判程序的发展趋势之一。当然,从我国的实际情况来看,还应当在这种简易程序中同时加入被告人可能判处刑罚的轻重作为适用标准。也就是先对可能判处刑罚较轻的案件允许被告人以书面认罪并申请简易审判的方式由法院经公诉机关同意后适用简易审判程序,再慢慢过渡到对无期徒刑以下的案件均允许被告人选择简易审判程序。这种简易审判程序应当以书面审理的方式作出判决,在审理前公诉机关可以与被告人的辩护律师进行一定程度的协商,以促使被告人选择该程序。

除建立被告人认罪的书面审理程序外,对现行的简易程序也应当进行改革,扩大其适用面。首先可以将部分轻微罪案件适用简易程序的条件放宽,即无须以被告人承认起诉指控的犯罪事实为适用简易程序的条件,对于这类案件事实清楚,证据充分的,即使被告人否认被控罪行,也可以适用简易程序审判,这一做法无疑对被告人的诉讼权利有所影响,但对于轻微案件采用这一做法,是符合诉讼效率与公正价值目标冲突的选择原则的。其次是扩大现行简易程序适用的可能判处的刑罚的度,可以由现在的三年以下有期徒刑扩大至五年以下有期徒刑。这主要是因为根据统计数字显示,我国对犯罪人判处三年以下有期徒刑案件的数量占全部刑事案件的比例还不是很高,只有扩大刑期条件,才能满足繁简分流的现实需要。

二是通过庭前准备程序实现繁简分流,也就是将庭前准备程序作为刑事诉讼由公诉至开庭审判的一个中间过滤环节,使公诉案件通过庭前准备程序中的合理操作,依案件的不同性质适用不同繁简程度的程序得以处理。通过庭前准备程序实现繁简分流,并不存在现成的诉讼模式,而是笔者根据我国刑事诉讼的实际情况对我国刑事诉讼中从操作层面上如何实现案件繁简分流所探索的一条新的途径。从学术界诉讼程序的研究来看,往往过多地从制度上进行探讨,忽视了程序在刑事诉讼实践中如何具体操作方面的研究,这也是造成理论与实践相脱节的一个顽症。因此,对繁简分流程序的探讨,不能仅仅停留在对简易程序形式的设计上,而是必须深入探索如何在程序操作的过程中以最具效率又不影响公正的方式使案件顺利实现分流处理。

第二章

刑事诉讼证人出庭作证制度改革探索

提高证人出庭作证率是推进以审判为中心的刑事诉讼制度改革的关键举措。但是,目前我国刑事诉讼中确实存在证人出庭作证率普遍较低的问题①,造成这一问题的原因很多,既有诉讼资源和诉讼效率等客观原因,也有民众法律意识和心理等主观原因。笔者认为,制度上的缺失是更为关键的原因。② 没有完备的、切实可行的证人出庭作证制度,实践中就没有操作上的依据和保障。因此,我们有必要对如何建立符合我国实际、具有现实可行性的证人出庭作证制度进行深入的探讨,以制度的完善来推动实践,改变证人不出庭的现状,促进刑事审判方式改革的深化和发展。

第一节 事实确证与证人出庭作证

一、事实确证的主要方式

司法活动的本质是人们对事实进行判断的过程,其基本逻辑是由司法人员先对发生的事实进行第一层次的事实判断,再在事实判断的基础上进行规范判断,换言之,发现案件事实是司法活动最重要的目标之一。无论是大陆法系所采用的职权主义诉讼模式,还是英美法系所采用的当事人主义诉讼模式,在诉讼过程中,都要对案件事实进行确证,二者在发现事实这一目标上是

---

① 从笔者所掌握的上海地区的情况看,证人出庭率不超过5%,而且这一统计数字是指有证人出庭的案件与总案件数的比例,如果统计出庭证人与全部证人的比例,则会更低。

② 我国刑事诉讼法没有规定证人出庭作证制度,《最高人民法院关于执行〈中华人民共和国刑事诉讼法〉若干问题的解释》虽然规定了"证人应当出庭作证",但对证人可以不出庭的条件规定过于宽泛,且没有规定证人出庭作证必要的保障和配套制度。

一致的。刑事诉讼也遵循这一规律,在大陆法系中是建立在法庭调查之上的事实确证,在英美法系中是建立在两造对抗之上的事实确证,前者将发现事实的权力赋予专业的法官,后者则会将发现事实的权力赋予陪审团,但在追求事实确证这一目标方面,二者并无本质区别。

由此带来的第一个问题是,刑事诉讼所欲追求的事实是什么?难道真如罗素所言,严格来说,事实是不能定义的?[1] 笔者认为,司法活动的前提是认知事实,如果否定事实的可认知性,那么所有司法活动都无法确定规范判断的对象,进而无法作出法律裁决。对法官而言,司法活动确证的事实,应当是可以根据在案证据材料进行固定的法律事实,任何裁判者均不可以事实无法查证为由拒绝裁判。根据诉讼活动的一般规律,作为规范评价对象的法律事实,应当具备三个特征:可验证性、主体参与性与可陈述性。[2] 其中,可验证性,是指诉讼活动中欲查明的事实是对已经发生的事情进行固定,这种事实是人们可以通过认识规律进行把握和展现的。主体参与性,是指事实的提出、确认的过程都离不开认识主体,事实确证的内容,都受到认识主体的认识能力、观察角度、知识背景等因素的影响。但这并不意味着诉讼活动中的待证事实是纯主观的事实,而是指相关事实的确证会受到认识主体的影响,但最终事实的确证仍需接受一般认识规律的检验。可陈述性,是指诉讼活动中认识的对象需要通过认识主体判断后通过客观陈述为他人所知,如果不能进行陈述,就无法作为规范判断的对象。当然,这里的陈述既包括口头的陈述,也包括可被人观察获知的文字陈述。

由此带来的第二个问题是,法律事实应当通过何种方式进行确证[3]?结合法律事实所具备的三个特征,可以认为诉讼活动中事实确证可以从内在和外在两个方面进行查证。一方面,要查证事实的内在因素。如上所述,法律事实具有主体参与性和可陈述性等内在特征,在查证事实时也应注重事实认识主体的参与性和相关事实的可陈述性。刑事诉讼中所秉持的"直接言词原则"即为事实内部确证的重要体现,其要求法官必须亲历庭审,直接接触所有证据(尤其是原始证据),聆听所有证人的当庭陈述(尤其是每个证人接受交

---

[1] 转引自〔奥〕维特根斯坦:《逻辑哲学论·导论》,郭英译,商务印书馆1962年版,第6页。
[2] 郑好:《我国刑事证人出庭作证问题研究》,中国政法大学2008年博士学位论文,第3页。
[3] "确证"一词源于英文"justification",指的是对事实的认定达到信以为真的状态。实践中也会表述为事实的认证、事实的认定等。

叉询问的答辩),然后依据自由心证原则作出裁判。在这一确证过程中,法官需要接触所有的事实认识主体来确定相关案件事实,作为事实认识主体的证人对事实的当庭表述是事实确证的重要环节。另一方面,要查证事实的外在因素。事实认定虽然受到事实认识主体的影响,但其并非纯主观的,而是需要经过一般认识规律检验的客观认证过程。诚如学者所言,事实确证的外在特征就体现在,"一个主体的经验是与其经验信念的证成相关联的……证成不是单向的,而是包含着渗透其中的相互支持的关系"[1]。

二、证人出庭作证的必要性

在诉讼活动中,事实确证的主体并非事实的亲身经历者,但最终需要这些确证者对案件事实进行认定。这一确证过程通常也需要分为两个阶段进行,首先由事实的亲身经历者或者目击者对案件进行陈述,其次由事实确证者根据上述人员的陈述对案件事实进行认证。第一个阶段的陈述主体往往是广义上的证人(也包含鉴定人、有专门知识的人等),第二个阶段的判断主体往往是诉讼活动中的法官、检察官、侦查人员等。

从事实确证过程可知,诉讼事实的认定本质上是一种间接认证过程,法官等判断主体既需要以相关证人的陈述为素材,也需要以一般认知规律为依据,对案件事实进行认定。在这一认证过程中,事实确证的内在要素尤为重要。因为作为事实确证外在要素的认识规律可以通过专业培训和日常学习获取,但作为事实确证内在要素的对事实的直接感受则无法通过学习获得,因为这种要素是亲身经历者通过自身感官因素直接获取的内容。法官等事实确证者若想充分查证事实,则需要基于对证人的观察能力、记忆能力、表达能力和诚实度等因素的观察和判断,而法官对证人上述因素的经验性把握,只能建立在对证人的直接观察之上。[2]

实践证明,法官等事实确证者不可能离开法庭去查证这些确证所需要的因素,因此要掌握个案的事实,证人出庭作证是最有效的途径。而且,以文字形式呈现的证人证言,并不能替代证人出庭作证,这是因为,相对于口述,笔录难免会有语言转换问题,如口语体变为书面语,很容易发生语义变化;笔录

---

[1] 陈嘉明:《知识与确证——当代认识论引论》,上海人民出版社 2003 年版,第 17—19 页。
[2] 郑好:《我国刑事证人出庭作证问题研究》,中国政法大学 2008 年博士学位论文,第 12—13 页。

还会有内容取舍,在不经意间因语言环境改变也容易产生原词原句的语义微变。加之取证人很容易带有特定的倾向性,侦查人员和辩护律师皆无例外,以致笔录的结果经常略带微倾。以前法官多靠检验证人的签名和捺印进行鉴真(表示经过证人阅读、完全符合本意),但很难确定笔录内容是对口述内容的完全还原。因此,证人出庭作证对于刑事案件事实的确证具有十分重要的作用,而相关笔录并不能完全替代证人出庭作证。

第二节 证人出庭作证的制度选择

一、关键证人出庭作证的合理性

从目前对证人出庭作证问题的研究来看,学术界对于我国建立证人出庭作证制度的必要性认识上是一致的,但对应当如何构建证人出庭作证制度却存在多种意见。有的论者主张建立刑事诉讼全部证人当庭作证制度,并且要确立传闻证据排除规则,确保证人出庭作证;[1]也有的论者认识到要求全部证人出庭较为困难,主张通过传闻证据排除规则及其例外规则,确立部分证人出庭作证的制度。[2] 这些观点无疑都具有一定的合理性,但从我国目前法院的实际情况和刑事诉讼制度的特点来看,笔者认为我国应当建立关键证人出庭作证制度,即不采用传闻证据排除规则,而是直接规定要求在有争议的案件中对证明案件事实有重要作用的证人出庭作证的制度。理由在于:

(一)我国刑事诉讼中要求全部证人出庭作证是不现实的

现阶段我国刑事诉讼证人出庭作证面临着客观方面的制约因素,从而使得要求全部证人出庭作证不具有现实可行性。

(1)法院诉讼效率需要的制约。现阶段我国刑事案件繁简分流并无有效方法而案件数量又逐年上升,如何提高诉讼效率已成为法院所面临的一个重要课题。如果每个案件均要求证人出庭,则现阶段刑事诉讼效率无疑会受到较大影响,难以保证刑事审判任务的完成,尤其是被告人对指控的犯罪事实无异议的案件,当前许多法院都在探索简化审理,要求这些案件证人必须

---

[1] 郑旭等:《诉讼证据规则研究》,中国法制出版社 2000 年版,第 1—20 页。
[2] 樊崇义等:《刑事证据法原理与适用》,中国人民公安大学出版社 2001 年版,第 12—30 页。

出庭,显然与效率价值目标背道而驰。

(2) 法院司法资源有限的制约。现阶段法院司法资源极其有限,而刑事诉讼证人出庭作证,除应当对证人给予费用补偿外,还要对某些证人进行特殊保护,或强制某些证人出庭,均须耗费一定的人力、物力和财力。要求刑事诉讼证人全部出庭作证,显然是力所难及。

(3) 相关制度不完善的制约。要保证刑事诉讼证人出庭作证,需要证人保护、证人补偿及其他相关制度的协调运作。即使立法规定这些制度,其在实践中还有个完善、落实的过程。应当看到,在某些情况下立法对实践确有一定的拉动作用,但如果在条件不具备的情况下强行作出立法硬性规定,则不仅不会拉动实践,反而会使实践中的秩序被破坏而无法适应现实需要,这在我国法治建设中已有过不少教训。一旦全部证人必须出庭成为立法硬性规定,而法院基于各方面条件制约不能依法操作,就会使法院成为矛盾的焦点,给刑事审判工作带来十分被动的局面,也会极大地影响法院的社会公信度。

(二) 设立关键证人出庭作证制度具有现实可行性

我国确立关键证人出庭作证制度是实践的迫切需要,同时也具有现实可行性,主要表现在:

(1) 它与相关法律和司法解释相一致,具有制度上的连贯性。1998年《最高人民法院关于执行〈中华人民共和国刑事诉讼法〉若干问题的解释》第141条规定:"证人应当出庭作证。符合下列情形,经人民法院准许的,证人可以不出庭作证:(一)未成年人;(二)庭审期间身患严重疾病或者行动极为不便的;(三)其证言对案件的审判不起直接决定作用的;(四)有其他原因的。"这一规定实际上也是确立了一种部分关键证人出庭的制度。但这一司法解释对证人可以不出庭作证的规定过于宽泛,且未规定相应保障及操作措施,因此在实践中无法贯彻执行。这些规定的精神与关键证人出庭作证制度无疑是一致的,这就为确立关键证人出庭作证制度做好了立法上的准备,使制度保持了一定的连贯性。2012年《刑事诉讼法》在修改时注意到这些问题,并从正面规定了证人出庭作证的条件,同时也新增了强制出庭作证的内容。这些规定在2018年《刑事诉讼法》的修改中也被延续。但是,在实践中,强制出庭作证的情况极少,并没有达到立法所期待的效果,因此关键证人出庭作证制度也需结合司法实践进一步完善。

(2) 它符合我国刑事诉讼的特点,能为刑事诉讼各方人员接受。关键证人出庭作证,是将证人出庭作证建立在切合我国实际的保障案件实体真实和实质的而非形式的保障被告人诉讼权利的基础之上,从而更能为从事实践工作的刑事审判人员接受。由于是要求有争议的证人出庭,也不是一律排除公安、检察人员询问证人的书面笔录,侦查和公诉机关也能够接受。关键证人出庭作证,往往更有利于揭露犯罪事实,促使被告人认罪服法,从这一点看,也是有利于公诉工作顺利进行的。而辩护人有机会对关键证人进行当面质证,也保证了辩护工作能取得一定的实效。

　　(3) 它更切合我国法院司法资源现状,能够得到有效的物质保障。我国不具备刑事诉讼全部证人出庭的司法资源需要,但对于关键证人出庭,经过努力,现阶段法院的人力、物力和财力还是可以保证的。而且我国虽然各地发展程度不一,但关键证人出庭的数量与地区的发展程度往往是成正比的,因此,这一制度是符合我国国情,现实可行的。

　　(4) 它已在某些法院进行了试点和探索,有一定的实践基础。近年来,各地法院均意识到证人不出庭的问题,并不同程度地采取了一定的措施。从各地法院的探索来看,基本上没有采取要求全部刑事诉讼证人出庭的情况,而相当一部分法院是要求关键证人出庭。例如,上海部分法院的证据规则中就明确规定了要求刑事诉讼关键证人出庭作证。因此,在这些试点和探索的基础上,规范并推行关键证人出庭作证制度,就不会在实践中产生实施上的困难,不会影响到刑事审判任务的完成。"理论是灰色的,而实践之树长青。"程序法的生命力应当来自于实践的探索,而非单纯的对国外先进制度的借鉴。设计证人出庭作证制度必须对此有清醒的认识。

二、传闻证据排除规则的现实缺陷

　　实践中,为了解决证人出庭率低的问题,也有观点认为,可以确立传闻证据排除规则。笔者认为,传闻证据排除规则并不符合我国刑事诉讼制度的特点。

　　所谓传闻证据排除规则,就是指除法定的例外情形外,传闻证据不具有可采性。传闻证据是英美证据法上特有的证据概念,是指"在审判或讯问时作证以外的人所表达或作出的,被作为证据提出以证实其所包括的事实是否真实的,一种口头或书面的意思表示或有意无意地带有某种意思表示的非语言行为。"①按照传闻证据规则的要求,亲历案件事实的证人在庭审期日以外所作的书面证人证言,以及公安、检察人员所作的证人询问笔录都不具有可采性,不能作为定案根据。许多论者主张我国也应当确立传闻证据排除规则,以确保证人出庭作证能真正得以实施。笔者认为传闻证据排除规则确实能起到保证证人出庭的作用,但不符合我国刑事诉讼制度的特点,我国不宜直接引入该规则,这是因为:

(1) 传闻证据规则是与当事人主义诉讼模式联系在一起的。英美等国之所以发展出传闻证据排除规则,是与陪审团审判、证人宣誓作证、交叉询问等具有典型当事人主义诉讼模式的制度联系在一起的。②我国虽吸收了当事人主义诉讼模式的一些积极因素,但与传统的当事人主义诉讼模式的国家在刑事诉讼的立法和实际运作上都有较大的区别。更为关键的是,英美等国大量的例外规则都是通过判例发展而来的;③而我国属成文法国家,如果将例外情形规定于成文法中,在操作中会产生许多解释上的困难,在修改和补充上也不能及时适应情况的变化。

(2) 传闻证据排除规则是与庭审中心主义诉讼构造联系在一起的。在英美等国,其刑事诉讼构造都是以法院的审判为中心的,刑事案件的侦查和提起公诉都只是审判前的准备程序,整个刑事案件的处理都是围绕审判而进行的,且侦查、公诉活动还要受到法院裁判权的制约,因此其诉讼模式在设计上表现出对侦查官员的不信任;证人仅指在法官面前就案件事实进行陈述的人,由此而必然得出书面证言不具有可采性的结论。而我国刑事诉讼从构造上表现出一种侦查、公诉、审判各自独立的诉讼阶段的"流水作业式"④特点,证人包括所有向公安、司法人员陈述案件情况的人。从这种诉讼构造来看,并不能得出证人必须在法庭上向法官作证,而向公安、检察人员作证都不能作为定案证据的结论。

---

① 〔美〕乔恩·R.华尔兹:《刑事证据大全》,何家弘等译,中国人民公安大学出版社1993年版,第81页。

② 虽然学者们对于传闻证据规则与陪审团制度是否有必然联系有争议,但对于其与当事人主义诉讼模式的联系认识上是一致的。

③ 英美都发展出大量的传闻证据排除例外规则,正是这些例外规则的确立保证了传闻证据排除规则下刑事诉讼的顺利进行。

④ 陈瑞华:《刑事诉讼的前沿问题》,中国人民大学出版社2000年版,第231页。

（3）传闻证据排除规则是与"主观真实"①的刑事诉讼证明标准联系在一起的。传闻证据排除规则是证据可采性的规则。从英美国家的诉讼实践来看，不具有可采性的证据无论其是否具有客观的真实性，都必须排除在法官或陪审团对案件事实情况形成自由心证的考虑范围之外，这与我国刑事诉讼客观真实的证明标准是格格不入的。从客观真实的证明标准来看，刑事诉讼所追求的只能是最大限度地发现客观真实，在此前提下，要求将可以证明犯罪事实的证据因系传闻证据而排除，是不可能的。不了解我国刑事诉讼实践中司法人员对刑事案件实现实体真实的最大关注和渴求，就不可能构建在实践中可行的制度和规则。

第三节　关键证人出庭作证的制度设计

一、制度确立的形式

根据既有讨论，对于如何确立证人出庭作证制度，有四种可供选择的方案：一是通过统一证据法确立；二是通过制定刑事证据法确立；三是修改《刑事诉讼法》来确立；四是通过司法解释来确立。笔者赞同第四种方式。从我国目前现实情况来看，制定统一的证据法不太妥当，刑事证据的规则、制度与证明标准都与民事诉讼有较大差别，二者不适合融在一起，且民事证据法上有争议的重大理论问题基本上已经解决，其立法的条件基本上已具备，民事证据法先行已成为必然趋势，因此制定统一的证据法无疑会放慢民事证据立法进程。制定刑事证据法，是有其必要性的，但从目前情况看，关于证明标准、沉默权等重大理论问题上尚未取得一致意见，且目前治安形势严峻，因此近几年内刑事证据法出台的可能性不大，而修改《刑事诉讼法》则难度更大，《刑事诉讼法》修正才四年时间，恐怕难以列入人大的议事日程。因此，目前唯一可行的方式是通过司法解释确立刑事诉讼关键证人出庭作证制度，一方面司法解释比较灵活，制定的程序比较简单，能以较快时间出台，满足实践的迫切需要。另一方面在司法解释实施过程中可以不断总结经验，为今后通过立法确立更为成熟的证人出庭作证制度创造立法和实践上的条件。而且我

---

① 这一对英美国家证明标准的概括参见樊崇义教授的《客观真实管见》（载《中国法学》2000年第1期）一文。

国《刑事诉讼法》实际上对证人出庭作证、证人义务、证人保护等问题都有原则性规定,通过对这些规定的执行问题作出详细的操作性解释和补充,从而确立关键证人出庭作证制度,是具有可行性的。

当然,以司法解释的形式确立关键证人出庭作证制度,也有其局限性,也就是说关键证人出庭的责任,只能落在法院的身上,因为最高人民法院的司法解释不可能为公安、检察机关设置任何义务,而且司法解释的强制效力无疑要弱于法律。但从目前情况看,由于刑事审判实践对于建立完备可行的证人出庭作证制度的现实需要性,人民法院应当责无旁贷地担当起这一责任。

二、制度确立的具体内容

本书结合实践情况,从关键证人的范围、出庭准备程序、操作规程及质证规则、强制措施及拒证的法律责任、关键证人未出庭的法律效果等几个方面对关键证人出庭作证制度的完善进行讨论。

(一)关键证人的范围

建立关键证人出庭作证制度,最重要的就是明确关键证人的范围。确定关键证人的范围,应当考虑两方面的因素:一是该证人出庭确实有利于查清案件事实真相;二是该证人出庭系出于保障被告人的当面质证权所必需。这就要求证人出庭的案件是有争议的案件,也就是说被告人对公诉机关的指控有实质上的异议,如果被告人对指控的犯罪事实无异议,则没必要让证人出庭。此外,要求出庭的证人是对证明案件事实有重要作用的证人。如果该证人的证言对案件事实的证明作用不大,或者所证明的不是案件中影响定罪量刑的主要事实,则没必要让其出庭。因此,关键证人的范围应当规定为:在被告人及其辩护人对公诉指控的犯罪事实有实质性异议的案件中,对证明影响定罪量刑的主要事实可能有重要证明作用的证人。

界定关键证人的范围,还必须规定关键证人可以不出庭的特殊情形,从实际情况出发,应当规定以下情形关键证人可以不出庭:(1)证人已经死亡、丧失行为能力或经查找确实下落不明的;(2)由于路途遥远,交通极不便利或由于自然灾害、意外事件等不可抗力,证人不可能到庭的;(3)关键证人系被告人的配偶及直系近亲属的;(4)其他确属特殊情况,且开庭前报上级法院审查,经上级法院批准的,关键证人可以不出庭。上述四种情形第一种和第二种情形是指因客观原因而证人不可能到庭的。第三种情形是一种基于亲属关系的证言特免权。第四种情形是考虑到实践中确实会出现一些特殊情形，如果不作此规定有可能影响某些案件刑事审判任务的完成，但适用这种例外情形时必须严格控制，需在程序上经上级法院审查并作出决定。

(二) 出庭准备程序、操作规程及质证规则

(1) 关键证人出庭作证的准备程序。包括证人出庭的申请、决定和通知。关键证人出庭可以由控辩双方申请，也可以由承办案件的法官自行决定。控辩双方申请的，应当在开庭十日以前书面提交申请出庭证人的名单及申请理由。由承办法官进行审查，决定是否准许。对于属于关键证人范围，并无可以不出庭的法定原因的，应当决定其作为证人出庭。决定应书面告知申请人。不准许出庭的应在书面告知中说明理由，该决定不得上诉和申请复议。申请人可在开庭时提交该证人的书面证言。决定证人出庭后，应当由法院在开庭七日以前将传票送达该证人。必要时，法院可以用强制措施保证该证人出庭。证人不出庭导致无法开庭的，应当延期审理。

(2) 关键证人出庭作证的操作规程。关键证人到庭后的作证程序首先是证人身份的核对，审判长应当核实证人身份，并对证人是否具有作证能力作出判断。然后，审判长应当向证人告知有关权利义务，再由证人宣读保证书。证人可以先陈述所了解的案件事实，再由控辩双方质证，也可以经控辩方申请直接开始质证。质证应当先由有利方主询问，再由另一方反询问，如有必要可以进行再询问。质证后，审判员可向证人发问。证人作证完毕，由审判长宣布证人退庭并告知其应当在庭外等候至当日庭审结束后阅看笔录并签名。

(3) 关键证人出庭作证的质证规则。质证规则是指控辩双方对证人的询问方式和证人是否应回答询问的相关规则。质证规则应由审判长本着有利于查明案件事实真相，有利于保护证人，有利于提高诉讼效率的精神予以掌握。控辩双方询问的内容应当与案件相关，不得进行诱导性提问；不得对证人进行威胁、恐吓；不得侮辱证人、损害证人的人格尊严。证人对与案件无关的问题，涉及国家秘密及可能导致证人自我归罪的问题，有权拒绝回答。质证中，控辩双方均可对对方的询问提出反对，由审判长决定制止。审判长也可以主动制止。证人拒绝回答问题时，也应当由审判长决定是否准许。审判长也可主动提出某个问题，证人可以不必回答。对审判长在作证程序中的决定，控辩双方及证人必须遵守，以充分维护法庭的权威，确保庭审的顺利进

行。需要补充说明的是,关键证人的证言发生前后矛盾时如何取舍？一般来说存在两种矛盾情形：一是证人当庭证言与庭前证言笔录发生矛盾；二是未出庭证人提供了相互冲突的庭前证言笔录。对此,有观点主张"当庭证言应当优先采纳",以鼓励证人出庭作证。依据审判实践经验,对于同一事实出现前后矛盾的两份以上证言,只可能其一为真,抑或均为虚假；并不存在当庭证言一定为真的逻辑。至于究竟如何取舍？证据印证规则是检验证据真实性的常规方法。无论是当庭证言还是庭前证言笔录,原则上讲都只有得到其他证据的相互佐证时,方可予以采信。

（三）强制措施及拒证的法律责任

建立关键证人出庭作证制度,必须同时规定强制关键证人到庭的措施和对证人拒证的处罚。这里首先要明确的是关键证人出庭在现阶段只能由法院承担确保其到庭的责任。因此,必须赋予法院对已收到法院出庭通知而无正当理由不到庭的证人采取强制措施的权力。强制措施可以包括拘传、拘留以及罚款。此外,对于证人有不出庭倾向,可能会不出庭的,法院应当有权预先采取强制措施,确保其如期到庭作证。

对于逃避出庭作证义务或者被强制到庭后拒不提供证言的关键证人,还应当给予一定的处罚。可以对其实施拘留或者训诫等措施,并可通知其所在单位或基层组织,对其进行一定处分等。此外,也应当建议全国人大对《刑法》作出补充,规定证人拒绝作证罪,对于关键证人拒绝作证,情节严重的应当给予刑事处罚。

（四）关键证人未出庭的法律效果

一审无法定原因关键证人未出庭的程序性后果如何？程序上的规定由于缺乏违反规定的法律后果,而往往出现流于形式,无法落实的情况。因此,为确保关键证人出庭作证,必须确立关键证人无法定允许的原因而未出庭作证的程序性后果。所谓程序性法律后果,是指违反诉讼程序的行为及其结果,在诉讼程序上不予认可,或应予否定或予以补正的法律规定。[1] 由于关键证人出庭作证的责任是由刑事案件的一审法院承担,因此,程序性后果也应当针对一审法院。如前所述,我国不宜采用传闻证据排除规则,因此不能以关键证人不出庭,其书面证言不能作为定案结论为后果,而应当规定以程序

---

[1] 王敏远：《违反刑事诉讼法的程序性法律后果》,载《中国法学》1994 年第 3 期。

违法为其后果,也就是说一审如果无正当理由而关键证人未出庭作证,则应当视为一审违反了法定的诉讼程序,有可能影响案件的公正处理,当事人提出上诉的,二审法院应当依照《刑事诉讼法》的规定,撤销一审判决,发回一审法院重审。一审法院应当组成新的合议庭,在通知关键证人出庭作证的条件下对案件进行重新审理。这样才能确保一审法院尽最大可能确保关键证人出庭作证。值得注意的是,一、二审可能会对该证人是否是关键证人产生不一致的意见,这里应当明确,二审裁量权在二审法院,但二审法院必须依据该未出庭证人的证言,对一审认定案件事实的重要程度及一审中被告人是否对案件指控事实有异议、是否提出过该证人出庭要求来综合认定。

第四节 侦查人员出庭作证制度的具体内容

侦查人员出庭作证符合我国刑事诉讼法的规定,对于查明案件事实真相、保障程序公开和规范侦查活动具有重要的实践意义。出庭作证的侦查人员作为一种特殊的证人,就其执行职务过程中获悉的案件事实和相关情况向法庭进行说明,其作证程序应与一般证人有所区别。为保护侦查人员的安全,对于从事缉毒、反恐、打黑等特殊任务的侦查人员,在必要时可以视频屏蔽方式出庭作证。

一、侦查人员出庭作证的法律依据

对于侦查人员出庭的法律依据,在诉讼理论界也存在一定的争议。笔者认为,侦查人员出庭作证符合我国刑事诉讼法的规定和立法精神,该种实践具有充分的法律依据,主要理由是:

(1)我国《刑事诉讼法》规定,凡是知道案件情况的人,都有作证的义务。生理上、精神上有缺陷或者年幼、不能辨别是非、不能正确表达的人,不能作为证人。该条虽没有从文字上直接表述侦查人员可以出庭作证,但其规定的知道案件情况的人,无论从文字解释还是从立法精神来理解,均应当包括在案件发生过程中了解案件情况的人和在案发后了解案件情况的人。侦查人员在执行职务过程中,无论是在案发时抓捕嫌犯,还是进行勘查、检验、讯问等侦查活动,均可以作为知道案件情况的人,在必要时出庭作证。《最高人民法院关于执行〈中华人民共和国刑事诉讼法〉若干问题的解释》第 138 条规定,公诉人可以提请勘验、检查笔录的制作人员出庭作证,而实践中勘验、检查笔录的制作人员均是侦查人员。《人民检察院刑事诉讼规则》第413条则更明确规定,公诉人对于搜查、勘验、检查等活动中形成的笔录在庭审中有争议,需要负责侦查的人员出庭陈述情况的,可以建议合议庭通知其出庭。由此可见,侦查人员出庭作证是符合我国刑事诉讼法及相关司法解释的规定的。

(2) 我国《刑事诉讼法》关于担任过本案证人的侦查人员应当回避的规定,成为诉讼理论界和实践中认为侦查人员出庭作证没有法律依据的主要论据。笔者认为,对该回避的规定,应当正确理解。该回避规定是指并非因侦查人员身份而接触到案情,需要作为证人的人,不应再担任该案的侦查人员。该条规定同样适用于检察人员和审判人员。而对于本身因侦查工作而接触案情的侦查人员,其出庭作证则不能再适用该条的回避规定,否则即会排除所有侦查人员出庭作证的情形。也有论者认为,该条回避规定排除侦查人员作为证人,是因为侦查人员具有追查犯罪的职责,其作为证人出庭会造成诉讼角色的冲突。笔者认为,该种理解有失偏颇。众所周知,证人本身就可以分为控方证人和辩方证人。证人出庭作证并非因为证人均具有中立性,而是要通过控辩双方交叉询问,揭露证人证言的真实性。因为侦查人员具有倾向性而否定其出庭作证资格的观点,显然是难以成立的。

(3) 侦查人员出庭作证符合我国刑事诉讼法的立法精神,具有重要的实践意义。侦查人员出庭作证,体现了审判公开原则和直接言词原则的要求,有利于庭审实质化和刑事诉讼庭审中心主义的总体目标的实现,是符合我国刑事诉讼法立法精神的。从实践来看,侦查人员出庭作证,不仅在观念上可以进一步推进以审判为中心的诉讼理念的确立,而且对于查明案件事实真相、规范侦查活动、保障被告人诉讼权利,也具有重要的实践意义。从近期实践中暴露出的一些刑事冤错案件来看,相当一部分案件出现偏差的原因,与侦查人员在侦查活动中违反相关程序规定有关。如果这些案件中,侦查人员能够出庭接受控辩双方的质询,使审判人员能够充分地审查证据,很可能就会避免严重后果的发生。而且,侦查人员出庭作证制度本身,对于遏制侦查人员的非法取证行为,也会起到重要的警示作用。基于此,五部委联合出台的《关于办理刑事案件排除非法证据若干问题的规定》对侦查人员出庭作证进行了明确规定。这进一步表明我国侦查人员出庭作证具有合法性和必要性。

二、侦查人员出庭作证的范围

侦查人员出庭作证具有法律依据,但并非所有的案件中侦查人员均应当出庭作证。构建我国侦查人员出庭作证制度,应当充分考虑我国的诉讼模式和诉讼资源现状,不宜盲目照搬西方国家的警察出庭作证制度。对于侦查人员出庭作证的范围,在我国目前阶段应当有所限制。

限定我国侦查人员出庭作证的范围应当考虑两方面的因素:一是该侦查人员出庭有利于查清案件事实真相;二是该侦查人员出庭为保障被告人诉讼权利所必需。这就要求侦查人员出庭作证的案件首先是被告人对公诉机关的指控有实质性异议的案件。如果被告人对指控的犯罪事实没有异议,则没必要让侦查人员出庭。另外,出庭作证的侦查人员所陈述的情况应当对证明案件事实具有重要作用。如果该侦查人员陈述的情况对案件事实的证明作用不大,或者所证明的不是案件中影响定罪量刑的主要事实,则没必要让其出庭。侦查人员出庭作证的范围,除应当从以上两个方面进行限制外,还应当从证明对象的范围上进行规范。

总体来说,侦查人员出庭,应当是就其在执行职务过程中感知和了解的案件情况进行说明。具体来说,需要侦查人员出庭说明的情况一般包括以下三方面的内容:一是侦查人员在目击犯罪发生和对犯罪嫌疑人进行抓捕的过程中经历和了解的案件事实情况;二是侦查人员在实施搜查、扣押、辨认、讯问、询问等侦查活动中了解的案件事实情况和与实施侦查活动本身的合法性相关的情况;三是侦查人员在接受报案,对犯罪嫌疑人提供的线索进行查证等活动中了解的案件事实情况。

三、侦查人员出庭作证的程序

对于出庭作证的侦查人员是否属于证人,其当庭说明的情况是否属于证人证言,在诉讼实务界一直存在争议。笔者认为,从目前我国刑事诉讼法关于证据种类的规定来看,应当将出庭作证的侦查人员归入证人的范畴,但应当明确的是,侦查人员是一种特殊的证人,与普通证人是有所区别的,主要表现在:首先,侦查人员出庭作证的内容,是其在履行职务过程中获知的案件事实,而普通证人作证的内容通常是在案件发生过程中亲身经历或感知的案件事实。如果侦查人员不是以职务身份获悉案件事实，则只能作为普通证人出庭作证。其次，侦查人员出庭作证，也是其依法履行职务的过程。如果侦查人员当庭做出虚假的陈述，导致出入人罪的，应当作为职务犯罪追究其刑事责任。而普通证人如果当庭提供虚假证言，则应当追究其作伪证的法律责任。同时，侦查人员出庭作证，也不应当要求法庭给予经济上的补偿，其出庭的相关费用，应当由其所在的侦查机关予以支付和补偿。再次，法庭传唤侦查人员出庭，其主要目的在于让侦查人员当庭说明其所了解的案件事实情况，使法庭能够通过庭审，查明案件的实体和程序事实。对于辩方来说，侦查人员出庭的意义也主要在于获得直接询问侦查人员、充分了解案件情况的机会，而并非通过交叉询问，辨别侦查人员陈述事实的真伪。而法庭让普通证人出庭作证的主要目的，则主要在于通过控辩双方的交叉询问，查明其陈述事实的真实性。

由此可见，我国侦查人员出庭作证的程序，也应当与普通证人出庭作证的程序有所区别，主要体现在：一是侦查人员出庭作证的，无须签署证人保证书。侦查人员作为国家司法工作人员，本身就有义务向法庭如实提供案件真实情况。二是侦查人员出庭作证的，应当首先由该侦查人员直接就需要说明的情况进行陈述，再由控方和辩方分别进行询问，审判人员认为必要时，也可以进行询问，而不是由控辩双方直接进行交叉询问。三是侦查人员出庭作证的，无须对侦查人员进行经济补偿，对于拒绝出庭的侦查人员，也不能采取拘传及其他强制其出庭的措施，而应当通过其所在侦查机关的内部制度，对其进行相应的处分。四是对于侦查人员出庭作证，应当加大保护的力度。对于从事缉毒、反恐、打黑等特殊任务的侦查人员，在必要时可以视频屏蔽方式出庭作证。

四、技侦材料证据化的制度完善

侦查人员作证制度还涉及技侦材料证据化的问题。技侦措施，是指国家安全机关、公安机关等侦查机关为了侦查某些特定犯罪，而秘密采取的特殊侦查措施或者侦查手段，包括电子监听、电话监听、电子监控、秘密拍照、秘密录像、秘密邮件检查等专门技术手段以及控制下交付等特殊侦查手段。技侦材料，是指通过采取技术侦查措施所收集的能够证明案件事实情况的材料。现行《刑事诉讼法》及 2021 年《最高人民法院关于适用〈中华人民共和国刑事诉讼法〉的解释》都对技侦材料证据化提出了要求，并做出了相关规定。但是，在实践中，侦查机关在对技侦材料进行证据化的过程中仍存在不少问题，下文将结合实践对这些问题进行梳理和分析。

(一) 技侦材料在审判实践中的使用情况

(1) 技侦材料在毒品犯罪案件中运用较多，主要表现形式是电话监听获得的材料。目前，侦查机关技术侦查手段在各种类型案件的侦破过程中均有使用，但大多数案件中，技侦措施的主要作用在于通过手机定位等方式发现和抓获犯罪嫌疑人，较少使用技侦材料作为证据。在审判实践中，需要使用技侦材料作为证据的主要是毒品犯罪案件。在技侦材料的表现形式上，主要是电话监听形成的材料。

(2) 技侦材料一般不随卷移送，或者作为密卷，不向被告人和辩护人公开，也不在庭审中公开质证。侦查机关对于采用技侦措施取得的材料，往往不随卷移送。对于具有证明作用的技侦材料，往往采用转化的形式，通过侦查机关出具工作情况、转化为被告人或同案犯供述等方式在诉讼中使用。在一些毒品犯罪数量较大或被告人不认罪的案件中，侦查机关往往以密卷的形式将技侦材料移送，但该材料仅供公诉人和审判人员阅看，不向被告人和辩护人公开，不在庭审中公开质证，也不在判决书中进行表述。

(3) 技侦材料的真实性仍然需要审查判断。由于侦查机关提供的技侦材料往往通过工作情况或者书面通话记录等方式体现，并非技侦手段获得的原始材料，存在人为因素，因此法院并不能当然地认定其真实性。审判实践中对于一些重大的毒品案件，或被告人始终否认指控的情况下，承办法官往往会去侦查机关复听相关监控录音的情况。对于一些特别重大复杂的案件，还采用声纹鉴定的方式对材料进行核实。

(4) 技侦材料对于案件事实的认定具有重要证明作用。在毒品犯罪案件中，由于许多主要犯罪嫌疑人不直接从事毒品运输和交易，而是雇用和指使他人实施具体行为，故电话监听记录对于证实其犯罪行为起到了重要的作用。尤其是在"零口供"的毒品犯罪案件中，电话监听记录对于印证同案犯的供述、证明被告人主观明知等均具有重要证明作用。这些材料不能公开质证，不能在判决书中表述，无疑会影响到案件处理的效果。

(二) 技侦材料证据化中存在的问题

2012年《刑事诉讼法》第152条规定："依照本节规定采取侦查措施收集

的材料在刑事诉讼中可以作为证据使用。如果使用该证据可能危及有关人员的人身安全,或者可能产生其他严重后果的,应当采取不暴露有关人员身份、技术方法等保护措施,必要的时候,可以由审判人员在庭外对证据进行核实。"2018年《刑事诉讼法》沿用了这一规定。在实践中贯彻上述规定需要密切关注以下几个问题:

(1) 侦查机关技侦措施的规范化使用应进一步加强。技侦材料在庭审中公开质证,被告人和辩护人必然会高度关注技侦材料取得方式的合法性问题。《刑事诉讼法》及《公安机关办理刑事案件程序规定》对技侦措施的审批和使用都作出了比较严格的规定,在实践中大部分侦查机关均能严格按照程序规定进行操作。但目前实践中,尤其是在毒品犯罪案件的侦破过程中,如果严格按照审批程序运用技侦手段,可能会对案件侦破工作造成一定的影响。在有关程序问题未妥善解决前,技侦材料公开质证可能会带来非法证据排除等问题。

(2) 侦查机关技侦材料固定和移送的方式亟待明确。相关司法解释规定,采取技术侦查措施的批准决定和所收集的证据材料均应随检察院移送的卷宗、证据一起移送。但是,在公安机关向检察院移送相关技侦材料时具体应采用何种形式,是全部形成书面文字记录予以移送,还是直接移送含有电话录音、电话记录、网络聊天记录等的录音带、光盘等存储介质,或是移送存储介质的同时附上相关文字记录,尚未有更具体的操作规定。

(3) 技侦材料作为证据使用的范围和决定权亟待明确。《刑事诉讼法》规定,以技术侦查措施收集的材料在刑事诉讼中可以作为证据使用,也就是说,技侦材料既可以在刑事诉讼中作为证据使用,也可以不作为证据使用。对于哪些技侦材料需要作为证据使用,由谁来决定技侦材料是否作为证据使用均不明确,实践中可能会出现侦查机关与公诉机关、公诉机关与审判机关对哪些技侦材料需要作为证据使用存在争议的情况。

(4) 技侦材料在庭审中质证的相关规定尚不够明确、具体。技术侦查措施获得的证据在刑事诉讼中的使用,需要在有利于打击、控制犯罪与保障当事人的知情权、质证权的价值目标之间进行平衡。技侦材料的质证,必然会与其他证据的质证存在不同的制度设计。但当前的相关法律对于技侦材料质证的相关规定尚不够明确、具体。对于"可能危及有关人员的人身安全""可能产生其他严重后果"均未明确界定,对于相关"不暴露有关人员身份、技术方式等保护措施"也未予明确,故在审判实践中会造成技侦材料公开质证的规定操作性不强的问题。

（5）对技侦材料进行庭外核实缺少相关操作规范。对技侦材料进行庭外核实作为当庭质证的补充手段,仅限于"必要的时候"方能使用。但什么情况下是"必要的时候",核实的具体方式、参加人员范围等均未有相关法律规定。尤其是参加人员范围是否包含辩护律师在司法实践中存在较大分歧。如果不让辩护律师参加,如何保证其知情权和质证权是进行庭外核实必须解决的问题。

（6）对技侦材料的真实性进行审查判断存在一定的困难。技侦材料在刑事诉讼中作为证据使用,在庭审公开质证的过程中,被告人及辩护人除对证据收集的合法性可能会提出质疑外,对证据的真实性和关联性也可能提出质疑,而法院对技侦材料的审查判断往往存在困难。比如,对于电话监听所获得的录音,被告人和辩护人可能会提出录音中的声音并非被告人所留。目前虽然有声纹鉴定技术,但该鉴定的运用范围尚不广泛,其技术的成熟程度尚有待进一步检验,且比对检材的获取也会存在一定的困难,这些都会影响到法院对证据真实性的审查判断。

（7）裁判文书中对技侦材料的表述方式有待进一步探索。经法定程序查证的技侦材料,无论是经当庭质证还是庭外核实,都应当在裁判文书中予以表述,作为定案的根据。这和以前完全不表述技侦材料的裁判文书的制作方法有较大的差异。如何在既能充分表述定案证据的同时,又保障相关人员的安全及不暴露技侦方法,是法官在制作裁判文书中需要进一步探索的问题。

（三）技侦材料证据化的完善方式

正是因为存在上述问题,2021年《最高人民法院关于适用〈中华人民共和国刑事诉讼法〉的解释》在调研的基础上,专门于第四章第八节规定了"技术调查、侦查证据的审查与认定"的内容,对技侦材料的证据化进行了专门规定。本书将在结合上述规定的基础上,对技侦材料证据化存在的具体问题提出如下应对策略：

一是法院需要积极与侦查机关沟通,建议侦查机关严格遵守技侦措施使用的程序规定。侦查机关对犯罪嫌疑人采取技侦措施时,在审批程序、适用范围、手段种类、适用对象、期限及相关保密工作等方面,要严格遵守《刑事诉讼法》及《公安机关办理刑事案件程序规定》的相关规定。在毒品犯罪案件中采用技术侦查措施,也应当有完整的审批手续,并按照审批的范围和期限来实施技侦措施。

二是法院需要积极与侦查机关和公诉机关沟通,明确技侦材料作为证据使用的范围、移送方式和决定机关。对于技侦材料是否作为证据使用,应当按照案件类型加以区分。对于抢劫、绑架、故意杀人等恶性暴力犯罪案件,在案件发生后再采用技侦手段对犯罪嫌疑人进行侦查的,可将整个技侦情况作为案发经过随卷移送,并附上有关手机通话记录。对于重大毒品案件,在立案后采取监听手段的,侦查卷宗中既要有书面材料,还应有光盘等存储介质。对于采用技侦措施侦办案件过程中获得的具有证明作用的材料,无论侦查机关是否准备作为证据使用,在案件审判结束前应当一律保留,以便核查。对于技侦材料是否作为证据使用,建议由公诉机关作为决定机关。检察机关依据公安机关移送的技侦材料对案件的证明价值以及在考虑保密原则的基础之上做出利弊权衡,最终决定是否将相应技侦材料用作证据提交法庭质证。

三是对技侦材料的质证、庭外核实、文书表述等方面进行更为完善的规定,增强技侦材料证据化的可操作性。建议最高法在实践和调研的基础上,进一步细化技侦材料证据化的相关司法解释,准确界定采取相关保护措施的情形和保护措施的类别,明确庭外核实证据的操作规范,核实的具体方式、参加人员范围等。庭外核实与保护措施核实存在递进关系,只有在采取相关保护措施仍可能危及有关人员的人身安全、产生严重后果的情况下,才能进行庭外核实,由审判人员在庭外向侦查人员了解有关情况,询问相应的特情人员,查看相关的物证、书证等材料。在庭外核实时,可以采取两种做法:(1)法官庭外单方核实证据后将核实结果通知控辩双方,如果控诉方或辩护方有重大疑问的,应当进行再次核实,核实后仍不能合理解释疑问的,则放弃该证据的适用;(2)允许控辩双方于法官核实证据时在场,但辩护方只限于律师在场,且需签署保密承诺书。另外,为实现充分表述和防止泄密之间的平衡,裁判文书中可只概括技侦材料证据的名称及其证明的内容,而无须说明证据的收集过程、人员身份和采用的技术方法。

第五节　构建完善的证人屏蔽作证机制

中国的传统文化中就有浓厚的"厌讼"和"厌证"情结，人们一方面会有因作证遭到其他人非议的顾虑，另一方面更怕出庭与案件当事人面对面而得罪其本人或家人，因此证人不愿出庭作证，尤其是，对于处于打击犯罪一线的侦查人员而言，出庭作证更会面临被犯罪分子打击报复的问题。由此，证人屏蔽作证机制对于提高证人出庭作证意愿具有重要意义。我们曾在全国法院系统中率先推出证人屏蔽作证的举措。该举措是为落实人民法院保护证人安全的法定职责，运用科技手段促进审判公正的一项有益探索，对于充分发挥庭审功能和作用，推进刑事诉讼庭审方式改革具有重要的实践意义，相关探索也被《刑事诉讼法》所吸纳。

一、证人屏蔽作证的内涵

证人屏蔽作证，是为保护证人安全而采取的一种证人当庭作证的特殊方式。[①] 广义上来说，证人屏蔽作证包括物理方式屏蔽和视频技术方式屏蔽两种。物理方式屏蔽包括在法庭中设立屏风，由证人在屏风后作证或者用面具等方式遮蔽证人脸部等。视频技术方式屏蔽，就是指证人不出现在法庭里，而是在特定的证人作证室内，通过视频方式作证。在证人作证的视频和音频信号传送到法庭内时，技术人员可以通过后台编辑功能同步处理证人头像信号，使法庭内的人员在法庭的显示屏上看到的是隐藏了证人面部特征的图像。使用该种方法在有必要的情况下，技术人员还可以对证人的声音进行处理，使法庭内的人员听不到证人的真实声音。本文中所探讨的证人屏蔽作证，就是指这种证人通过视频屏蔽方式作证的方式，因此，也可称为"证人视频屏蔽作证"。[②]

证人屏蔽作证，具有作证空间上的隔离性、证人保护上的预防性、作证手段上的科技性等重要特征。[③] 它通过视频连接的方式，既能保证证人像在法

[①] 这里所指的证人，包括被害人等广义上理解的证人。
[②] 我们探索的屏蔽作证系统也采用的是通过视频技术进行处理而屏蔽证人的面部和声音特征的方式。
[③] 王刚：《论我国"隐蔽作证"制度的建构》，载《中国刑事法杂志》2005年第4期。

庭上作证一样,同步接受控辩双方的交叉询问,同时又通过空间上的隔离,使证人不必要直接面对被告人及旁听人员,可以一定程度上消除证人的紧张情绪,打消其出庭作证的顾虑。在证人保护上,它充分体现了事先预防性的特征,使证人的真实面貌和声音不在庭审公开质证时暴露,从而能够一定程度上防止对证人的打击报复,是保护证人安全的有效方式。它综合运用了信息技术、网络技术和后台处理等科技手段,具有较强的科技含量,是现代科技手段在审判中运用的一项重要举措,体现了人民法院落实科学发展观,贯彻"科技强院"方针的要求,也符合当代世界各国法院运用科学技术手段促进审判公正和效率的潮流和趋势。

二、证人屏蔽作证的域外实践及对我国的启示

(一)证人屏蔽作证的域外实践

证人保护,是世界各国刑事诉讼中面对的共同课题。证人屏蔽作证,并非我国的首创,其早已在一些国家和地区的立法上予以规定,并在审判实践中被广泛运用。葡萄牙《证人保护法》第14条规定,为了避免证人被识别,法院可以决定通过对证人进行隐身或者变声收集证言或者陈述以取代程序法上的形式或者交叉询问的形式。为隐藏证人形象和声音的需要,所有证人的形象和声音都需要用技术手段加以处理,只有主审法官或者法院可以接触到非经失真的形象和声音。[1] 英国《1999年少年司法和刑事证据法》第23条规定,证人在法庭上作证或者宣誓时,法庭可以作出特别措施指示,通过遮蔽方式或其他方式阻止其看到被告。第24条规定,法庭还可以作出证人通过现场网络连接的方式作证的特别措施指示。当法庭作出该指示后,未经法庭允许,证人不得以其他方式作证。[2] 法国、德国、俄罗斯等国的刑事诉讼法或证人保护法中也均有类似规定。[3]

证人屏蔽作证还在国外及国际法庭的审判活动实践中得以广泛运用。前南斯拉夫国际刑事法庭的证人保护措施就包括证人屏蔽作证的方式。[4] 苏格兰法庭在审理举世闻名的洛克比空难案件中,就出于对证人安全的考虑,

---

[1] 杨家庆:《葡萄牙证人保护法》,载《中国刑事法杂志》2005年第3期。
[2] 何家弘、张卫平主编:《外国证据法选译(上卷)》,人民法院出版社2000年版,第102页。
[3] 吴琼阁:《外国证人保护制度比较研究》,载《云南警官学院学报》2008年第2期。
[4] 凌岩:《国际刑庭法官眼中的世纪大审判》,载《检察风云》2005年第23期。

让化名为贾卡的证人躲在特制的防弹玻璃后面,其声音和头像也通过电脑处理而使人听不出他原来的声音并看不清他原来的面貌。①

(二)证人屏蔽作证在我国的实践意义

证人屏蔽作证在我国审判实践中的引入,是完善我国证人保护制度的有益尝试,对于解决我国刑事诉讼中证人出庭率低、庭审流于形式的弊端,具有重要的实践意义。我国1996年《刑事诉讼法》实施以来,在审判实践中证人出庭作证制度一直难以落实。各地法院刑事庭审中均仍以对证人的书面证言质证为主,证人出庭率仅在5%左右,甚至更低。② 证人不出庭使得证人的书面证言在庭审中被大量直接使用,控辩双方的质证难以展开,法官也难以通过庭审直接审查证言的真伪,这导致刑事审判方式还是不能摆脱过去的书面审理模式,庭审的直接言词原则和审判公开原则都难以保障。证人不出庭,当然也有我国法律传统和公民意识等各方面的影响,以及证人补偿、证人强制到庭制度的缺失等原因,但我国证人保护制度不够完善也是导致证人不出庭的一个重要原因。

从目前现状来看,我国的证人保护制度规定得过于原则,且侧重于事后对打击报复证人行为的惩罚,而忽视了对证人作证过程中的预防性保护。例如,1996年《刑事诉讼法》第49条规定:"人民法院、人民检察院和公安机关应当保障证人及其近亲属的安全",但对于三机关在诉讼过程中保护证人的具体职责分工、可以采取的措施及保护责任的落实等方面却没有具体的规定。1997年《刑法》在修改时将打击报复证人,情节严重的行为明确规定予以刑事处罚,这一定程度上具有对打击报复证人行为的遏制作用。然而,处罚规定毕竟具有事后救济的性质,如果没有证人作证过程中的切实可行的对打击、报复证人的预防性措施,则证人很难打消出庭作证的顾虑,即使规定了强制证人出庭的相关制度,也很难在实践中确保证人出庭作证。证人屏蔽作证,就是借鉴国外证人保护的立法和实践经验,落实我国《刑事诉讼法》关于证人保护的原则性规定,对证人的安全进行事先预防性保护的重要措施。该措施与一些发达国家采取的对证人24小时全天候保护措施相比,具有成本

---

① 王进喜:《刑事证人证言论》,中国人民公安大学出版社2002年版,第241页。
② 一些法院对证人出庭比例所进行的统计,大多系有证人出庭的案件占全部案件的比例的统计,如果将出庭证人与全部案件的证人数量进行对比,将会得出更低的比例。

较低的特点,更符合我国司法资源的现状。[①] 将证人与被告人在空间上相对隔离,也更符合我国证人传统的作证心理,有助于打消证人出庭作证的顾虑。因此,该措施在实践中的推行和不断完善,必将有利于构建符合我国国情的证人保护制度,提高关键证人出庭率,使庭审方式改革真正落到实处。

三、证人屏蔽作证的范围与实施方式

证人屏蔽作证是刑事诉讼中证人出庭作证的一种特殊方式。该种方式与证人直接在法庭上作证的方式相比,具有程序相对较烦琐、成本较高的特点,且对控辩双方对证人质证的有效性也会产生一定的不利影响。因此,证人屏蔽作证应当作为证人出庭作证的一种例外方式,在实践中明确其适用范围,进行合理运用。

(一)适用范围

刑事诉讼中屏蔽作证的证人首先应当是刑事案件中的关键证人。刑事案件的关键证人,是指控辩双方对其证言有争议的,对案件事实的证明具有重要作用的证人,屏蔽作证是对证人进行保护的特殊举措,如果不是案件的关键证人,完全可以让其以书面证言的方式作证。只有在该证人属于案件的关键证人,让其出庭作证对于查明案件事实、保障被告人质证权利具有重要意义的前提下,让该证人通过屏蔽方式作证才有实际意义。此外,关键证人通过屏蔽方式作证,还应当符合特殊的条件。这种特殊条件,应当是出于保护证人的特殊要求的考虑。对于需要特殊保护的证人,一般来说主要包括两类人:一是所谓的"弱势证人",是指需要得到特别关照措施保护的人,包括强奸等性侵犯案件的被害人,以及未成年证人等。这类证人除了人身安全希望通过屏蔽方式得到保护外,更重要的是希望通过隔离的方式,使他们不需要在法庭上直接面对被告人,从而消除他们的恐惧心理,防止他们在作证过程中身心受到再次伤害。二是完全出于人身安全考虑而需要进行屏蔽方式作证的证人。这类证人主要包括有组织犯罪、涉黑涉恶犯罪案件的证人,具有特情人员或其他保密身份的证人,出于从事打黑、缉毒等危险性较大的侦查工作需要而不宜暴露身份或面貌、声音的侦查人员等。值得注意的是,在现

[①] 美国1997年证人保护费用即高达6180万美元,约占联邦费用总支出的千分之五。唐亮、朱利江:《美国证人保护制度及其启示》,载《人民检察》2001年第12期。

阶段我国其他证人保护措施尚不完善的情况下，为了提高证人出庭率，在证人屏蔽作证的运用上尚不应过于严格限制，而应当由审理案件的合议庭视案件情况进行掌握。

（二）操作方式

证人屏蔽作证方式的启动，一般应当由申请证人出庭的控方或辩方在提出申请时一并提出，并由合议庭在审查后作出是否采用证人屏蔽方式作证的决定。合议庭在证人出庭的申请方未提出屏蔽作证要求的情况下，也可以直接应证人本人的要求，或者由合议庭决定采用证人屏蔽方式作证。合议庭作出证人屏蔽作证的决定后，应当在庭审前通知公诉人和辩护人，以便控、辩双方有所准备。证人的身份，包括证人的年龄、职业、住址及作证资格等事项，原则上在庭审前由合议庭进行核实，在庭审时传证人到庭后不再进行核对证人身份的环节，而由审判长宣布该证人的身份已经法庭核实，确认其具有作证资格。一般来说，证人的真实姓名和证人与案件的关系应当在证人屏蔽作证时宣布。在极少数情况下，为体现对证人的特殊保护，也可以尝试在庭审中证人隐名作证，但其适用范围应当严格掌握。

（三）证人屏蔽作证与证据的确定性

证人屏蔽作证的举措对于保护证人、提高证人出庭率方面的实践意义，受到专家学者和社会公众的广泛好评，但也有观点对证人屏蔽作证方式的合法性和正当性提出质疑。对证人屏蔽作证的质疑，主要包括证人屏蔽作证在我国运用是否具有法律依据以及证人屏蔽作证是否影响证据的确定性的问题。

关于证人屏蔽作证的法律依据问题，2012年之前，我国《刑事诉讼法》和相关司法解释确实没有明确规定证人屏蔽作证制度，但这并不意味着其不符合《刑事诉讼法》的立法精神和基本原理。证人屏蔽作证，是在现有诉讼法的框架下，对证人保护制度构建的一种探索，它是符合我国《刑事诉讼法》规定的要求证人出庭作证及明确赋予人民法院、人民检察院和公安机关具有保护证人安全职责的立法精神的。证人屏蔽作证，虽然在作证的物理空间上与法庭具有隔离性，但通过视频和音频的连接，证人如同亲临法庭，可以同步作证，并接受控辩双方的交叉询问，因此，这种方式实际上通过科学技术的运用，达到"两个空间，一种场景"的效果，不仅不违背直接言词原则，而且与证人仅提供书面证言质证相比,更有利于庭审中直接言词原则的贯彻。证人屏蔽作证,也是人民法院为落实《刑事诉讼法》赋予的保护证人的法定职责而采取的有效举措。应当看到,近年来人民法院结合实践需要推出种种探索性举措,已成为推动我国诉讼方式改革的主要方式,只要其符合《刑事诉讼法》的立法精神和程序公正价值理念的要求,没有脱离现有诉讼法的制度框架,其合法性是应当充分肯定的。正是由于证人屏蔽作证符合刑事诉讼的基本精神和原理,2012年《刑事诉讼法》在修改时,吸收了我们关于证人屏蔽作证机制的探索,在立法上确定了对危害国家安全犯罪、恐怖活动犯罪、黑社会性质的组织犯罪、毒品犯罪等案件,证人、鉴定人、被害人因在诉讼中作证,本人或者其近亲属的人身安全面临危险的,可以采用不暴露外貌、真实声音等方式。

关于证人屏蔽作证是否影响证据的确定性的问题,证人屏蔽作证会对证人的容貌和声音做特殊处理,而且不当庭核对证人的年龄、住址、职业等身份信息,但这并不意味着该证人证言不具有真实性和确定性。证人屏蔽作证,虽然不当庭核对其具体身份信息,但上述信息均已由法院依法核实,并确认其作证资格,且法庭应当庭宣布该证人的姓名和与案件的关系。证人屏蔽作证时,同样应当签署证人保证书,依法承担证人如实作证的义务,并同样需要接受控辩双方的交叉询问,使法庭能够通过庭审形成对该证人证言真实性和有效性的判断。对于屏蔽作证证人身份的真实性和证言的确定性,还会受到二审法院的审查。因此,证人屏蔽作证证言的真实性和确定性是有充分保障的。

(四)证人屏蔽作证与被告人诉讼权利的保障

证人屏蔽作证,其目的就是为了在保护证人安全的前提下,提高证人出庭率,以充分发挥庭审的功能和作用,保障被告人对证人进行当庭质证的诉讼权利。证人屏蔽作证与仅在庭审中宣读证人的书面证言相比,无疑更有利于保障被告人的质证权。这是证人屏蔽作证制度和被告人诉讼权利保障在诉讼价值目标上的一致性。同时我们也要看到,对控方证人身份的保密和证人容貌、声音的改变,又在客观上会对被告人对证人真实身份的知情权和当庭质证的有效性产生一定的影响。这反映了被告人诉讼权利保障与控方证人安全的保护在诉讼价值目标上的冲突性。①

对于这种冲突性应当正确看待,不能因为有可能影响被告人的知情权,就轻易地否定证人屏蔽作证方式在程序上的正当性。应当看到,证人屏蔽作证与保障被告人基本诉讼权利是没有根本性冲突的,国外的一些立法和判例都明确表明,一定范围内的特殊证人采用视频屏蔽方式作证,不违反对被告人基本诉讼权利的保护。即使在对被告人诉讼权利保护最为严格的美国,其联邦最高法院也在 Maryland v. Craig 案中表明,证人在与法庭隔离的房间内采用视频方式作证,不违背《美国宪法》第六修正案关于被告人对质诘问权的规定。② 而且,证人屏蔽作证在我国现阶段能够有效地打消证人出庭的顾虑,提高证人当庭作证率,与法庭上仅仅能够对证人的书面证言质证相比,证人屏蔽作证提供了被告人及辩护律师对关键证人当庭质证的机会,从而更有利于被告人质证权的保护。

当然,在证人屏蔽作证制度的设计上,也应当充分注意到被告人诉讼权利的保障。在实践中应当限制证人屏蔽作证的适用范围,即如前所述,将屏蔽作证作为证人当庭作证的例外情形,只有在对特殊证人的保护确有必要的情况下,才经合议庭决定,采取屏蔽作证的方式。在刑事判决书中,应当载明屏蔽作证证人的证言。对于屏蔽作证的证人的证言,不能作为对被告人进行定罪的唯一证据。此外,还应当赋予二审法院对证人屏蔽作证决定的正当性的审查权,对于不恰当地运用证人屏蔽作证方式的,二审应当予以纠正。采用这些保障措施,就能一定程度上在证人保护与被告人诉讼权利保障上进行平衡,以充分兼顾两种价值目标的需求。

第六节　证人出庭作证配套机制的完善

要使关键证人出庭作证制度在刑事审判实践中更为有效地运作,产生良好的效果,还应当构建相应的辅助机制,一方面要保障关键证人能够顺利参与作证,另一方面也应强化不出庭证人证言的审查方式,使得出庭证人和不出庭证人都能起到查明案件事实的应有作用。

---

① 何挺:《证人保护与被告人基本权利的冲突和权衡》,载《中国刑事法杂志》2007 年第 3 期。
② 张曙、阿儒汗:《我国证人保护制度的反思与重构》,载《河北法学》2006 年第 6 期。

一、庭前准备程序的完善

关键证人出庭制度的准备程序要求法院在庭审前完成关键证人的决定和通知工作,尤其是要对案件中是否需要关键证人出庭和哪些证人属于关键证人作出判断,还要对控辩双方尤其是辩方关于证人出庭的申请作出是否准许的决定,要有效地完成这一任务,又确保程序公正,就必须对我国的刑事诉讼庭前准备程序进行改革和完善。具体来说应当采取以下措施:

(1)成立刑事诉讼庭前准备庭或在立案庭中设立庭前准备组,由专门的庭前准备法官负责庭前准备阶段的程序性工作,一来改变原来刑事诉讼中庭前准备工作职责不明的状况;二来实现庭前准备法官和庭审法官相分离,能够有效避免庭审法官庭前产生预断。

(2)建立庭前区分被告人对指控是否有异议案件的机制。由于在被告人对指控无实质异议的案件中,无须关键证人出庭,因此必须在庭前准备阶段明确被告人是否有异议。具体可以由庭前准备法官在向被告人送达起诉书副本时,对被告人进行初步讯问,如果被告人承认起诉书指控的犯罪事实,则庭前准备法官可以作出该案件无须证人出庭的决定。

(3)建立庭前明确案件争议焦点的制度。庭前明确案件争议焦点,有利于对哪些证人属于应出庭的关键证人作出准确判断。庭前准备法官在向被告人送达起诉书副本时,如果经讯问被告人对指控犯罪事实有异议,则应让被告人简单说明其理由,并询问被告人是否要求证人出庭证明其对指控提出的异议。在有辩护人的案件中,庭前准备法官要保证庭前证据的展示,必要时召开庭前会议,由控辩双方参加,进一步明确争点。从而确保关键证人的出庭能起到有利于查明案件事实真相的作用。

二、出庭作证保障程序的完善

只有建立完备的证人保护和补偿制度,才能使证人打消顾虑,自觉履行到庭作证的义务。证人保护应当包括出庭前保护和出庭后保护。如果有迹象表明证人在出庭前其人身安全可能受到威胁的,应当经证人申请,承办案件合议庭批准,由法院司法警察成立证人保护小组,对证人进行保护。对证人及其近亲属进行威胁、侮辱、殴打或者打击报复的,应当给予刑事处罚或治安管理处罚,并从严论处。出庭证人无论出庭前或出庭后受到报复的,都可以向公安机关投诉，也可以向人民法院投诉，由法院与公安机关协调，对报复人作出相应处理。

给出庭的证人因为出庭而花费的费用以适当的补偿，这是规定证人出庭的国家立法通例。这一补偿应当包括证人出庭的交通费、食宿费用和误工费，不包括其他间接损失。补偿费用由法院支付，法院可以将该费用单独列预算，经批准由国库列支。

三、不出庭证人证言的强化审查

关键证人出庭制度并不一律排除书面证言作为定案证据，对于没有证人出庭必要的案件，不属于关键证人的证人以及关键证人无法出庭的，都允许法官采纳书面证言认定案件事实。为了避免这些证人不出庭作证对程序公正及案件的实体真实可能产生的负面影响，有必要强调从形式上和内容上对这些证人的书面证言进行有针对性的严格审查。

（1）加强对书面证言的形式审查。要重点审查书面证言是否有证人的签名，书面证言中有修改的地方是否有证人的签名或手印，书面证言的制作时间是否清楚、准确，同一证人数份证言作证时间上有无矛盾。此外，还要审查书面证言是由谁制作、向谁制作、制作时间地点，书面证言的收集制作人是否告知证人提供虚假证词应承担的法律责任，以利于发现可能导致书面证言不真实的地方。还要对以书面证言作证的证人本身情况进行审查。审查证人与案件事实的关联程度，证人叙述的准确程度以及证人的年龄、职业以及证人的其他生理、社会状况，以弥补证人不出庭使法官无法对证人有直接了解的不足。

（2）加强对书面证言的内容审查。应当重点审查证言的内容是否与案情直接关联，证人是直接对案件事实的感受作证，还是听说或者猜测；审查证言的关键处是否清楚、准确，如果出现"可能""大概"等用词，则表明证人提供书面证言时可能具有被动性，可能受到收集人的提示；审查证人数次证言前后是否有很大的不一致，要通过对证言内容及细节分析不一致的原因，排除证人受外界影响而改变真实证言的可能性；审查证言内容中是否有证人在作证时不可能知道的案件情况，是否有收集、制作书面证言的人不可能知道的情况，前者说明该份证言可能是制作人伪造、篡改或证人受收集人提示而作出的，后者则可以排除该份证言受到收集人影响而失去真实性的可能。对数份证言就同一事实内容陈述不一致时,不应简单地依多数证言认定,也不能只采信侦查机关收集的证言而不采信当事人和辩护人收集的证据。而应当找到不一致内容的关节点,结合物证等其他证据来判断真伪。

刑事诉讼证人屏蔽作证,是法院为保护证人安全,在我国《刑事诉讼法》规定的证人应当出庭作证和人民法院应当依法保护证人安全的制度框架内,立足刑事审判实践而进行的有益探索。《刑事诉讼法》在修正时也认可和采纳了这一探索,其对于在庭审中贯彻直接言词原则,推进刑事诉讼庭审方式改革,具有重要的实践意义。我们相信,随着刑事诉讼证人屏蔽作证制度的进一步完善,该项制度必将在实践中被广泛运用,并最终有助于庭审实质化的推进。

第三章

被告人认罪案件审理程序改革探索

21世纪初,随着对诉讼效率价值的深入认识和广泛认同,一场对刑事诉讼普通程序适用简化审理的改革在全国许多法院和检察院不约而同地开展起来。许多基层法院不仅在实践中对这一审理方式进行了探索,还与同级检察院协商,形成了操作上的规范。这一推进刑事诉讼审判方式改革进一步深化的举措在当时也得到了最高人民法院的肯定,被列为最高人民法院开展诉讼方式改革的重点内容之一。[①] 这些改革经验经过试点、总结后,相关探索被《刑事诉讼法》的修改所吸纳,正式确立了认罪认罚从宽制度。但是,完成立法并不意味着对认罪案件审理方式的改革目标已全部完成。近年来,"两高三部"多次发布相关指导意见,对认罪认罚从宽制度的具体适用规则进行细化。实践中对认罪案件的处理,仍存在诸多亟待解决的问题。诉讼法学界对这些问题的探讨也各有侧重,众说纷纭。因此,从审判实务角度出发,加强对这些问题的研究和探讨,为审判实务操作和改革实践提供更为明确、针对性更强的理论依据,无疑是十分必要的。本书对该问题的讨论并不限于认罪认罚案件,而是从以认罪答辩为前提的快速处理机制出发,将认罪案件作为研究对象(包括认罪认罚案件、认罪不认罚案件、部分认罪案件等),以期为相关审理程序的完善提供新的视角。

第一节 被告人认罪案件的范围

当前人案矛盾的压力越来越大,刑事诉讼需根据案件类型进行分类施策。传统的诉讼制度以不认罪案件为基础构建,其以控辩双方的对抗为基

[①] 陈里、朱云峰:《继续推进三项改革》,载《人民法院报》2002年10月18日第1版。

础,需要投入充分的司法资源。但是,随着社会发展,有限的司法资源与激增的案件数量的矛盾日益凸显,为了应对过度犯罪化趋势,多数国家选择以认罪答辩为前提的快速处理机制,对认罪案件普遍采用控辩双方协商合作的诉讼模式来提升诉讼效率。①

一、被告人认罪的定义

对于被告人认罪,在实践中还有被告人作有罪答辩和被告人对指控供认不讳的提法。笔者认为,"被告人作有罪答辩"是借鉴英美国家的诉讼程序而来的称谓,由于英美国家在诉讼程序中有专门的答辩程序,因此,被告人应当在此程序中对指控作有罪答辩、无罪答辩或其他答辩。我国没有设立此种程序,因此不宜借鉴这一提法。而被告人对指控供认不讳是我国司法实践中的一种习惯性说法,明显具有纠问式诉讼的语言色彩,且被告人供认不讳意味着被告人不能对指控提出任何的反对和质疑,这就限制了认罪案件的范围。因此,统一为"被告人认罪"这一提法,对于正确界定被告人认罪案件的范围,为适用特别程序和审理方式提供基础具有重要意义。被告人认罪案件,应当符合以下三个方面要求:

1. 应当是被告人在法庭审理中向法庭表示

所谓被告人认罪,应当有其特定的诉讼阶段限制,它并不是犯罪嫌疑人交代涉嫌的犯罪行为,也不是已被定罪的犯罪人认罪服法,接受教育改造。而是指已经公诉机关审查决定向法院起诉或自诉人向法院提起自诉,法院已经受理后的被告人的认罪。被告人的认罪必须是向法庭认罪,而不是在审查起诉阶段和庭前准备阶段的认罪。因此,在审查起诉阶段和庭前准备阶段,被告人明确表示了承认指控内容的,只能视为被告人具有认罪的倾向和意思表示。而正式确认被告人认罪,必须在法院正式开庭审理时,由被告人在法庭上于控方宣读控诉书后向法庭做出承认指控的表示。因此,被告人虽在庭前表示认罪,但开庭审理中做出不认罪表示的,不能适用被告人认罪案件审理的特别程序和审理方式。

2. 应当是完全出于被告人自愿

被告人的认罪必须出于自愿。被告人应当具备适合做出认罪表示的能

---

① 赵恒:《量刑建议精准化的理论透视》,载《法制与社会发展》2020 年第 2 期。

力,应当明确地知晓被指控的全部罪名和犯罪事实,并且了解做出认罪表示的后果。任何受到暴力或精神胁迫,或者出于引诱而做出的非自愿性的认罪,都不能视为真正意义上的被告人认罪。因此,法庭在确认被告人认罪时,必须着重考察被告人的精神和智力状态,并应当结合控方证明犯罪的证据是否充分等进行综合判断。在庭审的过程中,被告人做出其认罪系受到刑讯逼供或诱供而致的表示时,应当作为被告人不认罪对待。

3. 应当是被告人承认指控其犯罪的基本犯罪事实

被告人必须是针对指控的某种特定罪行的犯罪的基本事实予以承认,也就是说,其应当承认作为其构成犯罪所要求的基本事实要素。① 如果被告人表示认罪服法,但对指控其特定罪行的基本事实和基本情节予以否认,且这一否认直接或间接导致其指控的犯罪事实不能成立的,不能视为被告人认罪。认定被告人认罪,并不要求被告人对指控内容不能提出任何异议,不能在指控所涉内容之外提出为自己辩护的事实和意见。也不要求被告人必须认可指控的罪名,如被告人承认犯罪事实,但提出其犯罪事实应构成其他罪名的意见的,应当视为被告人认罪。如果被告人被指控的犯罪事实在两起以上且相互独立的,被告人认可其中一起犯罪事实,也应当视为被告人认罪。

综上,被告人认罪案件应当是指被告人在法庭开庭审理过程中,自愿地向法庭表示认可指控其犯罪罪行的基本事实的刑事案件。

二、被告人认罪的各种情形

在审判实践中,由于案件情况各有不同,被告人认罪往往并非那么清晰明确,而是十分复杂,具有多种情形。将这些情形予以概括归类,对于审判人员在审判实践中更准确地界定被告人认罪案件的范围,并相应地适用适合案件特点的特殊程序和审理方式,是十分必要的。笔者认为,被告人认罪案件在实践中包括以下几种情形:

(1) 被告人完全承认控方指控的犯罪事实的全部内容,并且对控方指控的罪名不存在异议,对于控方关于其不影响定罪、仅对量刑产生影响的犯罪情节和细节的指控均予以认可,对于控方关于其个人影响量刑的基本身份情

---

① 基本事实要素的提法参见赵秉志主编:《香港刑事诉讼程序法纲要》,北京大学出版社 1997 年版,第 90 页。

况和到案情节的指控也予以认可。这种情形的被告人认罪是最为典型的完全认罪情形。这种情形在审判实践中也是十分常见的,这种情形的被告人在认罪后,也往往会提出希望能得到从宽处罚,但并不能提出任何具体意见和事实根据。

(2) 被告人完全承认控方指控的犯罪事实,对指控罪名也没有异议,但对于控方控诉书中关于影响其量刑轻重的情节提出异议,或者在控诉书载明的事实之外,提出其可以从轻减轻量刑的意见和根据,并要求从轻减轻处罚。例如,被告人承认犯有抢劫罪,但否认控方关于其到案经过的描述,提出自己系自首的意见。

(3) 被告人承认控方指控犯罪的基本事实和罪名,但对犯罪事实的某些不影响其犯罪构成的情节、细节等提出异议,而这些情节和细节会对法庭决定其量刑产生影响。例如,被告人承认共同犯罪的行为,但否认系自己起意犯罪;被告人承认故意杀害他人的事实,但否认其作案工具系事先携带,而辩称系在作案现场获取等。

(4) 被告人承认控方指控犯罪的基本事实,但否认控方指控的罪名,认为自己的行为构成其他罪名。此种情形被告人往往对控方指控的事实和证据都没有意见,但提出法律适用上的辩护意见。这种情形还包括对某些仅影响量刑的事实予以认可,但对其是否构成从重或从轻处罚情节的认定提出法律上的不同意见。

(5) 被告人承认控方指控的部分犯罪的犯罪事实,且其否认的其他犯罪事实与承认的犯罪事实之间没有直接的联系。例如,被告人承认指控盗窃的犯罪事实,而否认指控其在另一时间、地点实施抢劫的犯罪事实。这种情形也应当属于被告人认罪的情形,但对这类案件的审理必须注意其认罪的不完全性。

由以上被告人认罪案件的不同情形不难看出,在刑事审判实践中,被告人认罪绝非一个不言自明的概念,被告人认罪与被告人不认罪也没有明显的界线。在许多地方法院实行普通程序简化审理的实践中,往往对被告人认罪这一作为适用简化审理条件的概念不作具体的解释和分类,这就容易造成在具体掌握适用简化审理案件范围时的困难。此外,被告人认罪案件的多样性也决定了其在适用简化审理方式和特别程序上应当有所区别。

第二节　被告人认罪案件程序适用的特殊性

正是因为在实践中人们普遍认识到被告人认罪案件在诉讼程序适用上应当具有一定的特殊性，才纷纷开始推行此类案件的简化审理改革。但是，对这一特殊性到底在哪，为什么此类案件在适用程序上应当区别于其他适用普通程序的案件，一直缺乏全面深刻的论证。笔者认为，明确其程序适用特殊性的理论依据及其实践意义，有助于统一和深化审判人员的认识，更好地推动审判方式的改革，也有助于我们解决在程序设计和具体操作中产生的种种分歧和争议。

一、程序适用特殊性的理论基础

（一）诉讼结构理论

刑事诉讼结构，就是指刑事诉讼中基本诉讼主体的法律地位和相互关系。[1] 通常来说，现代意义上的刑事诉讼结构表现为控、辩、裁三方诉讼基本主体各自承担其相应的诉讼职能，通过控审分离和控辩平等对抗，使诉讼结构呈现出等腰三角形的特点。其中，审判机关位于三角形的顶端，而控诉方和辩护方分别位于三角形的底部两端。这样的结构决定了各诉讼主体的诉讼权利和义务，也决定了诉讼程序的基本特点。

但是，在被告人认罪案件中，被告人全部或者部分地放弃了自己的辩护职能，转而承认控方对自己犯罪行为的指控。这种情况下，正常的刑事诉讼结构就发生了变化，控辩双方的距离趋向于接近，等腰三角形底部的两个角的角度均趋向于扩大，从而改变其形状，直至失去诉讼结构的基本特点。这一诉讼结构的变化也应当而且必然影响到诉讼程序的设置。因此，被告人认罪案件在诉讼结构上的倾斜，是其在程序适用上具有特殊性的基本依据和源头。

（二）程序功能理论

刑事诉讼程序功能就是指刑事诉讼程序在实现刑事诉讼目的上所具备的能力和作用。它同样是刑事诉讼法学中的一个重要的理论范畴。刑事诉

---

[1] 宋振武：《刑事诉讼的功能性结构及其法理学分析》，载《现代法学》2006 年第 1 期。

讼程序功能可以概括为纠纷解决功能、事实发现功能、规范化功能和合法化功能。[①] 只有设计出具备上述完整功能的程序并保障其在实践中充分发挥其作用,刑事诉讼程序运作的结果才能充分地实现刑事诉讼控制犯罪、保障人权的根本目的。在刑事诉讼中规定的许多程序和制度,都是为了限制国家权力,保障被告人及其他诉讼参与人的诉讼权利,使控辩双方得以平等对抗;为了法院在诉讼中查明案件事实真相,保障其依法公正地得出裁判结论。因此,虽然许多程序和制度会影响到诉讼的效率,增加诉讼进程的环节,但却是为实现诉讼目的所必需的。

在被告人认罪案件中,由于被告人作为诉讼主体其自愿选择的结果是全部或部分地放弃对控诉进行辩解。因此,诉讼的对抗程度大大减弱,而案件事实也更趋向于明确。在这种情况下,许多在推定诉讼存在对抗性的前提下设计的诉讼程序和制度,其保障控辩平等、探究事实真相等有利于实现诉讼目的的功能,就显得没有必要了。因此,被告人认罪案件在对程序功能要求上就具有其特殊性,在这类案件中,程序对于保障对抗权利的功能要求让位于对于保障被告人认罪自愿性的要求,从而在程序的具体设计上也就当然地应该区别于被告人不认罪的案件。

(三)诉讼效益理论

公正和效率是诉讼的两大基本价值目标,一味地追求公正而忽视效率,大量的诉讼得不到迅速、及时的解决,整体意义上的诉讼公正就不可能得到实现。因此,在刑事诉讼的程序设计和运作中,必须追求诉讼效益,也就是说要用最小的诉讼投入争取最大程度的诉讼产出,而且是符合诉讼价值目标要求的产出。而实现诉讼的最大效益,就必须实现诉讼资源的合理配置,也就是要根据诉讼案件的不同特点,实现程序分流,以不同繁简程度的诉讼程序适用于不同类型的诉讼案件,以此达到节省诉讼资源,扩大诉讼效益的目的。[②]

被告人认罪案件,由于被告人承认全部或部分指控内容,就使得案件的复杂程度大大降低,从而为适用程序分流创造了可行性。如果忽略诉讼效率的要求,对所有案件均适用同种复杂的程序,也不会影响案件的公正处理。

---

① 锁正杰:《刑事程序的法哲学原理》,中国人民公安大学出版社2002年版,第179页。
② 关于程序经济性的理论,参见陈瑞华:《刑事审判原理论》,北京大学出版社1997年版,第91页。

正是出于追求诉讼效益的要求,就使得被告人认罪案件适用特别的程序和审理方式成为必要。

由于被告人认罪案件具有程序适用上的特殊性,其适用特别程序和审理方式是符合诉讼规律的。从世界范围来看,各国在刑事诉讼中纷纷采取了相应的程序和制度。在英国,如果被告人完全自愿地作出有罪答辩,法庭就不再召集陪审团,也不经听证和辩论,案件直接进入量刑阶段。美国则在刑事诉讼中形成了辩诉交易制度,由控辩双方就指控强度和量刑进行协商后达成协议,被告人作有罪答辩,从而交由法院审查后直接作出判决。俄罗斯《刑事诉讼法》规定:"如果所有受审人都作有罪供述,而且没有引起诉讼各方的争议和审判员的怀疑,审判长有权仅限于审查他们的证据,或者宣布法庭调查结束进入法庭辩论阶段。"①意大利、德国、日本等国也都有在被告人认罪前提下适用特别程序的各具特点的诉讼程序制度,并呈现出将其适用比例扩大的趋势。

二、程序适用特殊性的实践意义

充分认识到被告人认罪案件在程序适用上的特殊性,对被告人认罪案件适用特别程序和审理方式,在我国目前刑事审判中,具有重要的实践意义,主要体现在以下几个方面:

(一)是防止案件积压,确保审判质量的必要

目前我国社会治安情况虽总体保持平稳,但形势不容乐观,刑事案件总量仍然巨大。从全国的数据看,2019 年、2020 年、2021 年全国各级法院审结一审刑事案件的数量分别为 129.7 万件、111.6 万件、125.6 万件。② 从上海的数据看,2019 年、2020 年、2021 年全市法院审结一审刑事案件数为 3.1 万件、2.9 万件、2.8 万件。③ 由于刑事审判人员数量没有增加,为防止案件积压,许多法院刑事审判人员不得不用加班加点的方式来清理积案,保证案件收结的良性循环。这就不可避免地对案件的审判质量造成一定的影响。

---

① 《俄罗斯联邦刑事诉讼法典》,苏方道等译,中国政法大学出版社 1999 年版,第 21 页。
② 2020 年、2021 年、2022 年《最高人民法院工作报告》,载最高人民法院网 https://www.court.gov.cn/zixun-xiangqing-349601.html,最后访问日期:2022 年 4 月 1 日。
③ 2020 年、2021 年、2022 年《上海市高级人民法院工作报告》,载上海市高级人民法院网 http://snsfbh.hshfy.sh.cn/shfy/web/,最后访问日期:2022 年 4 月 1 日。

因此，为及时完成刑事审判任务，确保刑事案件公正高效地处理，就必须在诉讼程序的繁简分流上想办法。而对被告人认罪案件适用特别程序和审理方式，也确实能起到节省庭审时间，缓和工作压力的作用。上海市高级人民法院刑庭的调研报告就指出："适用普通程序审理需要至少半天时间的案件，适用简化审方式审理一般一个小时就能完成，有的案件最短只用了半个小时。适用简化审方式使符合条件的案件得到迅速及时的审判，节约了相当的司法资源，使得加强对重大案件、疑难案件的审理工作成为可能，提高了普通程序审理的案件的审判质量。"[1]

（二）是合理配置司法资源，促进刑事程序体系科学化的必要

司法资源具有有限性，只有合理配置，才能使其产生最大的效益。就刑事诉讼而言，合理配置司法资源，就是要针对刑事案件的不同特点，对其适用繁简程度不一的诉讼程序，使案件得到及时公正的处理。从我国目前现状来看，我国单一的简易程序和普通程序相结合的程序体系，显然已不适应刑事审判实践的需要。我国《刑事诉讼法》经多次修改后，增加了诉讼的对抗性，加大了保障被告人合法诉讼权利的力度。然而，由于实践中完成审判任务的压力过大，许多程序制度，如庭前证据展示、证人出庭作证等在控辩双方争议较大的案件中都无法落实，影响了庭审的质量和效果。另外，对于被告人认罪的案件，还要用较多的时间对其进行详细的讯问和举证质证，人为地造成司法资源的浪费。这就要求我们必须从对被告人认罪案件简化审理程序的完善着手，逐步建立更为完整、更为合理配置司法资源的刑事诉讼程序体系，使刑事诉讼案件得到更为公正、高效、高质量的处理。

（三）是适应法官职业化发展趋势和法官员额制度改革的必要

随着时代发展和司法体制改革的需要，最高人民法院明确提出了法院队伍建设的方向是建立一支高素质的职业化法官队伍。[2]而实现职业化改革首先面临的就是法官员额制度改革带来的难题，法院法官员额减少后，如何及时完成呈不断增长趋势的案件审判任务，是改革必须面对也必须解决的难题。为适应这一现实需要，就必须对现有的诉讼制度和诉讼程序进行改革，

---

[1] 黄国明：《上海法院开展刑事案件普通程序简化审的情况调研报告》，载《上海市高级人民法院刑庭简报》2002年第3期。

[2] 《最高人民法院关于加强法官队伍职业化建设的若干意见》，载《人民法院报》2002年7月25日第1版。

使诉讼案件充分地实现繁简分流,使大量的案件能够用非诉讼的方式、简易审判的方式,由法院外部和内部的审判辅助人员来解决。法官只对这些案件起到审查把关的作用,无须事必躬亲,进而能集中精力,处理争议较大、难度较大的那些案件。对被告人认罪案件探索简易审理程序和审理方式,就是在这方面取得效果的一个突破点。通过将大量的被告人认罪案件过渡到以缩短庭审时间直至不开庭的处理方式,就能为刑事法官的职业化提供更大程度实现的可能性。

第三节 被告人认罪案件审理程序的完善

被告人认罪案件审理程序的完善与改革,是被告人认罪案件实务研究中的核心问题,也是目前最受学术界和司法部门关注的问题。当前的认罪认罚从宽制度,对提升诉讼效率起到了一定作用,但离有效实现繁简分流,实现繁案精审、简案快审的目标,还存在一定的差距,有必要进一步探索将认罪案件分类后进行因案施策,设定更具有针对性的分流方式和审理方式。

一、普通程序简化审理的程序设计

(一)普通程序简化审理的性质和适用范围

普通程序简化审理是基于案件压力不断增大在实践中产生的,它是对于部分适用普通程序的案件,在被告人认罪这一前提下,通过改变普通程序的审理方式,简化某些诉讼环节,从而在确保公正审判前提下,达到提高诉讼效率目的的一项改革举措。在法律性质上,它仍然是普通程序的范畴,并不是简易程序,更不是在《刑事诉讼法》规定的普通程序、简易程序和速裁程序之外的一种新的程序。[①] 由于《刑事诉讼法》在普通程序审理过程的规定上并非十分刚性和具体,这就为普通程序审理方式的改革提供了空间。但是,普通程序简化审理要依法实施,不能违反基本程序规定。在改革试点过程中,一些法院在进行普通程序简化审理改革时,将其作为一种新的诉讼程序,有的还规定与普通程序在适用上的转化,这都是在认识上发生偏差的结果。对普通程序简化审理的性质正确认识,是十分必要的,也是保证这项改革举措在

---

① 王祖德:《刑事普通程序案件简化审理之探讨》,载《人民法院报》2001 年 10 月 7 日。

实践中合法、有效地运作,实现公正与效率兼顾目标的重要前提。

　　基于此,那些将普通程序简化审理的适用案件的范围进行限定,将可能对被告人判处无期徒刑以上的案件,未成年人犯罪案件,盲、聋、哑人犯罪案件,外国人犯罪案件等排除在普通程序简化审理案件之外的做法,也是不恰当的。在未来的探索中,普通程序简化审理作为一种审理方式上的改革,应当在实践中灵活运用,其简化审理的前提只能是被告人认罪这一条件。在实践中,审判人员应当根据案件中被告人认罪的不同情形,也就是不同程度,决定简化的具体内容和简化程度。无论在什么性质的犯罪案件中,也无论被告人具有何种特殊身份,只要该案件能够适用普通程序审理,就完全可以适用简化审理的方式。无论何种案件,在被告人认罪的条件下,进行烦琐的讯问和重复的举证,都是没有必要的。因此,在适用普通程序简化审理时,审判人员更多应当考虑的是被告人认罪的程度,而不是案件的其他因素。人为地缩小普通程序简化审理的适用范围,无疑是捆住了审判人员的手脚,为其灵活运用审理方式设置障碍,这是不利于诉讼效率提高的。

(二) 适用简化审理应否征得被告人同意

　　普通程序简化审理是否必须在开庭前征得被告人的书面同意,在改革试点过程中曾存在不同的做法。在前两年的试点中,有的法院的做法是,检察机关对符合简化审条件的案件,应当向被告人及辩护人送达"刑事案件普通程序简化审理权利义务告知书",并由被告人及其辩护人分别签署"同意适用简化审理承诺书"。然后,由检察机关在向法院提交"适用简化审理建议书"的同时,附交该承诺书,交法院审查决定。① 这种做法的根据是如果适用简化审理,被告人的某些诉讼权利将失去,为充分保障其诉讼权利,故应当征求其对适用简化审理程序的意见。有的还以世界刑法学协会第 15 届代表大会通过的《关于刑事诉讼中的人权问题的决议》中关于被告人在简易程序中享有程序选择权的有关内容作为依据。笔者认为,这一做法同样是出于对普通程序简化审理性质的认识偏差。普通程序简化审理在本质上是审判人员对审理方式的改变,这种改变没有剥夺被告人的诉讼权利,被告人仍然享有诉讼法规定的申请回避、质证、辩护、最后陈述等诉讼权利,因此没有必要由被告

---

① 黄国明:《上海法院开展刑事案件普通程序简化审的情况调研报告》,载《上海市高级人民法院刑庭简报》2002 年第 3 期。

人来选择审理方式。况且,普通程序简化审理本来就是以提高诉讼效率为目的,如果适用如此烦琐的决定程序,就从根本上违背了实行简化审理改革的初衷。

在普通程序简化审理中,没有必要必须征得被告人同意。但是在实践中,应当注重充分保障被告人认罪的自愿性,以达到保护被告人合法权利、防止出现错误判决的目的。这就要求审判人员在被告人认罪案件中,仍然要十分注意对案件证明标准的把握,要注意被告人供述与案件其他证据之间的关系,一旦发现疑点,必须合理排除,否则不能轻易得出被告人有罪的结论。此外,在庭审中,审判人员应当首先讯问被告人是否清楚指控内容,是否自愿认罪,并告知其认罪的法律后果。应当充分保障被告人获得辩护以及未成年被告人法定代理人的诉讼权利,对于盲、聋、哑人及外国人等要特别了解其对指控的理解程度及对认罪法律后果的理解程度。在庭审中,被告人改变态度,否认指控犯罪的基本事实的,审判人员应当及时改变审理方式,充分保障其辩护权利。

当然,由于庭审中审判人员与公诉人必须相互配合,才能充分达到简化审理的效果,因此,对于适用普通程序简化审理的案件,必须在开庭前与公诉机关取得一致意见,甚至双方可以履行一定的建议和决定的手续,但必须以简明高效为原则。

(三)普通程序简化审理的简化内容

准确掌握普通程序简化审理的简化内容,是适用简化审理方式的关键。简化审理必须注意把握遵守法定程序、保障诉讼参与人诉讼权利的原则。对于法律规定的普通程序的几个大的环节,如告知诉讼权利、法庭调查、法庭辩论、被告人最后陈述等均不能省略,必须保证程序进行的连贯性。

简化的主要环节在于法庭调查和法庭辩论阶段。在法庭调查中,由于被告人承认指控犯罪的基本事实,公诉人无须对被告人进行详细的讯问,可以简化讯问内容。在质证时,公诉人只需出示证人的书面证言,无须证人出庭作证。公诉人可以对证据进行分组宣读和质证,无须一证一质。在宣读证言时,可以更为集中,更有针对性。但是,不能采取对证据进行归纳的做法,更不能只简单宣布证人名单、书证名目。证言的宣读不必全文,但必须是原文。对于内容重复的证据,可以宣读最为重要、完整的一份证据。在法庭辩论时,公诉人可以不必对证据进行分析论证,简化其公诉词内容。但不能限制被告人和辩护人辩护意见的发表,当然,法庭可以要求辩护人的发言集中在量刑方面。一般情况下,由于被告人认罪,辩方的法庭辩论发言均会较为简短,但审判人员不得明确限制时间或任意制止辩护人的发言。对于简化审理的案件,判决书的制作也应当相应简化,判决书的主要作用是通过证据分析和说理,促使被告人认罪服法。而在被告人认罪案件中,就无须再严格按照通常的刑事判决书制作模式进行制作,而应当将说理的重点放在被告人关心的量刑问题上。

此外,在简化审理方式运用实践中,必须充分注意到被告人认罪的不同情形,有针对性地对案件的内容进行简化,简化的程度应当随被告人认罪的程度而有所区别,以保证庭审的针对性,确保通过庭审真正达到查明案件事实真相,充分保障被告人辩护权利的作用。只有审判人员在适用简化审理方式时保持灵活性和主动性,才能使案件得到更为准确、高效的处理。

(四) 普通程序简化审理的配套措施

为确保普通程序简化审理取得良好的效果,还有必要在实践中采取以下相应的措施:首先是应当改进起诉书的制作方法。在审判实践中,往往公诉机关提交法院的起诉书都比较简单,在对指控基本事实描述后,对证据一般采用列举式,对量刑情节及被告人个人情况的表述也十分概括。这就不利于被告人明确、清楚地表达对于指控的意见,不利于审判人员了解被告人对指控犯罪事实和犯罪情节的认罪程度,从而更有针对性地进行案件的简化审理。因此,有必要通过与公诉机关的协商,要求公诉机关在被告人认罪案件提起公诉时,提供一份更为详尽的起诉书。起诉书不仅应当充分阐述指控犯罪事实的经过,而且应对影响量刑的犯罪情节也表述清楚。起诉书还应当简明扼要地阐述控诉证据的种类和内容重点。有条件的地区,起诉书还可以对影响被告人量刑的被告人的个人基本情况进行表述。起诉书详化的同时也会起到促使被告人认罪,确保其在庭审中不改变认罪态度的实际效果。

其次是建立庭前证据展示制度。建立庭前证据展示制度,不仅有利于争议较大的案件中辩护人更好地行使辩护职能,对被告人认罪案件的公正、准确地审理,也具有重要的作用。辩护人和被告人在庭前全面地了解案件的证据情况,有利于促使其更为理性地决定是否认罪,也有利于其对有异议的部分在质证时更加具有针对性。对于审判人员来说,对于被告人认罪的自愿性就更有把握,有利于更为准确地对案件事实作出判断,更为公正高效地作出判决结论。

最后是加大辩护律师在刑事诉讼中的参与力度。辩护律师如果能够在刑事诉讼中尽早地介入,尤其是在被告人被采取强制措施后即能够充分介入案件,为被告人提供帮助,就会有利于保证被告人认罪的自愿性,确保普通程序简化审理的顺利进行。

二、被告人认罪案件审理特别程序

目前,我们将认罪认罚案件的审理程序内嵌在既有的普通程序、简易程序、速裁程序之中,即认罪认罚案件并没有设计独立的审判程序,这在实践中也引发了诸多问题,使得认罪认罚从宽制度的繁简分流效果并未全部激活。笔者认为,在未来的探索中,可以在既有的认罪认罚从宽制度的相关规定的基础上,根据认罪案件的类型(被告人认罪的程度)设立特别审理程序,提升对该类案件的审理效率和提高认罪认罚从宽制度的分流功能。以被告人认罪案件为对象的审理特别程序,可以设定为不同于普通程序简化审理的程序,作为一种区别于现行简易程序和普通程序的新程序。从性质上而言,它是一种简易审理程序,是基于被告人认罪,控辩双方对抗程度较低,案件事实较易查明,而为提高诉讼效率、节约诉讼成本而设计的。因此,对于被告人认罪案件审理特别程序,应由最高人民法院统一制定规范意见,之后,可以经过一段时间试点,在总结经验的基础上,最终形成完备的立法。

(一)被告人认罪案件审理特别程序的适用条件

适用被告人认罪案件审理特别程序,最主要的条件应当是刑事案件被告人认罪。如前所述,被告人认罪是一个含义较宽的范畴,其包括多种情形。这些情形的被告人认罪案件都可以适用普通程序简化审理的方式。但是,对于适用被告人认罪案件审理特别程序,则应当有更进一步的限制。笔者认为,被告人认罪案件审理特别程序只能适用于被告人认罪的第一、二、三种情形,对于第四、五种情形,则不能适用。这是因为在被告人对控方指控的罪名存在异议,以及被告人对部分犯罪事实予以否认的案件中,控辩双方的争议并非仅局限在量刑问题上,有可能涉及对案件事实和定罪问题的争议,而被告人认罪案件审理特别程序,是一种简易审理程序,为更好地达到确保案件正确处理,保障被告人诉讼权利的目的,这两种情形应当排除在该程序适用之外。

在界定被告人认罪案件审理特别程序的适用条件上,有两个应当予以明确的,也是存在争议的问题。首先是被告人应否享有程序选择权的问题。对此,笔者认为,应当赋予被告人程序选择权。因为,被告人认罪案件审理特别程序是一种简易程序,虽然简易程序并未剥夺被告人的诉讼权利,但对被告人来说,简易程序使其失去了通过正式审判,获得较长时间同公诉人抗辩的机会,其诉讼权利的充分行使在客观上受到一些限制,赋予其程序选择权有利于保障其诉讼权利。这也体现了对被告人诉讼主体身份的一种认同,让其根据案件具体情况进行权衡,选择更适合的程序,并承担自己选择的法律后果。这也是与各国简易程序适用的做法相接轨的要求。被告人享有程序选择权应当是完全的选择权,即在案件决定适用被告人认罪案件审理特别程序应征得被告人的同意,而且在适用特别程序审理过程中,一旦被告人提出异议,要求按普通程序审理,则应当终止特别程序,重新按普通程序审理。这一规定从实践来看,不会影响特别程序适用的效果。由于适用被告人认罪案件审理特别程序,被告人可以得到从轻处罚,因此,只要被告人出于真实意愿认罪,他就会出于理性地选择能够使其尽快审判,且能得到从轻量刑的程序。

其次是案件事实清楚,证据充分应不应当作为被告人认罪案件审理特别程序的适用条件的问题。从《刑事诉讼法》的规定来看,事实清楚、证据确实充分是法院据以定案的证明标准。在案件还未开始审理前,难以作出这种结论。当然,在目前的审判实践中,公诉机关在起诉时也在使用事实清楚、证据充分作为案件提起公诉的标准,但是这一标准实际上应当与法院最终定案的标准在文字表述上有所区别。[①] 此外,既然公诉机关起诉的标准就是事实清楚、证据充分,再将其另外作为适用被告人认罪案件审理特别程序的标准,就没什么实际意义了。当然,对于被告人认罪案件,在定案时对案件的证明标准仍然应当严格把握,但这是审理之后,法官根据案件审理情况作出最终判断的问题,不是特别程序的适用条件的判断应当解决的问题。

(二)被告人认罪案件审理特别程序的适用范围

被告人认罪案件审理特别程序的适用范围解决的是哪些类型的案件可以适用该程序的问题。笔者认为,被告人认罪案件审理特别程序的适用范围

---

① 许多学者均对我国关于提起公诉的证明标准的规定提出质疑,参见李学宽、汪海燕、张小玲:《论刑事证明标准及其层次性》,载《中国法学》2001年第5期。

应当有所限制。这一限制就是罪行严重程度上的限制,也就是说,对于罪行特别严重的刑事案件,即使被告人认罪,也不能适用特别程序审理。这既是出于严厉打击严重刑事犯罪案件的社会客观需要,也体现了对于被告人可能判处较为严厉刑罚的案件慎重处理的原则。此外,简易程序不适用于特别严重的犯罪也是为国际人权准则所确认的通常原则。根据我国刑罚体系以及我国法院级别设置和管辖案件的情况,对于被告人可能判处无期徒刑以上刑罚的案件,应当排除在被告人认罪案件审理特别程序之外。这也就意味着该程序主要适用于基层法院审理的刑事案件。我国基层法院相对来说案件压力较大而审判人员相对较少,在基层法院适用被告人认罪案件审理特别程序是符合提高诉讼效率的实际需要的。

也有观点认为,对于盲、聋、哑人,青少年和外国人犯罪的案件,也应当排除在被告人认罪案件审理特别程序的适用范围之外。笔者认为,这种限制不太合理。如前所述,这些特殊身份的被告人确实存在着自愿选择认罪和选择程序适用上的能力缺陷。对这些被告人应当给予更为充分的诉讼权利保障。这完全可以通过规定这些特殊身份的被告人适用被告人认罪案件审理特别程序,如果被告人或其法定代理人没有委托辩护人的,应当为其指定辩护人这一制度,以弥补这些人诉讼能力上的缺陷。况且,这些被告人在自愿认罪的情况下,也同样希望得到快速审判和从轻量刑,将他们犯罪的案件排除在特别程序适用范围之外也并不完全符合他们的个人意愿。

(三)被告人认罪案件审理特别程序的程序设计

从普遍意义上说,简易程序是指通过对刑事诉讼程序的一些环节、步骤加以不同程度的简化,从而使案件得到快速处理的特别程序。[①] 被告人认罪案件审理特别程序作为简易程序的一种,当然也要体现程序简化的原则。因此,可以从以下几个方面对诉讼程序进行简化:首先是审判组织的简化。对于适用被告人认罪案件审理特别程序的案件,可以由审判员独任审判。这类案件由于被告人认罪,事实较为清楚,无须合议庭三名审判员共同审理。由独任审判员审理能起到很好的提高诉讼效率的效果。其次是送达方式和审理期限的简化。适用特别审理程序的案件,在送达等方式上可以以简单实用的方式操作。审理期限上应当规定在决定适用特别程序之日起二十天内审

[①] 陈瑞华:《刑事诉讼的前沿问题》,中国人民大学出版社2000年版,第406页。

结。审判员应当尽可能做到当庭宣判。再次是庭审程序的简化。适用被告人认罪案件审理特别程序审理的案件,在保障被告人基本诉讼权利,如申请回避、告知诉讼权利、辩护权、最后陈述权的前提下,庭审方式应当更为集中快捷。当然,公诉人必须到庭,并宣读起诉书和出示证据。但讯问被告人和出示证据、质证过程都应当尽可能简化。最后是裁判文书的简化。具体可以参照现行简易程序裁判文书的制作方法。

三、建立新的刑事诉讼程序体系

(一)增设轻微案件快速审理程序

对于被告人认罪且所犯罪行较为轻微的案件,应当适用更为简易的程序。当前,实践中存在认罪认罚案件适用普通程序数量较大的问题,即认罪案件并未充分简化审理。我国可以根据认罪案件的轻重程度,设立轻微案件快速审理程序。轻微案件快速审理程序可以适用于被告人可能判处1年以下有期徒刑、拘役或者管制的刑罚的案件。这些案件中,如果被告人认罪且同意适用快速审理程序,则公诉机关应当建议法院适用快速审理程序。法院审查认为符合适用条件的,无须开庭审理,应当采用书面审理的方式予以审理,在必要的时候,可以提审被告人。适用快速审理程序,对被告人应当从轻处罚。对于盲、聋、哑等具有特殊身份的被告人,如果其未委托辩护人,应当为其指定辩护人。在快速审理案件中,被告人的辩护人应当向法院提出书面辩护意见。适用快速审理程序的案件,在判决书送达被告人后一定期限内,被告人提出异议的,应当对案件适用普通程序重新审理。增设轻微案件快速审理程序是借鉴德国、意大利等国的简易程序立法经验[①]而提出的,该程序对于轻微案件审理效率的提高,对于扩大轻刑的适用,都将具有很好的效果。

(二)完善新的刑事诉讼程序体系

未来,在增设轻微案件快速审理程序、确立被告人认罪案件审理特别程序以及完善普通程序审理规则之后,可以将既有的简易程序和速裁程序进行重构,融入上述程序之中,形成新的刑事诉讼程序体系。这一程序体系的构建应当将案件的繁简分流真正建立在被告人是否认罪的基础之上,并考虑到

---

① 王国枢、项振华:《中外刑事诉讼简易程序及比较》,载《中国法学》1999年第3期。

轻微案件的特点。这一程序体系的有效运作，就能够实现节省大量司法资源的目标，将有限的司法资源用于充分保障普通程序各项程序和制度的真正落实，这对于实现刑事案件审判的公正与效率价值目标，必将产生重要的现实意义。

第四节 被告人认罪案件的证据认定

一、被告人认罪案件被告人供述的证据效力

在被告人认罪案件中，由于被告人承认控方指控犯罪的基本事实，被告人的供述往往成为此类案件中一种重要的证据形式。因此，如何认识被告人供述的特点，并在实践中准确运用被告人供述证明被告人的犯罪事实，就成为被告人认罪案件审判实务中必须予以关注的问题。

（一）被告人认罪案件被告人供述的特点

被告人供述，又称被告人口供、被告人自白，是指被告人承认有罪的情况下，就有关犯罪的具体过程所作的陈述。被告人供述作为一种法定的证据种类，对于证明案件事实能够起到十分重要的作用。被告人对于自己实施的犯罪过程最为了解，一旦其自愿认罪，其供述就能成为证明案件事实的最为直接的证据。它不仅能够证明犯罪构成要件中客观方面的事实，还能够证明犯罪构成主观方面的犯罪人实施犯罪时的心理态度。从这点上看，其证明力是其他证据所不能及的。但是，被告人供述同时又是一种不十分可靠和稳定的证据。这是因为被告人大都失去人身自由，处于侦查和公诉机关的控制之下，其供述很可能出自侦查、公诉机关的暴力、威胁或引诱。而且，被告人由于心理上处于矛盾状态，其供述也很可能出现变化和反复。因此，现代各国均摒弃了封建专制时期口供至上的错误做法，确立了重证据、不轻信口供的原则。许多国家还赋予被告人沉默权和律师讯问到场权，以确保被告人供述的任意性。

被告人供述又分为审判前的供述和审判中的供述，被告人认罪案件中被告人的供述通常都是审判中的供述。由于审判是在法庭上公开进行的，被告人享有充分的辩护权，同时其是刑事诉讼的最后一个环节，被告人一般也清楚做有罪供述的后果。因此，在这类案件中，被告人供述的任意性更有保障，

其证明效力更为可靠。但同时，被告人认罪案件中被告人的供述同样存在虚假的可能性。被告人可能出于顶罪、受威胁或生计所迫等种种原因，在审判中做出不真实的供述。在被告人认罪案件中，还应当注意的是，被告人的供述同样可能包含辩解的内容，如在犯罪的某些细节上或与共同犯罪人的分工上，对其辩解内容也应当充分注意。

（二）被告人供述补强规则

正是因为被告人供述具有缺乏稳定性和可靠性的特点，为了防止出现错误判决，同时也为了防止实践中出现强求被告人供述的倾向，现代各国刑事证据法中大都确立了被告人供述补强规则，即仅有有罪供述不能认定犯罪，还必须有其他证据在案佐证。我国2018年《刑事诉讼法》第55条规定："只有被告人供述，没有其他证据的，不能认定被告人有罪和处以刑罚"。这一规定确立了我国的被告人供述补强规则，但是，由于没有进一步的具体规定，该规则的适用在审判实践中也产生了一些分歧和争议。

首先是补强证据的证明标准问题。一种理解是除被告人供述之外的补强证据应能够达到证据确实充分、排除合理怀疑的证明程度。另一种理解是被告人供述与其他补强证据共同达到证据确实充分、排除合理怀疑的程度。[①] 在审判实践中，审判人员一般都是作第二种理解。但是，也有一些案件因为认为如果被告人不做供述，案件就无法定案，从而认为案件证据有所欠缺而在量刑上留有余地，这就反映了第一种理解的内容。究竟应当如何把握，本书认为，应当区别案件的不同类型，赋予被告人供述不同的证明作用。在较为严重的犯罪案件中，在被告人可能被判处死刑或无期徒刑的情况下，应严格限制被告人供述的证明作用，要求具有比较完整的补强证据。而在较轻的案件中，只要补强证据足以印证被告人供述的真实性，就可以认定案件事实。

其次是补强证据的证明对象问题。通常来讲，刑事案件的证明对象主要是存在损害事实，损害事实是由犯罪行为引起，犯罪行为人就是被告人。在被告人认罪案件中，对于犯罪事实，尤其是犯罪构成客观方面的事实认定，应当要有补强证据；而对于犯罪构成要件中的主观要素，则不需要补强证据。

[①] 汪建成、孙远：《刑事诉讼中口供规则体系论纲》，载《北京大学学报（哲学社会科学版）》2002年第2期。

这是没有争议的。关键是对于被告人与犯罪人的同一，也就是说犯罪行为是被告人所为，是否需要补强证据，存在两种相反观点。美国和日本刑事诉讼中，对于补强证据规则都规定在犯罪事实中，被告人与犯罪人的同一认定不需要补强证据。① 笔者认为，仅有证明案件事实确已发生的证据和被告人供述，而没有证明案件是被告人所为的证据，是达不到我国事实清楚、证据确实充分的证明标准的。尤其是在可能对被告人判处死刑的案件中，补强证据的要求应当更为严格。如在一起故意杀人案中，有死者尸体的检验报告、死因鉴定、现场勘查笔录、死者家属的报案陈述和被告人供述，在没有能够证明被告人系作案人的证据的情况下，不能认定被告人犯有指控罪行。

最后是补强证据的来源问题。补强证据应当与被告人供述出于不同的来源。尤其是言词证据，应当具有独立的信息来源。被告人对他人讲述犯罪的证据，被告人在审前阶段所作的供述，以及其他形式对被告人的谈话笔录、讯问笔录，均不能作为被告人供述的补强证据。

二、被告人供述对于共犯、同案犯犯罪的证据效力

在共同犯罪案件、多被告案件审理中，如果其中部分被告人认罪，则其供述会对其他被告人的犯罪起到一定的证明作用。因此，被告人供述对于共犯、同案犯犯罪证据效力的认定问题，实际上也就是如何看待共犯、同案犯供述的性质，如何更为准确地把握被告人供述补强规则的问题。

（一）共犯、同案犯供述补强规则

对于被告人供述在证明其共犯、同案犯犯罪事实时其证据的性质应当如何理解，我国诉讼法和司法解释均没有明确规定，在实践中形成两种不同观点：一种观点认为各共犯、同案犯的供述系相互独立的，在证明其他人犯罪的效力上，应当等同于证人证言；另一种观点则认为，共犯、同案犯的供述虽然能相互印证，但从证据种类来看，仍然属于被告人供述。② 笔者赞同后一种观点。这是因为共同被告人与案件有直接利害关系，且其由于所处的特殊诉讼地位，其供述不实并不承担作伪证的责任，因此，共犯、同案犯的供述原则上

---

① 〔美〕乔恩·R. 华尔兹：《刑事证据大全》，何家弘等译，中国人民公安大学出版社 1993 年版；〔日〕田口守一：《刑事诉讼法》，刘迪等译，法律出版社 2000 年版。
② 胡常龙、汪海燕：《论共犯口供的性质及其证明力》，载《人民司法》2001 年第 8 期。

不能作为证人证言。

因此,对于共犯、同案犯的供述,在证据效力认定上仍然应当适用被告人供述补强规则。也就是说,在案件中如果只有共犯、同案犯的供述,原则上不能认定被告人犯罪。共犯、同案犯的供述,也不能单独作为被告人供述的补强证据。这是为了防止案件因共同被告人之间串供、侦查机关逼供等原因产生错误的必要,也是彻底制止过于重视口供的错误倾向的需要。目前,各国的证据立法和实践中也大多确立这一规则。这里需要注意的是,在共同犯罪案件被告人分案处理时,已处理的被告人的供述也不能在后一案件被告人犯罪事实的证明中作为证人证言对待,也应当适用共犯、同案犯口供补强规则。此外,对于与被告人共同实施加害行为,但并未追究其刑事责任的人,其在被告人犯罪事实的证明中是否可以作为证人证言,一直存在争议。本书持肯定观点。因为没有追究刑事责任的人虽然与被告人共同实施了行为,但其不具有被告人这一特定诉讼地位,因此其陈述不能作为被告人供述。但其证言也通常比无利害关系的证人的证言更具虚假的可能性,在审查判断时应当予以注意。

(二)共犯、同案犯供述补强规则的例外

由于案件性质和案件情况的复杂性,对于共犯、同案犯供述补强规则在实践运用中不能予以绝对化,应当把握以下几种例外情形:

首先是对于同案被告人,但并不是共同犯罪人的情形。这里的共同被告人只是因为其分别实施的犯罪事实具有事实上的牵连关系,因此公诉机关将其并案起诉。这种情形最为典型的就是行贿和受贿案件。对于行贿人和受贿人往往同案审理,这里应当明确的是,虽然行贿的被告人与受贿的被告人是同案犯,但其犯罪的事实和构成要件均不同,两者并不具备共同的犯罪故意,因此其关于自己犯罪事实的陈述,可以作为认定其同案犯犯罪事实的证人证言。在确保供述任意性的前提下,对于只有行贿人供述和受贿人供述的案件,两者能够相互印证的,应当能够定案。

其次是在只有被告人供述和共犯供述,但符合一定严格条件的情形。即各被告人分别关押,能够排除串供的可能性;各被告人的供述都是依法取得,能够排除刑讯逼供或引诱、欺骗的因素;各被告人供述的犯罪事实在细节上基本一致,在分别指认的前提下可以确认他们到过现场;共犯为两人以上。这一例外情形的提出是为了某些特殊情况下惩治犯罪的需要,在实践中适用时应当尤其注意慎重把握。

　　最后是同案共犯彼此揭发共同犯罪案件以外的另一案件中的犯罪事实的情形。在此情形下，他们实际上已经不是作为本案的被告人在供述，而是以证人的身份参与了另案诉讼，因此，其陈述可以作为证人证言使用。此外，应当注意的是，在共同犯罪的基本事实已经查清的情况下，在确定案件某些具体情节，以分清共同犯罪人责任时，可以依据同案被告人的一致供述，经互相印证后加以认定。

第四章

相对独立量刑程序改革探索

为了贯彻落实中央司法改革部署,维护社会公平正义,满足人民群众对司法工作的新要求、新期待,实现人民法院量刑工作科学发展,最高人民法院《三五改革纲要》将"规范法官自由裁量权,将量刑纳入法庭审理程序"确定为重要的司法改革项目,随后《四五改革纲要》《五五改革纲要》均对该项改革作出部署。近年来,学术界和实务界围绕着量刑程序改革问题,对我国量刑程序改革的必要性、改革的基本方向、量刑程序改革的一些基本理论问题和实践问题进行了有益的探索,为量刑程序改革实践提供了理论指导。但是,量刑程序改革在探索过程中也遇到了不少的困难,出现了一些理论和实践上的障碍。本章将对量刑程序改革进行探索。

第一节 量刑程序的实践考察

一、我国量刑程序的实践运行情况

我国现行《刑事诉讼法》和相关司法解释没有规定专门的量刑程序,但这并不意味着法官的量刑处于不受程序制约的"脱缰野马"式的无序状态。[1] 实际上,我们通过一系列程序设置和制度规定,建立了一定的量刑公正程序保障机制。[2] 以下本书将以量刑程序改革试点前的一审普通程序案件为视角,结合《刑事诉讼法》和相关司法解释的规定,概要说明我国量刑程序的实践运作情况:

---

[1] 陈瑞华:《脱缰的野马——从许霆案看法院的自由裁量权》,载《中外法学》2009年第1期。
[2] 叶青:《量刑公正的诉讼程序保障机制》,载《华东政法学院学报》2001年第5期。

（1）在法庭调查阶段，公诉人通常一并出示所收集的证明定罪事实和法定量刑情节的证据，并接受被告人及其辩护人的质证。辩护人也可以出示关于定罪事实、法定量刑情节及赔偿、退赃等方面的证据。对于辩护人出示的关于被告人罪前表现、家庭情况等方面的证明材料，通常不在庭审中质证，而由辩护人在庭审后提交给法庭。

（2）在法庭辩论阶段，控辩双方就定罪量刑问题一并发表意见并展开辩论。公诉人一般在辩论阶段阐明量刑的法定情节，并对被告人犯罪的社会危害性进行评价，较少提及量刑的酌定情节和提出量刑的具体建议。辩护人发表意见时，则往往对量刑的法定情节和酌定情节一并予以关注，并提出原则性的量刑建议，但往往不会主动收集和提交证明酌定量刑情节的相关材料。

（3）被害人在大多数案件中均作为附带民事诉讼原告人出席法庭，一般不就量刑问题在刑事部分庭审中发表意见。少数案件中，被害人本人或其诉讼代理人也会要求作为刑事被害人参加刑事部分法庭审理，并就量刑问题发表意见。

（4）庭审结束后，合议庭一般通过庭后阅卷核实证据，并主要考虑法定刑及法定量刑情节，通过评议作出量刑决定。少数案件中，合议庭也会通过庭后调查或委托社会组织调查等方式，对被告人的个人情况及家庭情况等进行了解。重大、疑难和复杂案件，由合议庭形成详细的书面报告，阐明影响量刑的相关事实、情况和理由，由审判委员会讨论作出量刑决定。判决书中对量刑的理由阐明通常比较简单，主要是阐明量刑的法律依据和影响量刑的法定情节。

（5）被告人对一审判决确定的量刑结论不服，可以提出上诉。公诉机关认为一审判决重罪轻判、轻罪重判，适用刑罚明显不当或者免除刑事处罚、适用缓刑错误的，可以提出抗诉。被害人对量刑结论不满的，也可以请求人民检察院提出抗诉。二审法院认为一审量刑不当的，可以直接改判。对于已经生效的判决，如果量刑确有错误的，还可以依照审判监督程序予以改判。

我国目前实践中形成的量刑程序机制，已在一定程度上展现了确保量刑过程的公开性和量刑实体的公正性的作用。主要体现在：一是对与定罪事实重合的量刑事实和定罪事实之外的法定量刑情节均采用了在法庭调查阶段进行严格证明的方式，有利于准确查明基本量刑事实和法定量刑情节。二是各种诉讼主体均能够一定程度地参与量刑结论的制作过程，并有发表量刑意见的机会。三是法官量刑的裁量权不仅受到了其他诉讼主体,尤其是公诉机关抗诉权和法律监督权的制约,而且受到合议庭和审判委员会等内部讨论机制的约束,并接受二审和再审法院对其适当性的审查。因此,完善量刑程序,应当保留目前量刑程序中的有效设置,确保量刑程序改革的稳步推进和无缝衔接。

通过对目前量刑程序实践运作情况的考察,我们也发现,现有量刑程序还存在一些不足乃至弊端,影响了诉讼当事人和社会公众对量刑程序公正性的评价,制约了量刑程序在规制量刑裁量权、确保量刑实体公正性方面的重要作用,主要表现在:

(1) 量刑程序的公开、透明度还不够高。具体表现在:一是量刑过程不够公开。目前庭审中的量刑程序依附于定罪程序,不具有相对独立性。这种"以定罪为中心的审理模式"[1],往往会使诉讼参与人和社会公众产生量刑程序缺失、量刑问题在庭审中未经讨论的感受。二是量刑理由不够公开。实践中裁判文书中对量刑理由的阐述大都比较简单。裁判文书中对量刑的说明通常限于对法定量刑幅度的确定和法定量刑情节的表述,较少表述酌定量刑情节和详细的量刑理由。当事人和社会公众对量刑结论的制作依据和理由了解不全,容易产生对量刑结论公正性的怀疑。

(2) 量刑程序的参与性还不够充分,程序设置不尽合理。具体表现在:一是公诉机关对量刑程序的参与还不够有效。公诉机关量刑建议制度的实行范围还不够广,操作方式上还存在较大争议。大多数案件中,公诉机关还是仅注重指控罪名的成立,而忽视对量刑事实,尤其是关于酌定量刑情节事实的查明。公诉人在法庭上对量刑意见的阐述,也往往较为原则。二是被告人及其辩护人对量刑活动的参与还得不到有效保障。由于量刑标准并未全部公开,辩护人取证能力受到限制,辩护人往往难以进行有效的量刑辩护。在被告人不认罪案件中,如果被告方坚持作无罪辩护,则往往会失去参与量刑审理过程的机会,影响量刑辩护权的充分行使。三是被害人和社会组织参与量刑还比较困难。大多数被害人仅仅作为附带民事诉讼当事人出庭,无法参加刑事部分的审理和发表量刑意见。被害人在没有正常程序发表量刑意见的情况下,往往会在庭审中进行情绪化的宣泄或者在庭后进行哄闹甚至上

---

[1] 仇晓敏:《量刑公正之程序进路》,载《中国刑事法杂志》2007年第6期。

访。少数案件中社会组织参与量刑的做法,在程序上没有得到充分保障。

（3）量刑程序在保障量刑实体公正性方面的作用尚未完全发挥。具体表现在:一是量刑程序对定罪事实和法定量刑情节之外的酌定量刑情节关注不够,一定程度上影响到量刑结论的客观性和公正性,使得刑罚个别化的量刑公正实体目标难以确保。二是量刑程序在制约法官量刑裁量权方面的作用还不够有效。在法庭审理中控辩双方对量刑事实的举证和辩论不够充分,裁判文书又对量刑理由不予明确阐述的情况下,法官量刑裁量权难以从程序上进行有效制约。三是量刑程序吸纳"怀疑",即当事人和社会公众对量刑实体公正性的怀疑的作用没有充分发挥。通过对上海某中级人民法院于2008年审结的995件刑事二审案件中随机抽取100件进行统计,在97件上诉案件、124名上诉人中,以量刑过重为上诉理由的涉及69件87人,占上诉人的70.1%。而仅以量刑过重为上诉理由的涉及41件55人,占上诉人的44.3%。而在这100起案件中,经二审法院审查因实体上量刑不当而进行改判的仅5件。由此可见,当事人对量刑公正性的质疑已成为其对判决不满的主要原因。

二、我国量刑程序的改革探索及问题

最高人民法院从2005年开始对量刑规范化改革项目开展实质性的调研论证,并确立了规范量刑实体标准和完善量刑程序相结合的量刑规范化改革总体目标,起草了《人民法院量刑程序指导意见（试行）》。最高人民法院也于2008年8月下发《最高人民法院关于开展量刑规范化试点工作的通知》,确定江苏省泰州市、福建省厦门市、山东省淄博市、广东省深圳市4个中级人民法院和北京市海淀区、上海市浦东新区、江苏省姜堰市、山东省淄博市淄川区等8个基层人民法院作为试点单位,对量刑的实体标准和程序完善同时进行探索。在前期12个法院试点工作的基础上,又从2009年6月1日起,在全国法院内由各高级人民法院指定一个中级人民法院和三个基层人民法院为试点单位,开展量刑规范化改革第二阶段的试点工作。之后,最高人民法院还决定,从2010年下半年起,在全国法院全面开展量刑规范化改革试点工作。各试点法院在最高人民法院的具体指导下,成立了相关领导机构,细化了量刑程序规则,围绕着将量刑纳入法庭审理程序,保障量刑程序的相对独立性的工作任务,进行了大量的庭审实践,对量刑程序的完善进行了探索。

值得一提的是,在最高人民法院确定量刑程序改革目标和开展试点工作后,一些没有被确定为量刑规范化试点单位的法院,也自发开展了对量刑程序改革的实践探索。例如,云南省高级人民法院、上海市铁路运输中级法院、江苏省无锡市滨湖区人民法院等,均参照最高人民法院的指导意见,制定了相关量刑程序改革的具体实施意见,并在本院或者辖区法院进行了推广和应用。① 一些法院,如安徽省芜湖市中级人民法院、山东省日照市东港区人民法院等,还与院校、科研机构联合进行量刑程序改革试点,充分利用学术界和科研机构的力量,不断创新改革思路、细化程序规则,并借助学术界和相关媒体的参与,吸引了社会各界的广泛关注。②

各地法院多年来对量刑程序改革的探索情况,既具有重要的实践意义,也取得了一定的成效。具体表现在:一是促进了传统观念的转变,使量刑的程序意识渐入人心。量刑程序改革试点工作的开展,逐渐改变了"重定罪,轻量刑""重实体、轻程序"的传统观念,使公开透明、程序参与的程序法治理念更加深入人心。这不仅有利于量刑程序改革的顺利开展,也对整个刑事诉讼程序的改革和完善产生了积极的影响。二是量刑程序的公开性和参与性得到增强。各地在探索量刑程序改革中,均将量刑程序的相对独立设置、扩大程序主体对量刑过程的参与、裁判文书对量刑理由的阐明等作为重点内容,使得量刑程序更加公开透明,程序主体的参与更有保障。三是各地法院通过试点和探索,积累了经验,发现了问题。各地法院通过大量的庭审实践,积累了量刑纳入法庭审理程序后的庭审驾驭经验,并在实践中发现了许多新的难点和问题,为进一步深化量刑程序改革奠定了良好的基础。四是部分法院的试点和探索,已经初步展现出良好的效果。从各试点法院量刑程序试点工作情况来看,司法绩效总体平稳,服判息诉率稳中有降,尤其是对量刑不满的申诉、上访明显减少,初步展现出量刑程序改革在彰显量刑程序公正,增强当事人和社会公众对量刑公正认同度方面的作用。

在取得一定成效的同时,我们也发现,前一阶段各地人民法院量刑程序

---

① 参见云南高院《关于印发〈关于量刑纳入法庭审理程序试点工作会议纪要〉的通知》、上海铁路中院《刑事一审公诉案件量刑程序规范化指导意见(试行)》、江苏无锡滨湖区法院《努力实践程序参与原则之下的公平争议——滨湖法院"量刑辩论"经验总结》。

② 蒋安杰:《量刑程序改革"芜湖试点方案"出炉》,载《法制日报》2009 年 9 月 30 日第 3 版;陈虹伟:《中国量刑程序改革走到关键时刻》,载《法制日报》2009 年 10 月 15 日第 3 版。

改革的试点和探索,还存在以下几个方面的主要问题,必须引起高度重视,以确保量刑程序改革试点工作取得实效,具体表现在:

(1) 量刑程序改革试点中出现了多种模式,彼此差异较大。试点工作中,各地法院在庭审量刑程序的设计上至少存在以下三种模式:第一种是量刑融入现有庭审结构模式,即在现行的法庭调查和法庭辩论程序中,区分定罪调查、定罪辩论与量刑调查、量刑辩论,按照先定罪后量刑的方式进行。在具体做法上,各地法院存在一定的差异,一些法院严格区分定罪事实调查和量刑事实调查。还有一些法院,以上海浦东新区人民法院为代表,则在定罪调查阶段保持原有的法庭调查模式,在量刑调查阶段则调查其他犯罪事实和法定量刑情节以外的量刑情节。第二种是量刑程序相对独立模式,即在庭审中先进行定罪调查和定罪辩论,在定罪程序结束后,再进行相对独立的量刑调查和量刑辩论。这种模式在具体做法上也存在差异。一些法院在定罪的调查和辩论结束后,再进行连续的量刑调查和量刑辩论。另一些法院则保持原有法庭调查模式,只在法庭辩论中定罪辩论结束后,进行相对独立的量刑辩论。第三种是量刑程序完全独立模式,即对于被告人认罪案件,在简单进行定罪程序后,即进行量刑程序,而在被告人不认罪案件中,则在定罪程序进行完后,当日或择日再进行完全独立的量刑程序,采用这种模式的法院,在具体做法上也存在差异,出现了山东日照东港区人民法院的"三元量刑程序模式"和安徽芜湖中院的"隔离模式"等不同做法。程序改革试点中出现差异较大,甚至偏离最高人民法院确立的改革基本方向和目标的模式和做法,凸显出改革试点存在本身不规范、改革试点指导意见不够具体、针对性和操作性还不够强等问题。

(2) 量刑程序改革试点存在重示范效应,轻长效机制的倾向。各地法院在试点工作中,纷纷推出各自的具体操作意见,并开展示范庭审演示。各地法院对示范庭审均十分重视,往往由分管刑事的副院长亲自担任审判长,由同级检察院副检察长担任公诉人,并邀请人大代表、知名学者、媒体记者前来旁听和观摩。示范庭审往往能够充分调查有关量刑的各种事实,并进行充分的量刑辩论,大部分案件均能当庭宣判。应当说,开展示范庭审表明了各试点法院对量刑程序改革的重视,也取得了较好的社会宣传效果,但也出现示范庭审的一些做法与实践中的庭审方式和工作机制不相衔接的情况。实践中大部分刑事案件,合议庭均是在庭审后全面阅卷,并核实证据后才能得出定罪量刑结论,且许多案件还要经过审判长联席会议或审判委员会讨论后才能决定。一些量刑情节,如赔偿、退赃等,大都也是在庭审后产生。因此,许多在示范庭审中行之有效的做法,不能形成量刑程序试点的长效机制,导致一些法院出现个别案件试点、大量案件仍按原状进行的情况,试点效果不够明显。

(3) 一些量刑程序改革中的重点、难点问题,仍然没有得到有效解决。例如,被告人不认罪案件中的量刑程序设置,一直被称为量刑程序改革的"瓶颈问题"。[①] 大多数学者主张对被告人不认罪案件采用完全独立的量刑程序,但完全独立的量刑程序,必然要导致重复开庭,影响诉讼效率,且实践中被告人不认罪的情形十分复杂,完全独立的量刑程序不具有操作性。对于被告人不认罪案件,如何既能确保诉讼效率,尽量减少重复开庭,又能充分保障不认罪被告人及其辩护人的量刑辩护权利,从目前来看,各试点法院还没有拿出比较完善和可行的方案。此外,对于公诉机关量刑建议的提出时间、方式,量刑建议应当是幅度,还是具体的点以及量刑的法庭调查应当包括哪些内容,量刑事实应当由谁举证,如何证明,如何在裁判文书中表述等问题,各试点法院均作了一定的探索,但尚没有较为成熟和完善的解决方案。

(4) 量刑程序改革的配套性制度探索不够充分,一些试点做法不具有推广价值。一些试点法院在试点过程中,也认识到量刑程序改革要取得实效,不仅要设计出量刑纳入法庭审理的方案,还应当健全相应的配套性制度,并进行了一定的探索和尝试,如建立社会调查报告制度、量刑情节提示书制度等。但从总体上来看,各试点法院在这方面的探索还不够充分。大多数法院将试点的重点放在制定规范和做好示范庭审工作上,而没有对如何确保量刑辩论效果,如何加强对酌定量刑情节的调查和核实,如何逐步完善社会调查报告制度等问题进行深入探索和关注。一些试点法院在程序规范中,作出了要求所有案件均由有关部门制作社会调查报告,缓刑听证要求"知情人""听证人"等参与并进行公示等规定。[②] 这些规定由于没有兼顾诉讼效率和诉讼资源方面的需要,尚不具有推广价值。

---

① 陈卫东:《量刑程序改革的一个瓶颈问题》,载《法制资讯》2009 年第 5 期。
② 王红梅、袁涛:《地方法院关于量刑程序改革的尝试——山东省淄川区人民法院的实践与探索》,载《法律适用》2008 年第 4 期。

三、其他国家及地区量刑程序的主要模式及对我国的启示

目前,世界各国的量刑程序主要存在两种模式:一是以英国、美国为代表的独立量刑程序模式,即将定罪与量刑区分为两个相互分离的审判阶段。一般由陪审团负责对公诉方指控的犯罪事实作出裁判,法官则在陪审团作出有罪裁判之后,在专门的量刑听证程序中对量刑问题作出裁决。[①]独立的量刑程序包括"量刑前的调查"和"量刑听证"两个阶段。"量刑前的调查"是指在被告人被定罪以后量刑之前,由缓刑官或其他人员对被告人的罪行情况和性格、家庭、经历等个人情况进行全面而详尽的调查,并在此基础上制作和提交一份书面报告供法庭量刑参考。"量刑听证"一般是在公开的法庭进行,法官根据控辩双方的量刑意见、量刑前报告和罪犯的陈述作出量刑决定。

二是以德国、法国为代表的附属量刑程序模式,即在庭审中不设立独立的量刑程序,而将量刑程序附属于以定罪为中心的庭审程序之中,用一个程序同时解决定罪与量刑问题。该程序模式下的庭审通常须经过证据调查、法庭辩论、休庭评议和宣告判决四个步骤。在证据调查阶段,法庭往往对证据不作定罪证据与量刑证据的明确区分,而将所有证据均作为判断被告人是否构成犯罪的依据,对量刑仅作附带性调查。在法庭辩论阶段,控辩双方同时针对定罪和量刑展开辩论。如果案件属于被告人不认罪的情形,则辩论将主要围绕被告人是否构成犯罪进行。控方一般可以在法庭辩论即将结束时提出具体量刑建议,辩方也可以进行量刑答辩。在休庭评议时,法庭对案件处理作集中讨论,对定罪和量刑问题一并进行表决。法官在宣判时公开案件判决结果及其理由。

两大法系国家采取的量刑程序模式不同,但在各自量刑程序的具体制度设计与实践中都力求实现程序正当化,呈现出许多共同点:(1)控方求刑制度。为保障控辩双方有效参与量刑程序,两大法系许多国家都规定控方在庭上可以提出具体的量刑建议。例如,德国规定检察官在法庭的最后辩论阶段须"总结证据,并对法院的裁决提出具体建议"[②]。美国则是实行控方求刑制

[①] 也有例外情况,比如在美国的部分司法区,陪审团有权裁决对有罪被告人是否适用死刑;在英国的治安法院(主要审理简易罪案件),定罪与量刑均由法官负责。

[②] 〔德〕托马斯·魏根特:《德国刑事诉讼程序》,岳礼玲、温小洁译,中国政法大学出版社2004年版,第38页。

度的典型代表,检察官的求刑权还衍生出辩诉交易的实践。(2)被害人影响陈述制度。20世纪80年代末以后,英美法系国家为加强对被害人权利的保护,推出被害人影响陈述制度,赋予被害人在量刑阶段陈述犯罪影响甚至量刑意见的权利。日本、荷兰等一些传统大陆法系国家受其影响也实行了类似做法。① (3)裁判文书的量刑说理制度。为防止法院恣意量刑、保障当事人知悉权,两大法系国家还普遍建立量刑说理制度,并形成强制说理与提倡说理两种量刑说理模式。例如,英国和德国均明确要求量刑法官必须就量刑裁决给出理由。日本法律虽未对法官量刑说理提出明确要求,但审判实践鼓励法官进行量刑说理。②

应当看到,英美法系国家的独立量刑程序通过对被告人的量刑前调查和公开量刑听证程序听取诉讼各方的意见,能够充分保障诉讼主体对量刑的参与、确保量刑程序的公开性和合理性。而大陆法系国家所采附属量刑程序虽具有诉讼成本低、审判效率高的优势,但普遍存在程序公开性不够、参与性不足、法官量刑裁量权难以有效制约等弊端。自20世纪中叶以来,一些传统上采用附属量刑程序模式的大陆法系国家,已经开始出现向独立或相对独立量刑程序模式转变的趋势。③ 如德国自1970年开始,对定罪量刑程序分离的"审判二分论"进行了热烈的讨论,在70年代中后期,一些学者甚至对审判二分制进行了地区试验;1985年,德国曾将"审判二分制"写进《刑事诉讼法》修正草案,但该方案终因法院实务人士的反对而未能通过。法国在1993年曾提出在刑事诉讼中严格区分定罪证据和量刑证据,但在该年8月,此项规定迫于实务部门的压力而取消。④ 在日本,许多学者提出"审判二分论",主张将定罪程序与量刑程序分开。传统上属于大陆法系国家的葡萄牙、比利时等国则已经实行了独立的量刑程序。⑤ 我国台湾地区在2003年亦对"刑事诉讼法"作出了修改,明确规定"审判长就被告科刑资料之调查,应于前项被诉事

---

① 日本允许被害人及其家属当庭陈述"被害心情",并赋予被害人求刑权,即检察官在求刑前要征求被害人的意见。在荷兰,被害人可以通过书面方式或当庭口头陈述发表意见。
② 康黎:《量刑说理初探》,载《中国刑事法杂志》2008年第11期。
③ 林劲松:《论我国独立量刑程序的建构》,载《南都学坛(南阳师范学院人文社会科学学报)》2008年第5期。
④ 卢永红主编:《国外刑事诉讼法通论》,中国人民公安大学出版社2004年版,第120页。
⑤ 汪建成、黄伟明:《欧盟成员国刑事诉讼概论》,中国人民大学出版社2000年版,第38、396页。

实讯问后行之",这在一定程度上实现了定罪程序与量刑程序的区分。①

由此可见,量刑程序应当具有一定的独立性已经在世界范围内成为一种广泛的共识。德国刑事法学者罗科信教授曾指出:"依现行法,就犯罪行为及量刑情节均在同一的审判程序中提出证据。而未来法中将相对于此,以英美法作为借鉴,将审判程序一分为二,要求分别就罪责问题及刑罚问题提出证据。此种二分法原则上应尽速施行。"②然而,大陆法系国家在量刑程序改革方面的探索情况也表明,量刑程序改革的具体设计必须充分注意诉讼模式上存在的差异,并充分考虑司法实践中的可操作性和诉讼效率、司法资源方面的要求,以确保改革符合实践的需要。

第二节 量刑程序构建的理论探索

一、量刑程序建构的价值定位

刑事审判程序价值,既是指一项刑事审判程序在具体运转过程中所要实现的价值目标,又是人们据以评价和判断一项刑事审判程序是否正当、合理的价值标准。这一概念实质上说明人们在评价和构建刑事审判程序时应当注意两个方面的价值标准:一是看它作为一种手段能否产生好的结果,即程序的外在价值。这里所谓好的程序结果主要是指实体正义、和平、安全、秩序等价值;二是看它是否具有一些独立于结果的优良品质,即程序的内在价值。因为好的程序结果未必代表程序本身是好的。作为对程序价值的更高期盼,人们希望程序本身也是正当、合理的。综合传统刑事审判程序价值的理论探讨,有关刑事审判程序的价值集中于以下方面:(1)确保有罪者受到定罪和判刑;(2)保障无辜者免受刑事追究;(3)使被告人获得公正审判;(4)减少经济资源的耗费。量刑问题只发生在对被告人定罪之后,因此,量刑程序的建构与使被告人获得公正审判以及减少经济资源的耗费的目标应当契合。由于程序的经济性是程序价值的次级目标,量刑程序应当优先保证使被告人获得公正审判。因此,实现公正审判是量刑程序的首要目标。那么,量刑程序应当具有怎样的内在品质去实现这一价值目标呢?笔者认为,量刑程序的

---

① 林俊益:《刑事诉讼法概论(下册)》,新学林出版有限公司2005年版,第278页。
② 〔德〕Claus Roxin:《德国刑事诉讼法(中译本)》,吴丽琪译,三民书局1998年版,第470页。

建构中必须包含以下内在价值:

(一) 推进审判公开的价值

审判公开是现代法治国家一项普适性诉讼原则,联合国大会于1966年2月决议通过的《公民权利和政治权利国际公约》(International Covenant on Civil and Political Rights)第14条第1款确认了这一国际司法准则,即"所有的人在法庭和裁判所前一律平等。在判定对任何人提出的任何刑事指控或确定他在一件诉讼案中的权利和义务时,人人有资格由一个依法设立的合格的、独立的和无偏倚的法庭进行公正的和公开的审讯。"我国《宪法》和《刑事诉讼法》都规定了审判公开的内容。从历史上看,审判公开制度在中华人民共和国成立后审判制度的建设与完善中一直居于核心地位。[①] 为落实宪法和法律的精神,最高人民法院于1999年3月制定了《最高人民法院关于严格执行公开审判制度的若干规定》(以下简称《公开审判规定》),明确要求人民法院进行审判活动,必须坚持依法公开审判制度,做到公开开庭,公开举证、质证,公开宣判。《公开审判规定》还规定了不公开审判的案件类型、公开审判的二审案件、公开审判案件的公告要求、证据的举证、质证和认证、违反规定的法律后果及审判场所、法庭布置、旁听资格等一系列内容,标志着我国审判公开制度日趋规范与具体。

众所周知,刑事诉讼活动保障的是社会的基本秩序,关系到人(被告人)的生命与自由两项基本人权。从某种意义上讲,如果说司法是社会公正的最后一道屏障,那么,刑事诉讼就是司法的最后一道防线。相对于民事和行政诉讼活动,人们对刑事诉讼活动的正当性要求最为严格。而作为规制各项诉讼活动中审判公开制度的《公开审判规定》,还不能完全满足刑事审判程序加大人权保障的发展要求。反思我国刑事诉讼现状,刑事审判程序的设置主要围绕着控制定罪问题而展开,对犯罪人的量刑不是法庭审判所要解决的主要问题。无论是出庭支持公诉的检察官,还是被害方和辩护方,都没有太多的机会就有罪被告人的量刑情节、量刑种类和量刑幅度,进行有针对性的举证、质证和辩论。[②] 针对上述弊端,增强刑事审判程序中量刑程序的公开性就成

[①] 胡夏冰、冯仁强编著:《司法公正与司法改革研究综述》,清华大学出版社2001年版,第75页。

[②] 陈瑞华:《定罪与量刑的程序分离——中国刑事审判制度改革的另一种思路》,载《法学》2008年第6期。

为量刑程序构建所要解决的重要问题。而这种公开性的增强表现为：在量刑程序中，控辩双方提供有关被告人量刑情节的事实证据和法律依据，就刑罚的裁量展开针锋相对的辩论；法官根据法律，以双方在庭审中公开陈述的事实和理由为依据，作出最终的刑罚，并在判决书中予以载明。在此过程中，刑罚裁量的事实依据、法律依据、法律适用的妥当性都充分得到展示，体现了全面落实审判公开原则的要求。

（二）促进民主参与的价值

民主参与是公民的一项政治权利。可以说，普通公民对政治活动尤其是政治决策活动的参与是民主社会的一个重要标志。程序参与原则有几项基本要求：一是程序参与者应在裁判制作过程中始终在场；二是程序参与者应富有意义地参与裁判的制作过程；三是程序参与者应有充分的机会参与诉讼活动并有效地影响裁判结果；四是程序参与者应在参与过程中具有人的尊严，并受到人道的对待。这种要求反映在刑事诉讼领域，主要表现为：首先，法院应当确保检察官（国家利益的代表）、被告人和被害人始终到庭出席法庭审判；其次，程序参与者应当有机会发表本方意见、观点和主张，提出相关证据和论据，并拥有为进行这些活动所必需的便利和保障措施，从而对裁判结果的形成发挥有效的作用；再次，程序参与者有机会详尽地向法庭提出意见和证据、对其他各方的意见和证据提出质证，并不受任何不适当的限制，还拥有要求法院赋予各方获得重新参与审判活动的机会；最后，法院应在审判过程中对各方参与者给予人道的对待。[1]

随着社会主义法治国家建设的不断推进，公民参与国家诉讼活动的权利越来越受到重视，这就要求刑事审判程序作为法院刑事裁判结果形成的过程，是由诉讼各方参与而不是仅由法官单独实施的活动过程。在某种程度上，控辩双方，尤其是辩护方对被告人最为关心的量刑问题参与度不足，可能会直接导致庭审的功能弱化，裁判的公信度降低。因此，提高诉讼各方当事人对被告人量刑问题的参与度是量刑程序构建的另一大任务。这种参与性要求，检察官要依据案件事实及被告人的人身危险性提出量刑建议；被告人及其辩护人应当向法庭提供有关被告人罪轻的证据，阐述从轻处罚的理由；在存在被害人的案件中，被害方也可以就被告人的量刑陈述意见；某些情况

---

[1] 陈瑞华：《法律程序构建的基本逻辑》，载《中国检察官》2012年第9期。

下,一些社会组织,如青少年保护组织、街道社会组织等也应当向法院提供被告人的品质证据。"由于法官的量刑是在各方积极参与下做出的,因此可以避免控辩双方因未参与量刑程序或者不了解裁判的形成过程和形成理由而对裁判正当性可能产生的猜忌。"①

二、量刑程序的改革方向

在推进改革过程中,较多的学者主张应当建立独立的量刑程序。但是,在具体实施过程中,最高审判机关希望将量刑程序融入于现行的庭审程序,而不希望对现行庭审程序进行结构性的革新。对此,笔者认为,我们应当构建符合我国司法实践的相对独立的量刑程序。

较独立的量刑程序而言,相对独立的量刑程序是一种不完全独立的量刑程序。量刑程序和定罪程序存在着千丝万缕的联系,两者不可能截然分开。主要理由在于:

(1) 我国不具备设置独立量刑程序的现实性。我国没有建立刑事案件分流制度,现有司法资源根本无法承担量刑程序独立后所增加的巨大工作量。量刑程序独立就意味着要多开一次庭。美国能够有足够的能力运行独立量刑程序是因为其95%左右的案件通过辩诉交易,即不经开庭审理就得到了解决。

(2) 我国不具备设置独立量刑程序的法治传统。英美法系之所以量刑程序独立,主要原因在于他们传统的刑事诉讼采用陪审团制度,即由陪审团决定被告人的罪与非罪问题,法官只负责量刑,这就客观上导致定罪程序与量刑程序的分离。另外,其在上诉程序、非陪审团审理程序中,也是采取相对独立的量刑程序模式。而我国的法官历来集定罪和量刑职能于一身,没有将定罪和量刑分开审理的传统。

(3) 必须契合我国现行的司法制度环境。如果无视国情移植独立的量刑程序,只能增加办案难度,降低诉讼效率。我国是法院独立审判,而非法官独立审判。法官必须在法院授权范围内行使职权,对于其无权决定的案件,不能当庭认定证据,更不能当庭宣判。如果采用定罪程序与量刑程序分离模式,可能的办案流程就是:法院先就定罪问题进行开庭,然后休庭进行评议,

---

① 蒋惠岭:《构建我国相对独立量刑程序的几个难点》,载《法律适用》2008年第4期。

评议后报庭长、院长审批,必要时提交审判委员会讨论决定;在确定被告人有罪及其罪名的情况下,再就量刑问题进行第二次开庭,休庭后仍可能重复上述的评议和审批过程,在决定量刑结果后第三次开庭进行宣判。由此可以看出,如果贸然移植二分式庭审模式,简单地将定罪与量刑程序完全分离,必然会大大降低审判效率。①

笔者赞同建立相对独立的量刑程序,除了基于诉讼效率的考虑之外,还有以下现实因素需要予以充分考虑:

(1) 在刑事诉讼中,被告人的罪与非罪始终是刑事审判程序的首要问题。只有解决了被告人的罪与非罪问题,才会涉及被告人罪轻与罪重的问题。因此,在刑事诉讼中,量刑程序与定罪程序并不具有当然的对等价值。定罪程序中的证明标准自然要高于量刑程序中的证明标准。侦查机关主要解决犯罪嫌疑人的犯罪能否成立的问题等现象也佐证了这一价值判断。由于定罪程序的优先价值,建立相对独立的量刑程序契合这种价值位序,体现了刑事审判资源配置的合理性。

(2) 根据我国传统的犯罪构成模式,定罪事实与量刑事实具有较大的重合性。比如,在数量犯中,犯罪数量既是定罪的事实,也是量刑的事实;在情节犯中,犯罪情节既是定罪的依据,也是量刑的依据。上述事实和依据,能够在定罪程序中一并予以查明,而不必建立单独的量刑程序重复审查。另外,单纯的量刑情节,主要集中于是否累犯、是否未成年人、有无自首立功表现、有无赔偿退赃等事实。这些情节并不需要过多的举证和质证即可查明,为此建立单独的量刑程序意义不大。

(3) 量刑程序具有推进审判公开、促进民主参与的内在品质,只要在具体制度的建构中加强制度的规范性和可行性,相对独立的量刑程序就可以避免独立量刑程序论者所担心的公诉权、辩护权行使不充分、被害人参与度不足的问题。只要实现量刑依据和事实的公开、保障诉讼当事人的充分参与,相对独立的量刑程序是可以达成实现实体公正的外在目标。

三、量刑建议权的性质

有学者认为将量刑建议引入量刑程序,可实现量刑程序诉讼化。庭审参

---

① 黄应生:《我国需要什么样的量刑程序》,载《法制资讯》2008 年第 6 期;李玉萍:《论相对独立的量刑程序》,载《政法论丛》2009 年第 6 期。

与各方对定罪和量刑都有自己的利益诉求,可以在量刑程序中提出和表达,但从诉讼法角度看,量刑建议不是程序法意义之"诉讼请求",量刑建议权也不是"诉权"。

(一)刑事诉讼中的诉和诉权

诉讼法上的"诉"和"诉权"有特定的含义。按照学术界通说,诉讼法上的诉是指当事人依照法律规定向法院提出的要求裁决实体争议的请求,其包含三个要素:[①]诉的主体,即利益攸关的适格当事人;明确的诉讼标的(审判对象);事实和理由。其中,诉讼标的是诉的核心要素。诉讼标的决定着法院既判力的范围,同时还决定着合格当事人的识别、管辖的确定、证明对象等重要的程序法事实。诉讼标的作为当事人提出的要求法院支持的实体法请求,必须明确。诉讼的两造各自针对诉讼请求提出抗辩,法院对诉讼请求作出成立与否的判断。由此,不告不理、证明责任、两造平等、居中裁判等审判原理得以确立,深刻决定了审判的范围、证明的方式、庭审的结构、裁判的效力。可以说,诉权理论是现代诉讼法的重要基石。

在当事人主义对抗式诉讼模式盛行的国家,刑事诉讼和民事诉讼基本结构相同;由于实行诉因制度,诉因成为刑事诉讼中的审判对象。大陆法系国家,如德国刑诉法学界,也建立了自己的刑事诉权理论。刑事诉讼的诉讼对象形式上是诉因,实质上是被指控的犯罪事实。所以,从刑诉法的角度看,公诉事实与相关罪名必然是案件的诉讼标的,它制约法官裁判的范围,形成法庭双方辩论的焦点。当事人通过诉因制度来确定审判对象,限定法官裁判权的行使,从而达到制约裁判权、保障辩护权的目的。这是刑事诉讼中诉因制度最重要的功能。[②] 诉权是当事人以诉讼对象为基础请求法院裁判的权利。在刑事诉讼中诉权的特点是:第一,刑事诉权启动审判权,推动法官的裁判行为,强调不告不理,裁判权不能依职权主动行使。第二,刑事诉权为刑事审判权提供了裁判的范围。裁判的界限不得超过或重复评价审判对象。刑事审判权不得逾越或脱离刑事诉权请求的范围,就控辩双方未提出的事项作出裁判,也不能在庭后另行调查证据发现公诉机关未起诉之事实。第三,诉权平等。从诉权来源的不同,可以区分为起诉权和应诉权。在刑事诉讼中强调被

---

　　① 江伟主编:《民事诉讼法(第二版)》,高等教育出版社2004年版,第11页。
　　② 李扬:《三论诉权理论在刑事诉讼中的导入——刑事诉因制度研究》,载《政法论坛》2009年第2期。

告人有相应的辩护权,控辩之间诉讼地位平等。第四,诉权是运动的。它的外延包括,控辩双方具有起诉(应诉)权、上诉(抗诉)权、申诉权。诉讼权利是一个以救济权为核心的多元权利系统,其核心主要围绕公诉人指控的被告人行为是否构成犯罪展开。这些特征可以帮助我们判断具体的量刑建议是否能成为一个独立的诉讼请求,量刑建议权是否合乎诉权的基本特征。

(二)量刑建议权并非刑事诉讼之诉权

量刑建议无法具有类似于诉因的法律效力,不是刑事诉讼中一个独立的诉讼请求。首先,量刑建议无法划定量刑程序的审理范围,对法院的量刑活动不具有法律上的约束力。量刑建议仅是刑事诉讼的诉讼请求——定罪请求的自然延伸。参与量刑程序的各方均有建议权,量刑建议仅是一种意见,从兼听则明的角度,量刑建议或意见具有参考价值,但这种建议对法院的判决没有实际的诉讼约束力。法院根据庭审中查清的犯罪事实和量刑程序中查清的事实合理选择刑罚的种类、幅度、长短、执行方式。由于许多事实在起诉时还没有产生,因此在起诉时就要求公诉机关提出量刑建议是不现实的;量刑时,许多量刑信息来自公诉机关以外的人员和机构,要求公诉机关像审判机关一样思维、提出确定的量刑建议也是不大现实的。所以,无论公诉机关还是被害人、被告人、社区矫正机构,都无法提出一个明确的量刑幅度、刑罚方式,并要求法院就在其中确定刑罚,或简单回答该主张"成立"还是"不成立"。量刑建议即使是一个比较狭窄的量刑幅度,无论从规范还是法理的角度,它仍然缺乏对法院的诉讼约束力。法院在量刑过程中需要根据庭审中实际掌握的事实,听取各方意见之后,合理选择刑罚的种类、幅度、长短、执行方式,不受量刑建议的拘束。这是量刑所依据事实的特点、刑罚体系的复杂性和刑罚个别化的要求所决定的。我国刑事诉讼法律并未规定公诉机关在起诉时需要提出明确的量刑建议。

实践中法官的最终量刑与量刑建议也多有出入。在德国,一项对检察官量刑建议与最终刑罚的调查表明,检察院建议适用的刑罚与法官最终判处的刑罚也不一致,在570个案件中,与检察官建议的刑罚相比,法院判刑较重的占8%,较轻的占63%。[1] 由此可以看出,即使是在量刑建议制度较为发达的国家,法官实际判处的刑罚与检察官提出的量刑建议不一致的情况也是大量

---

[1] 〔德〕克劳思·罗科信:《刑事诉讼法(第24版)》,吴丽琪译,法律出版社2003年版,第68页。

存在的。我国试行量刑建议的公诉机关多提出，量刑建议只能是一个相应的幅度，无法做到明确化，更不能是一个具体的刑期。笔者认为，量刑建议制度的最大意义是其"完善了公诉权、扩展了辩护权、制约了（法官的）自由裁量权，可以促进司法公正，提高司法效率"①。但并不认为量刑建议就是等同于定罪请求的又一个独立诉讼请求。

其次，量刑是法官的职权，量刑权的启动不以检察官提出量刑建议为前提，不受不告不理审判原则的限制。法官选择最终的刑罚不仅是一种权力，也是一种义务。没有检察官、被告人、被害人、社区矫正机构提出量刑，法官就要自己发现量刑事实，调查证据，确定刑罚的种类、幅度、长短、执行方式等。法官的量刑权体现出一种积极的职权主义姿态，主导着量刑程序的进程。量刑程序中法官与参与人之间的关系是决策者和参与人之间的关系，与诉权和审判权之间的诉裁关系异质。

最后，量刑建议权缺乏诉权的一般运动规律。诉权的运动过程包括诉的提起权（起诉权）、诉的实现权（审判权）、诉的救济权（上诉权和申诉权）。而量刑建议权显然不具备这种运动轨迹，也不包含这些诉权元素。实践中，法官只要依法在法定刑幅度内决定量刑，虽超出各方的量刑建议，提出量刑建议（意见）的各方恐怕不会立即行使抗诉权、上诉权，当然被告人上诉是他的权利，但检察院和被害人、缓刑官由于量刑建议没有被采纳就上诉或抗诉的情形是比较少见的，因为他们不具备诉权。此外，在程序法中，仅有利益攸关的当事人有权提出诉讼请求；而在量刑听证中，控辩双方、被害人、缓刑官等都可以提出量刑建议。此时，量刑建议也无法起到诉讼标的应有的识别诉讼主体、确定管辖、证明对象等重大事实的作用。

为什么量刑建议不能成为明确的诉讼请求呢？究其根本，在于量刑过程非常复杂，需要法官根据变动不拘的情况，发挥自由裁量权，进行选择。自由裁量权的本质，在于法官拥有选择的必要和可能。被告人是否构成犯罪是一个是非判断命题，而量多少刑是一个选择命题。是否构成犯罪，仅需要法官或者陪审团根据三段式逻辑推理进行"是"或"不是"的判断，除此以外裁判者不能做出第三种答复。而量刑过程不同，不但量刑事实纷繁复杂，而且刑法关于刑罚的种类、幅度、长短、执行方式的规定也需要遵从，法官需要根据各

---

① 李若昕：《量刑建议，不仅防止司法擅断》，载《检察日报》2007年3月28日。

方提供的信息运用司法技术裁量进行分析、选择，不能排除法官自由裁量权的适用。这些因素决定了量刑不是一个殊途同归的答案，所以，量刑建议也无法成为明确的划定审判范围的诉讼请求，量刑建议权无法成为对审判权具有法律约束力的诉权。量刑建议仅是对定罪请求的一种形式意义上的补充，对量刑具有参考意义。

（三）量刑建议权过分诉讼化的负面效应

即使是采取定罪量刑分离模式的英美法系，量刑仍然是法官传统的自由裁量权行使领地，控辩双方虽然可以就量刑展开辩论，但是对法官的量刑权很少直接明确建议（进行辩诉交易的例外）。我国也有检察工作者对试行检察机关量刑建议权的负面效应提出警示：[1]一是量刑建议模糊了起诉与审判的界限。定罪量刑属于审判权，由检察机关提出具体的量刑建议，有超越公诉范围之嫌，也缺乏足够的、明确的法律依据。二是模糊了抗诉的界限。判决结果与量刑建议差别较大，但却在法律规定的幅度或刑种内，是抗还是不抗，如果抗诉能否获得改判，这些都增大了抗诉的未知性。三是过于精确详细的量刑建议容易导致被告人、被害人和司法机关的矛盾，导致被告人和被害人认为法院判决量刑畸轻畸重的情况增多。如果法院最终量刑和检察院的量刑建议之间出现差异，被告人可能因为法院的量刑高过检察院的建议而对法院的判决不满，引发更多上诉。如果法院的量刑低于检察院的量刑建议，被害人认为法院未按照公诉机关的标准量刑，有违公正，可能也会引发对判决的不满，更多地要求检察院抗诉。由于公诉队伍素质参差不齐，对量刑的把握难免不一致，从而不利于当事人理性地看待检察院和法院的量刑差异。

四、量刑程序的诉讼结构

（一）量刑程序的结构

"参与"（participation），是指"一种行为，政治制度中的普通成员通过它来影响或试图影响某种结果"[2]。美国学者富勒认为，"参与"是满足程序正义最重要的条件，参与命题是一个具有穿透力的命题，表现于行政、立法活动之

---

[1] 成效东、陈为铨：《检察机关实施量刑建议的负面影响不容忽视》，载《检察实践》2004 年第 2 期。

[2] R. S. Summers, Evaluating and Improving Legal Process—A Plea for "Process Values", *Cornell Law Review*, Vol. 60, No. 1, 1974, pp. 25-26.

中,但在司法活动中具有典型性。① 量刑事实的多元性、量刑证据种类的多样化,以及部分量刑事实所采用的自由证明的方式,共同决定了量刑资料、信息来源的多渠道,决定了各利益攸关方应当共同参与量刑过程。从程序正义的角度看,在量刑程序中应确保所有与量刑结果有利害关系的人,都可以充分、有效地参与量刑的决策过程,不仅对量刑结果发表各自的意见,充分阐明本方的事实和法律根据,还可以对对方的量刑观点进行反驳和辩论。所以,量刑程序应当是一场多方协作的相互博弈,采取法官主导、各方参与而非控辩对抗的诉讼结构模式。

1. 公诉方的参与

公诉人在量刑程序中是一个建议者,但作为国家法律的代言人,更负有客观性义务,尤其要注意法定的量刑情节和犯罪事实,并应注重罪重的事实。特定情况下,检察官也可以承担社会调查报告的制作工作。此外,检察官可以以量刑建议的方式提出量刑意见。在英国,量刑程序一般由控方律师加以启动。控方律师不能就具体量刑问题向法官提出建议,但可以提醒法官注意有关量刑的法律规定以及高等法院发布的相关指导意见,并可以给出有关犯罪人先前有罪判决和量刑的具体情况。② 在这一程序中,与当事人主义高度对抗的控辩式庭审结构相比,控辩双方的关系已经不再如定罪程序那样剑拔弩张,锋芒相向。

2. 被告人与辩护人的参与

应确保被告人对量刑资料的知情权与异议权。任何基于秘密资料的量刑都是对被告人正当权利的侵犯。在量刑程序中(无论是独立的量刑程序还是合并的量刑程序),应给被告人知晓量刑资料的机会,并听取其申辩。同时,应赋予被告人获得律师帮助的权利以及赋予辩护方量刑答辩的权利。辩护方有权就公诉机关量刑建议的不实之处向法院提交答辩意见,也有权利就影响对被告人量刑的因素提供证据,并可就此证据及意见与公诉机关进行辩论。美国联邦最高法院强调在量刑听证环节维持宪法所要求的正当程序,给予被告人必要的程序保障。例如,被告人可以在量刑听证会上陈述对自己有

---

① 富勒在对社会秩序形成方式(social ordering)的研究中提出"参与命题"。Lon L. Fuller and Kenneth I. Winston, The Forms and Limits of Adjudication, *Harvard Law Review*, Vol. 92, No. 2, 1978, pp. 353-409.

② 陈瑞华:《定罪与量刑的程序关系模式》,载《法律适用》2008 年第 4 期。

利的事实和意见,法院应当保证被告人在量刑这一"关键环节"获得律师的帮助。

3. 被害人的参与

被害人不是控辩对抗型诉讼结构一方中的当事人,在控辩对抗的定罪程序中,被害人更多是作为控方证人;但是在量刑听证程序中,由于听证程序的特殊结构,被害人却是独立的量刑程序参与人之一,可以独立发表量刑意见,而非控方的附属角色。控辩双方对被害人也不再进行交叉询问。刑事被害人是犯罪行为的直接受害者,是犯罪行为所造成的人身损害、财产损害及精神损害的直接承受者。作为犯罪行为的直接承受者,被害人有对犯罪人追究刑事责任的强烈愿望,所以应当允许其对量刑程序有所参与,以便其对于量刑的意见能够通过公开程序得到反映,从而也有利于强化其对量刑结论公正性的认同度。在美国,越来越多的司法区允许缓刑监督官提交"被害人影响陈述"(victim impact statement),并将该份书面材料附在"判决前报告"之后。这些报告可以是缓刑官员与被害人的会谈记录,也可以是被害人提供的书面陈述材料。一些司法区的法院允许被害人出庭陈述对被告人谅解还是希望从重处罚,甚至允许被害人直接提出具体的量刑意见。[①] 当然,考虑到我国刑事诉讼控强辩弱的现实,对于被害人的量刑意见是否审查与采纳,可由法官综合考量、酌情采纳。

4. 中立调查机关(缓刑官)的参与

在量刑听证程序中,中立调查机关(缓刑官)也是相对独立的量刑参与方,可以受法官委托出具"量刑前报告"(pre-sentence report),发表量刑意见,而非控方或者辩方的证人;控辩双方也不再对出庭的缓刑考察人员进行交叉询问。在英美法系分离的量刑听证程序中,法官通常会委托那些负责缓刑监督的官员制作一份"量刑前报告"。在英国,对于那些被定罪的未成年人,法官则会委托当地的社会工作者制作该种社会调查报告。在制作"判决前报告"之前,缓刑监督官员或社会工作者会进行各种调查活动,以便为法官提供有关犯罪人和犯罪事实的更详尽的资料。在大多数情况下,判决前调查会围绕犯罪行为的细节、犯罪人悔改情况、再犯可能以及犯罪对被害人所产

---

① 陈瑞华:《定罪与量刑的程序关系模式》,载《法律适用》2008 年第 4 期。

生的各种影响来展开。① 在量刑听证程序中,法官还将命令缓刑官员宣读量刑前报告。必要时,量刑前报告的制作者也可以被传唤出庭作证。中立调查机关的加入使得庭审控辩对抗式的诉讼色彩逐渐淡薄。

5. 法官的职权性决断

定罪程序中法官的消极形象和居中裁判深入人心,且为世界刑事诉讼法发展的潮流。与定罪程序不同的是,英美法官在对被告人的量刑种类和量刑幅度作出决定时,对于证据来源和证据种类的采纳都可以行使广泛的自由裁量权。而从诉讼功能角度来说,量刑法官与事实裁判者的角色定位有着显著的区别。按照美国联邦最高法院前大法官布莱克的说法,事实裁判者通常"只关注被告人是否犯下特定的罪行",证据规则的设计旨在达到对事实认定过程的"精密限制",以保证证据材料能够与争议事实具有实质上的相关性。科刑法官则不受此限,而应"尽可能地获得与被告人有关的生活或者性格特征材料"。布莱克强调指出:"如果我们将信息的获取途径仅仅局限于在定罪阶段的法庭审理环节上,那么,法官意图做出的明智的科刑判决所依据的大部分信息都将无从获得……"②因此,法官在量刑程序中更加普遍地体现职权性倾向。法官心证的范围更不易受多方量刑建议的束缚。法官的职能就是在听取各方量刑材料、信息、意见的基础上作出量刑决断并说理,而不是裁决哪一方的量刑建议可以成立或者更加合理。

概言之,量刑程序的诉讼结构,应当是多方参与、多方协作,共同帮助法官作出正确量刑裁量的模式,其本质是非对抗的,是参与式的,应当采用听证式的结构。应当将这种听证式结构,根据我国现有的诉讼法规定,融入我国的诉讼法框架,从而构建既符合量刑程序一般规律,又具有我国特色的科学、合理的量刑程序。

(二)量刑程序的程序形态

量刑程序应该采取相对独立的听证形态。量刑程序需要独立,唯此,才能体现与定罪程序不同的事实基础、证明方式、诉讼结构、诉讼形态,完成对量刑的控制,实现对量刑正义的追求。但是,正是基于量刑事实与定罪事实

---

① John Sprack, *Criminal Procedure*, 8th edition, Blackstone Press Limited, 2000, p.330.
② 〔美〕伟恩·R.拉费弗等:《刑事诉讼法(下册)》,卞建林等译,中国政法大学出版社 2003 年版,第 1343—1344 页。

的重合性、自由证明的方式、多方协作的听证结构以及量刑建议的非诉讼本质,量刑程序的独立具有相对性,与定罪程序不是完全的分离;并且,相对独立的程序是听证式的而非诉讼式的,是职权式的而非当事人推动式的。这是量刑程序的一般规律,我们应该以此作为构建量刑程序的共识。目前,我国量刑程序改革大都延续定罪程序中的控辩对抗式庭审结构,将庭审讯问、庭审质证、庭审辩论均一分为二,先就犯罪事实进行讯问、质证、辩论,再就量刑事实进行讯问、质证、辩论。这样的做法无疑增加了诉讼成本,忽视了程序的非诉讼本质和听证式的程序结构。

有观点认为应该将量刑程序构建为一场独立的量刑诉讼:量刑程序的改革在完成独立化的目标之后,不应故步自封,而应继续完成诉讼化的使命,从而真正实现"诉讼形态的回归"。① 所谓"量刑程序的诉讼化",是指量刑程序在与定罪程序实现相对分离的前提下,吸收公诉方、被害方以及被告方的共同参与,允许各方提出本方的量刑建议,提交各自的量刑证据,强调各自的量刑情节,并就量刑的事实信息和量刑方案展开充分的质证和辩论,从而对法官的量刑裁决施加积极有效的影响。② 从量刑程序转型的角度来看,量刑程序诉讼化的实质在于以"诉权制约模式"取代现行的"行政审批模式",以法庭上的参与、协商、对话和辩论方式替代现行的"办公室作业"方式,使得量刑过程真正贯彻公开、透明和参与的理念。

但是,当前世界范围内的量刑程序都是听证式而非诉讼形态的。美国的量刑程序形式上为听证程序,由于定罪程序和量刑程序分开,并且认为刑罚的最终选择和确定是法官独占性的权力,所以量刑时法官通常基于律师的陈述、判决前调查报告和罪犯的陈述作出判决。③ 有时法官也会听取被害人陈述。量刑听证会通常在公开法院正式举行。判决前法院可能听审证据,证据规则没有审判时那么严格,定罪时被排除的信息资料(传闻或歧视的证据)可能在量刑时被采纳。被告人享有聘请律师代理和指定公费律师的权利。虽然法官也广泛听取意见,但定罪时控辩双方轮流举证、质证的控辩式诉讼结

---

① 陈瑞华:《论量刑程序的独立性——一种以量刑控制为中心的程序理论》,载《中国法学》2009年第1期。
② 同上。
③ 〔美〕爱伦·豪切斯泰勒·斯黛丽、南希·弗兰克:《美国刑事法院诉讼程序》,陈卫东、徐美君译,中国人民大学出版社2002年版,第572页。

构已经不复出现。

我国目前的听证制度还仅限于适用在行政处罚、立法程序和价格制定三大领域,在司法审判领域还不存在听证制度。在行政处罚领域,作为行政行为相对人的被处罚人在法律上原本并没有表达自己对于行政处罚的反对意见的途径,这样就需要设计出一个有效的途径,使被处罚人能够充分表达自己对行政处罚的反对意见,这个途径就是听证制度。对于规范法官的量刑裁量权,我国法学界有学者提出建立重大案件审判与裁决听证会制度,使裁量权的行使尽可能地做到公正与公平,并认为听证会制度的实质就在于广泛听取来自各方面的意见,特别是反对方的意见,以做到兼听则明。[①] 我们认为,并非重大案件而是所有案件的量刑程序均应按照量刑听证程序的模式加以构建。量刑听证建立后,在刑事审判中,作为刑罚承受主体的被告人在诉讼中完全有表达自己无罪、罪轻的意见的权利和途径,被告人可以自己在法庭上为自己进行辩护、陈述,也可以委托辩护律师、诉讼代理人为自己进行辩护和诉讼代理,实现量刑辩论。[②] 量刑程序中各方举证、质证与辩论结合在一起,不再截然分开,然后法官依职权进行裁定。这种相对独立的、灵活的量刑程序,既避免了增加一次开庭可能带来的所有弊端,又吸收了独立量刑程序所具备的所有优点,是符合我国国情的现实的、可行的选择。

综上所述,量刑程序虽然具有正当程序的一般特征,如保障各方参与和发表量刑意见的权利,但其在本质上是一种相对独立的、职权式的听证程序。为了合理地构建符合量刑控制理念,并能够与我国法制环境和程序制度良好契合的量刑程序,需要对量刑程序的程序设计作进一步梳理,并以此为基础对不同类型的量刑程序作细致区分。

第三节 量刑事实的证明方法

随着法庭审理中量刑程序的相对独立,作为程序审理对象的量刑事实受到更为充分的关注。更多的量刑事实,如被告人个人情况、一贯表现、赔偿和退赃情况等,也被纳入法庭的调查和辩论活动当中。量刑事实的全面、充分

---

① 黄凤兰:《论司法自由裁量权及有效监控》,载《北京化工大学学报(社会科学版)》2003 年第 1 期。

② 臧冬斌:《量刑规范化与法官量刑自由裁量权的衡平》,载《河北法学》2007 年第 12 期。

查明，为量刑实体公正的实现提供了更为充分、有效的保障，但也随之带来量刑事实证明上的种种难题。例如，证明被告人一贯表现的证据是否受到传闻证据和品格证据规则的限制、认定被告人个人情况的证据是否需要达到排除合理怀疑的证明程度。这些问题的凸显充分表明，传统以定罪审理为中心而构建的证明制度，并不能完全适应量刑事实证明的需要。鉴此，不少论者均提出，要构建独立于定罪事实证明的，包括证明责任、证明标准、证据可采性规则在内的量刑事实证明规则体系。笔者并不赞同该类观点。妥当的做法是，立足司法实践，对量刑事实的概念进行准确的界定，并以严格证明和自由证明的证明方式为切入点，对量刑事实进行甄别分类，进而确立合适的证明方式，以有效破解量刑程序相对独立模式下量刑事实证明的难题。

一、量刑事实的概念和分类

研究量刑事实的证明问题，首先要明确证明对象即量刑事实的基本概念。量刑事实是指特定刑事案件中定罪事实以外的、对量刑有影响的、与犯罪行为或犯罪人相关的事实。准确理解上述概念，应当着重把握以下三方面的内容：

一是量刑事实归属于案件事实，区别于定罪事实。案件事实既包括案件实体事实，也包括案件程序事实。案件实体事实包括定罪事实和量刑事实。定罪事实，是指案件事实中决定被审理的特定被告人的行为符合特定犯罪构成的基本要求，并相应决定其法定刑的事实。根据定罪事实，可以确定被告人实施了某种犯罪行为，且该犯罪行为符合特定罪名的特定犯罪构成，从而也相应确定了被告人的法定刑。量刑事实则是案件实体事实中定罪事实以外的影响刑罚裁量的事实。根据量刑事实，可以在法定刑幅度以内或以下决定被告人的宣告刑或者对被告人免除刑罚处罚。

二是量刑事实既包括与犯罪行为相关的事实，又包括与犯罪人相关的事实。现代各国大都采折中主义的刑罚目的观，在量刑时强调既考虑犯罪行为的社会危害性，又关注犯罪人的人身危险性，在罪刑相适应的基础上实现刑罚个别化。[1] 由此，量刑事实应当既包括案件事实中与犯罪行为相关的事实，如犯罪动机、犯罪目的、犯罪手段、犯罪危害后果等，又包括与犯罪人相关的

---

[1] 韩轶：《刑罚目的的建构与实现》，中国人民公安大学出版社2005年版，第62页。

各种事实,如犯罪人的犯罪原因、犯罪后的表现、前科及家庭环境、成长经历、性格特点、受教育情况、社会关系等。

三是量刑事实与犯罪事实具有交叉包含关系。犯罪事实的概念,在我国一直没有明确的界定。我国刑法学界的通说认为,对"犯罪事实"可以分别从广义和狭义来进行理解。[1] 笔者认为,犯罪事实的概念,应当从狭义上理解,以区别于案件事实。具体来说,犯罪事实应当是与犯罪人犯罪行为相关的各种主客观事实,而犯罪人罪前、罪后表现及个体情况等,则因与犯罪行为本身无关,不应当纳入犯罪事实的概念范畴。量刑事实与犯罪事实是交叉包含的关系,即犯罪事实中既包括定罪事实,又包括定罪事实以外的与犯罪行为相关的量刑事实,而量刑事实中既有犯罪事实中包含的量刑事实,又有与犯罪行为无关的,仅与犯罪人相关的罪前、罪后表现及个体情况等量刑事实。

据此,对量刑事实应当进行甄别分类,将量刑事实区分为与犯罪事实重合的量刑事实(即案件中存在于犯罪行为发生过程中的、定罪事实之外的各项主客观事实)和犯罪事实之外的量刑事实(即案件中存在于犯罪行为发生过程之外的、主要反映犯罪人人身危险性的各种事实);而犯罪事实之外的量刑事实,又应当区分为法定量刑情节事实(即由刑法明文规定的情节所对应的量刑事实)和酌定量刑情节事实(即刑法没有明文规定的,由审判人员根据立法和刑事政策的精神,结合审判实践经验总结、归纳的情节所对应的量刑事实),并以此分类为基础,相应构建量刑事实的证明机制。

二、独立量刑事实证明制度观点辨析

对于量刑事实的证明,有论者提出,应当构建独立的量刑事实证明制度,对量刑事实与定罪事实确立不同的证明责任、证明标准和证据可采性规则。[2] 还有论者提出,传统的刑事诉讼证据规则是以控制任意定罪为目的,"在被告人已被定罪的情况下,无罪推定适用的前提条件已经不复存在,程序正义的适用受到诸多方面的限制,证据排除规则也失去了用武之地,严格证明已经变得毫无必要。正是在该理论前提下,有关量刑证据的证据能力、量刑事实的证明责任和证明标准问题,才有了一系列有别于定罪程序的制度方案"[3]。

---

[1] 高铭暄、马克昌主编:《刑法学(第四版)》,北京大学出版社2010年版,第277页。
[2] 李玉萍:《量刑事实证明初论》,载《证据科学》2009年第1期。
[3] 陈瑞华:《量刑程序中的证据规则》,载《吉林大学社会科学学报》2011年第1期。

笔者认为,应充分肯定上述观点对于改变诉讼程序和诉讼证明理论和实践中"重定罪,轻量刑""重定罪事实证明,轻量刑事实证明"的观念和现象的积极意义,其对于无罪推定的基础理念主要是控制任意定罪,一些证据可采性规则,如传闻证据规则、品格证据规则不适用于量刑事实证明等的认识,也是完全正确的。然而,由量刑事实与定罪事实的相对独立性而推导出量刑事实的证明制度应当完全区别于定罪事实的证明制度的观点,是值得商榷的,主要理由在于:

首先,量刑事实独立于定罪事实,并不意味着量刑事实的调查和证明也要独立于定罪事实。定罪事实与量刑事实的区分在实体法上的意义在于,对于已经作为定罪事实评价的事实,不能再作为量刑事实予以评价。例如,我国《刑法》规定携带凶器抢夺的,构成抢劫罪,则携带凶器的事实就属于定罪事实,审判人员在量刑时,就不能再将携带凶器作为量刑事实,对被告人酌情从重处罚。然而,在刑事诉讼证明活动中,却不能人为地将定罪事实的证明与量刑事实的证明进行分割。例如,对于被告人盗窃人民币 3000 元,我们可以说,盗窃 2000 元的事实是定罪事实,还有 1000 元的数额则是量刑事实,但在诉讼证明活动或者法庭调查活动中,对于证明盗窃数额的证据,却不能区分为证明盗窃 2000 元的证据和盗窃 1000 元的证据,予以分别举证、质证和认定。由于我国刑法规定的量刑情节事实大多数都是与定罪事实在证明上不可分割的,而真正能够与定罪事实分开证明的,只是少部分主要反映犯罪人人身危险性的罪前、罪后量刑事实。因此,针对量刑事实建立单独的证明制度,是没有必要的。

其次,对量刑事实的证明,单独构建一套证明规则、证明责任和证明标准制度,并不符合当前世界各国立法例和司法实践。从大陆法系国家来看,对于量刑事实的证明方式,并非均与定罪事实严格区分。例如,德国对定罪和量刑事实的证明,就是采用"一元化"的证明方式,即都要求严格证明。而在日本及我国台湾地区,立法虽然并没有要求对量刑事实均采用严格证明,但也并非对量刑事实都采用自由证明方式。[①] 在英美法系国家,虽然量刑程序与定罪程序相分离,但也并未确立单独的量刑事实证明规则。相反,有论者

---

① 康怀宇:《比较法视野中的定罪事实与量刑事实之证明——严格证明与自由证明的具体运用》,载《四川大学学报(哲学社会科学版)》2009 年第 2 期。

主张对于犯罪行为的事实证明，无论是定罪事实还是量刑事实，均应当通过陪审团审理的方式来查明，而法官在量刑程序中负责查明的，只是与犯罪人相关的量刑事实。[1]

最后，针对量刑事实建立单独的证明制度，不利于维护被告人的合法权益。在我国司法实践中，犯罪事实中的量刑事实和犯罪事实外的法定量刑情节事实，一直都是由侦查机关、公诉机关负调查和举证责任的。如果将量刑事实与定罪事实适用不同的证明制度，在量刑事实的证明责任上规定"罪轻事实由被告方承担证明责任，罪重事实由控诉方承担证明责任"[2]，则对于罪轻事实，包括犯罪事实中的罪轻事实和犯罪事实外的法定从轻、减轻量刑情节事实，均将改由被告方负证明责任。考虑到我国被告人并非均有辩护人辩护及辩护人调查取证能力的局限性的实际情况，此种改变将对被告人产生极为不利的影响。即使将证明标准降低，也难以真正维护被告人在量刑程序中的合法权益。

三、严格证明与自由证明的区分

严格证明和自由证明作为大陆法系国家证据法上的基本概念，最早由德国学者迪恩茨于1926年提出，之后由德国传至日本以及我国台湾地区，并在学说和判例中得以发展。[3] 严格证明就是用有证据能力的证据并且经过正式的证据调查程序作出的证明；自由证明则是严格证明方式以外的证明方式。自由证明的证据是否在法庭上出示，出示以后用什么方式调查，均由法院裁量。[4] 一般认为，对定罪事实必须严格证明，对程序事实和部分量刑事实，则可以采取自由证明的方式。

严格证明和自由证明的区分，一般来说体现在以下三个方面：

一是证据能力的要求不同。严格证明方式要求证明事实的证据必须符合法律明文规定的证据种类，否则不具备证据资格。例如，德国刑事诉讼法规定就严格证明方法而言，必须受到"有关法定证据之限制，即被告人、证人、

---

[1] Douglas A. Berman, Ponding Modern Sentencing Process, *Journal of Criminal Law and Criminology*, Vol. 95, No. 3, 2005, p. 32.
[2] 李玉萍:《量刑事实证明初论》，载《证据科学》2009年第1期。
[3] 闵春雷:《严格证明与自由证明新探》，载《中外法学》2010年第5期。
[4] 〔日〕田口守一:《刑事诉讼法》，刘迪等译，法律出版社2000年版，第219—221页。

鉴定人、勘验及文书证件"①。法定以外的证据方法皆非合法的证据方法,法院一旦使用法定以外的证据方法来证明本案待证事实时,证据即属"未经合法调查"而无证据能力。② 而在自由证明中,对于证据的种类则不设限,事实认定者被允许使用某些在严格证明中不具证据能力之证据,例如品格证据、意见证据、传闻证据等。事实认定者在证据信息的来源和采纳证据的范围上均享有较大的自由裁量权。

二是法庭调查程序不同。严格证明方式不仅要求证明事实的证据符合法定的证据种类,还要求证据必须经过法定的调查程序,即法庭上的举证、质证、认证等各环节,才能取得证据能力。在大陆法系国家和地区,一般来说,除有合乎各该原则的例外情形之外,调查证据程序必须合乎直接、言词且公开审理原则的要求。③ 在英美法系国家,法定的调查程序一般是指在直接言词原则基础上的交叉询问。④ 而自由证明方式下,证据调查则无须经过法定调查程序。事实认定者对证据调查的方法和程序享有较为充分的选择自由,甚至可以通过查阅卷宗或电话询问的方法来调查证据并形成心证。

三是证明标准的要求不同。严格证明要求证明必须达到"排除合理怀疑"或"内心确信"的证明标准,而自由证明的心证程度,则无须达到确信程度,"只需有纯粹的可使人相信之释明程度即已足"⑤。在麦克米兰诉宾夕法尼亚州案(McMillan v. Pennsylvania)中,美国联邦最高法院曾明确阐述道:"量刑法庭传统上聆讯证据和认定事实是根本没有任何证明责任的规定。"一般情况下,"仅要求以优势证据(即可能性大于不可能性)证明事实的制度是符合正当程序要求的"⑥。

近年来,我国学者开始引入严格证明和自由证明的研究视角,对我国量刑事实证明问题进行探讨。大多数论者主张对犯罪事实之外的量刑事实,无

---

① 〔德〕克劳思·罗科信:《刑事诉讼法(第 24 版)》,吴丽琪译,法律出版社 2003 年版,第 208 页。
② 林钰雄:《严格证明与刑事证据》,法律出版社 2008 年版,第 10 页。
③ 同上书,第 14 页。
④ 〔美〕爱伦·豪切斯泰勒·斯黛丽、南希·弗兰克:《美国刑事法院诉讼程序》,陈卫东、徐美君译,中国人民大学出版社 2002 年版,第 527 页—537 页。
⑤ 周叔厚:《证据法论》,三民书局 2000 年版,第 17 页。
⑥ 但作为例外,在美国的量刑制度中,量刑法官的量刑超过定罪程序确定罪名对应的最高刑时,该事实需要证明到排除合理怀疑的程度。〔美〕约书亚·德雷斯勒等:《美国刑事诉讼法精解(第二卷·刑事审判)》,魏晓娜译,北京大学出版社 2009 年版,第 341 页。

论是法定量刑情节事实,还是酌定量刑情节事实,均应当允许自由证明。① 在此基础上,也有论者提出对被告人从重处罚的量刑情节事实,应当进行严格证明。② 还有论者主张,对于与犯罪事实重合的量刑事实,只要有利于被告人的,均应当允许自由证明。③ 也有少数人提出,自由证明只适用于酌定量刑情节事实,对法定量刑情节事实,无论是否有利于被告人,均应当进行严格证明。④

笔者认为,对量刑事实的证明方式的选择,应当兼顾保障量刑公正和诉讼效率两重价值目标,既要确保量刑事实查明的准确性,又要考虑量刑事实证明的效率问题,避免某些量刑事实的证明过程过于烦琐,从而整体上不利于这部分量刑事实查明的情况。由此,对量刑事实的证明方式应当进行区分,对与犯罪事实重合的量刑事实和犯罪事实以外的法定量刑情节事实,均应当严格证明,既要求提交的证据本身符合法定的形式,通过法庭调查的方式,经过严格的举证、质证、法庭调查查证属实,证明标准上采取"证据确实充分"的证明标准。而对犯罪事实以外的酌定量刑情节事实,则可以适用自由证明的方式。

四、严格证明在量刑事实证明中的运用

对与犯罪事实重合的量刑事实和犯罪事实之外的法定量刑情节事实,采用严格证明的方式,既符合我国现行的量刑事实证明模式,有利于确保量刑事实的准确查明,又有利于保障被告人的量刑辩护权,具有正当性和现实可行性。

对与犯罪事实重合的量刑事实,由于证明对象本身就与犯罪事实是一个整体,属于犯罪行为的组成要素,其与定罪事实的区别仅在于是否为实体法规定的基本犯罪构成的事实要素,而在证明上难以与定罪事实分割,故对该部分事实采用严格证明方式,在理论上和实践中并无太大的争议。

对犯罪事实之外的法定量刑情节事实,也采用严格证明的方式,则与我

---

① 陈瑞华:《量刑程序中的证据规则》,载《吉林大学社会科学学报》2011 年第 1 期。
② 李玉萍:《量刑事实证明初论》,载《证据科学》2009 年第 1 期。
③ 康怀宇:《比较法视野中的定罪事实与量刑事实之证明——严格证明与自由证明的具体运用》,载《四川大学学报(哲学社会科学版)》2009 年第 2 期。
④ 竺常赟:《刑事诉讼严格证明和自由证明规则的构建》,载《华东政法大学学报》2009 年第 4 期。

国当前大多数论者的主张不符。对犯罪事实之外的法定量刑情节事实采用严格证明,主要理由在于:

一是法定量刑情节是由刑法明文规定量刑时必须予以考虑的各种情节。从法定情节的性质来看,通常都是对人身危险性的评价有重大影响的事实要素。从其实际效果来看,这类情节往往对于法官作出最终量刑意见的约束比较大,对被告人具体量刑也将产生重要作用。因此,对于法定量刑情节事实的认定应当慎重,宜采用严格证明的证明方式。这也符合有学者提出的区分严格证明和自由证明适用对象的"重大争议事项"标准。[①]

二是将这部分法定量刑情节事实采用严格证明的证明方式,符合我国司法实践的一贯做法,不会加重侦查机关和检察机关的工作负担。我国刑事诉讼法也明确了检察机关在审查起诉时,应当查明犯罪事实和法定量刑情节。而且,法定量刑情节事实认定的准确性,在实践中往往也是二审、再审程序的审查内容。因此,对法定量刑情节事实进行严格证明,与现行有效的审判运行机制更相契合。

那么,对量刑事实是否应当区分为有利于被告人和不利于被告人的量刑事实,并分别采用严格证明和自由证明的证明方式?主张对有利于被告人的量刑事实进行自由证明的观点,往往认为对这部分量刑事实应当由被告人方承担证明责任,并进而基于被告人方取证能力较弱而允许采用较低的"优势证据"的证明标准。[②] 笔者认为,将量刑事实按照是否有利于被告人进行区分,并分别采用严格证明和自由证明的做法,实际上既不利于准确查明量刑事实,也不利于保护被告人的量刑辩护权利,并且难以起到提高诉讼效率的作用。

我国审判实践中,一直将犯罪事实之外的量刑事实中的法定量刑情节,作为严格证明的对象,由控方负举证责任,证明到证据确实充分的程度,这是保证量刑事实准确查明,保障被告人量刑辩护权利的一种现行有效的制度,对其不应轻易否定。如果要求对有利于被告人的量刑事实由辩护方承担举证责任,则从我国被告人获得律师辩护的比例和律师调查取证的能力的欠缺的现状来看,被告人的量刑辩护权将更加难以保障,即使将证明标准降低,也

[①] 闵春雷:《严格证明与自由证明新探》,载《中外法学》2010年第5期。
[②] 汪贻飞:《论量刑程序中的证明标准》,载《中国刑事法杂志》2010年第4期。

不能真正起到保障被告人量刑辩护权的作用。况且,在量刑事实证明实践中,对有利于被告人的量刑事实的证明标准的降低与要求公诉机关承担对该事实的证明责任,并且证明到"证据确实、充分"的法定标准,对于保障有利于被告人的量刑事实的认定,所产生的效果是基本相同的。

以一起走私毒品案自首情节的认定为例,在该案中,被告人提出在因形迹可疑被海关人员盘问时,就交代了身体内藏有毒品。海关出具的《破案经过》中,未载明上述情况,称系海关人员对被告人进行 X 光机检查后,确认系身体内有阴影,从而发现其藏毒事实。经进一步调查,两名当时查获被告人的海关关员,一人的证言称,当时发现被告人形迹可疑后,即将其带至审查室,进行 X 光机检查,被告人没有主动交代。另一人的证言则称,当时发现被告人形迹可疑后,在带其至审查室的途中,其好像指着自己的肚子,说了好像毒品之类的话,但因为两名关员都不会英语,因此,没有听清被告人说了什么。这一案件中,辩方如果提供被告人的辩解,加上一名海关关员的证言,就可以以优势证据的标准证明被告人有自首情节。如果要求控方承担证明责任,则控方要将被告人不具有自首情节证明到排除合理怀疑,显然控方无法达到该要求,故同样应当认定被告人具有自首情节。但在实践中,如果强调被告人方对自首情节的认定负证明责任,则被告人即使有辩护律师帮助,恐怕也很难获得海关关员的配合,取得海关关员证言这一关键证据。而强调公诉机关负证明责任,则公诉机关完全有能力去进一步调查取证,取得上述关键证据。由此可见,两种制度设计在事实认定效果上相同,而在实践运作中,显然是后者更能起到保障事实准确查明、维护被告人合法权益的作用。

五、自由证明在量刑事实证明中的运用

对犯罪事实之外的酌定量刑情节事实,则应当允许采用自由证明的证明方式。这主要是因为:

一是取决于这部分量刑事实的调查目的。犯罪事实及其相关证据的特点是现实性和确定性不同,酌定量刑情节事实调查需要了解被告人的人身危险性或再犯的可能性。从哲学范畴看,可能性有别于现实性,它是可能发生但现在没有发生的事实的概率。可能性的大小与量刑证据资料之间无法建立那种犯罪事实和证据之间的确定、排他性的联系,只能依靠法官的经验和心证,在掌握尽可能多的信息后对犯罪人的再犯可能性和反社会性进行判断。

二是取决于这部分量刑事实证据材料的形式。从证据材料的种类上看,反映被告人一贯表现、家庭状况等相关个人信息的证据,包括由专门机构进行量刑前调查所出具的调查报告,均是意见证据,反映一种不特定的态度、看法或倾向性,无法适用交叉询问式的反驳与质证。例如,对于证明被告人一贯表现的证据,控辩双方均无法要求所有亲自见证被告人一贯表现的人到庭展开质证。从证据数量上看,大量的酌定量刑事实证明材料,如果都采用直接言词和交叉询问的方式进行法庭调查的话,也将使庭审调查不堪重负。

三是取决于诉讼证明效率的需要。犯罪事实之外的酌定量刑情节事实,在实践中对量刑有何影响,影响的程度大小,均系由法官斟酌考虑,自由裁量决定。这类事实的认定,一般来说对量刑的实际影响不会很大,且控辩双方对此也往往很少有实质性的争议,故对这部分事实采用自由证明的证明方式,有利于提高整体的诉讼证明效率,实现司法资源的合理配置。当然,对这部分事实的自由证明,因其对被告人的刑罚可能产生实体影响,故应当保障控辩双方对这部分事实的知情权和抗辩权,适用"适当的自由证明"的方式和规则。

具体来说,对犯罪事实之外的酌定量刑情节事实的自由证明,其证明方式可以区分为两种情况。对于庭审前形成的酌定量刑情节事实,既可以在法庭调查中一并提出,又可以在量刑辩论阶段,由量刑参与各方在阐明量刑建议和意见时,出示和提交相关的证据材料。量刑前社会调查报告也可以在此阶段进行宣读,并听取控辩双方乃至被害人的意见。量刑参与各方可以对其他参与方提出的酌定量刑情节事实和相关的证据材料提出异议,并阐明相应的理由。犯罪事实之外的酌定量刑情节事实,由法官依职权予以认定,对于庭审中无争议的事项,一般可以直接采纳为量刑依据,而对于有争议的事项,则应当由法官在庭后进行调查核实,分别作出是否认定的裁量。法官在判决书中,只需将此类酌定量刑情节作为量刑理由予以表述,而无须详细列明证明酌定量刑情节事实的证据材料。

对于庭审后产生的酌定量刑情节事实,如赔偿、退赃等,可以在征求控辩双方意见后,对无争议的部分直接由法官认定,无须再次开庭。这主要是因为:首先,自由证明方式并不要求证据认定必须经过法定的调查程序,庭外征求控辩双方意见的方式,既能保障控辩双方的知情权和争辩权,又能节省司法资源,提高诉讼效率,完全符合自由证明方式的价值追求。其次,由于这些酌定量刑情节事实可能会不断产生于庭审后,如果每个庭后产生的酌定量刑情节均要再次开庭审理,会造成法庭审理无法终结的不确定性,不仅浪费诉讼资源,而且有违庭审集中进行的诉讼原则。最后,该类情节直接纳入裁量范围在实践中具有可操作性。实践中,退赔往往由被告人直接向司法机关做出,在真实性上一般不存在争议。而被害人和被告人之间产生的赔偿事实在被害人和被告人之间也不会产生争议,双方均已知悉该事实,不经过庭审也不会剥夺双方的知情权。实践中公诉人对双方的谅解协议一般也不持异议。因此,法官完全可以在不经过重新开庭质证的情况下,对该部分事实予以认定,并作为量刑理由。

第四节 量刑程序展开的方案设计

一、量刑与庭审程序的融合

构建正当、合理的量刑程序,必须心怀公平、正义之理想,目光不断往返于法律框架制度和现实法治资源之间。如前所述,建构我国相对独立的量刑程序,应当充分认识量刑程序的非诉讼本质,并考虑到现有法律制度和司法资源。要使量刑程序具有充分的正当性,还应使量刑程序符合我国现行法律的基本规定,在法律框架下进行创新,而不是突破法律的规定让其饱受争议,难以为继。同时,还要立足目前的司法实践资源,使其获得普遍的生命力。有必要通过科学合理的设计,在保障量刑参与性、公开性的基础上,尽量减少重复开庭,使量刑审理程序简便易行,操作性强,确保量刑程序改革能够取得实效。

关于如何将量刑纳入庭审,实践探索中主要有两种做法:一种是交错式的量刑程序设计方法,即在法庭证据调查和法庭辩论阶段分别区分定罪事实调查和量刑事实调查、定罪辩论和量刑辩论、定罪程序和量刑程序交叉展开;另一种是分段式的量刑程序设计方法,即在定罪调查和定罪辩论结束后,再进行量刑调查和量刑辩论。① 我们主张,设立以量刑辩论程序为形式、量刑听证为实质的量刑程序,统一设置于现行法庭辩论程序中的定罪辩论阶段之后,作为法庭辩论程序的有机组成部分。

　　这一方案与当前实践做法明显不同的是,量刑程序并不严格区分量刑事实调查阶段和量刑辩论阶段,而是将两个阶段合二为一,设立统一的量刑程序,既包含量刑事实的查证,又囊括刑罚适用的辩论,一并纳入法庭辩论程序。在庭审程序中,法庭调查阶段仍由公诉机关按照现有模式就犯罪事实进行举证,对与定罪事实重合的量刑事实和犯罪形态、主从犯区分以及自首、立功、累犯等法定量刑情节,均在法庭调查阶段通过举证、质证方式予以查明;而在法庭辩论阶段则分为定罪辩论和量刑辩论两个环节,定罪辩论结束后由法庭引导进行量刑辩论。之所以如此,原因在于:(1)量刑事实与定罪事实具有重合性,不宜截然区分。实践证明,大部分案件的绝大多数量刑依据仍然是犯罪事实,很难严格区分。② 如果生硬划分定罪事实与量刑事实的调查阶段,既不符合人们对被告人犯罪事实认知的客观规律,也会由于实践中控、辩、审三方对区分标准掌握不一而产生庭审无序现象。(2)酌定量刑情节的查证可以设置在量刑辩论阶段。影响量刑的事实包括定罪事实、法定量刑情节和酌定量刑情节。对于定罪事实和法定量刑情节,在法庭事实调查阶段可以采用交叉询问的方式查明;对于酌定量刑事实,则可以在法庭辩论阶段采用言词陈述的方式查明。因为酌定量刑情节适用自由证明的标准,放在辩论阶段也可核实。例如,被告人户籍所在地派出所出具的表现良好证明、青少年个体情况调查报告等,仅仅是反映一种信息或者人身危险的可能性,不必传唤证人交叉询问严格证明。再如,被告人庭审认罪态度的酌定情节产生于庭审过程中,控、辩、审三方均能确认,无须再次质证。(3)有利于衔接现行实践做法,增强现实操作性。实践情况表明,被告人一贯表现、附带民事赔偿、退赔赃款、认罪态度等主要酌定情节一般都在法庭辩论阶段提出,这也是当前司法实践中辩方提出量刑意见及其依据的主要方式。延续现行法庭调

---

　　① 李玉萍:《构建我国相对独立的量刑程序的思考》,载《人民司法》2009年第3期。
　　② 例如,被告人的年龄可能是犯罪构成要件事实,也可能是从轻、减轻刑罚的法定情节,或者是酌定量刑情节;案发经过证据,虽然是典型的反映自首的证据,可能在强奸案件中也是证明犯罪的证据,在交通肇事罪中是升格处罚的情节;累犯和前科在盗窃案件中可能是成罪证据或者升格处罚的事实。强调犯罪事实和量刑事实的断然划分,容易在法庭上造成公诉人、审判人员对庭审调查对象的认识错位。

查和法庭辩论模式,使量刑程序的建构与当前司法实践做法衔接更加顺畅,可以有效避免量刑程序建构所带来的制度性冲击,增强程序运作的可操作性。

同时,对被告人认罪与不认罪案件的量刑程序不作明显区分,而是适用统一的量刑程序模式。不论是简易程序还是普通程序,量刑均只在一个量刑辩论阶段完成。如果被告人对定罪无争议的,如简易程序审理的案件和被告人认罪的普通程序简化审理案件,进入辩论阶段后可直接进行量刑辩论。对于被告人不认罪案件,如果被告人和辩护人愿意发表量刑意见的,可在法官引导下进入量刑辩论程序,并不影响其对定罪问题的辩护。如果被告人不认罪且坚持在定罪前不进行量刑辩论的,如果合议庭评议后或者经审委会讨论后认为确实构成犯罪的,可在合议庭对被告人作出有罪释明之后进行量刑辩论。无论在哪个阶段,量刑程序的结构模式是一致的。在量刑辩论环节,控辩双方均可以归纳法庭调查阶段查明的全部与量刑有关的事实和情节,结合宣读并提交证明其他酌定量刑情节(如退赔赃款、认罪态度、赔偿情况等)的证据材料,综合提出对被告人量刑的具体建议或意见,并展开辩论。法官也可以依职权发问,查明相关量刑情节。简洁一致的量刑程序设置可以适用不同的程序,使得量刑程序具有灵活性和实用性。

二、量刑程序展开的一般程式

(一)作为量刑辩论基础的法庭调查

我国采用罪、责、刑相统一的刑罚观,犯罪事实既是确定罪名的基本依据,也是裁量刑罚的主要或全部依据。因此,法庭调查阶段调查犯罪事实是整个定罪辩论与量刑辩论的基础。此点亦为我国刑事诉讼法律所肯定。构建相对独立的量刑程序,可以依托现有的法庭调查制度资源。在法庭调查阶段,公诉机关按照现行法庭调查模式就指控案件的全案事实进行举证、质证,不区分定罪事实和量刑事实调查阶段。对于被告人以案发经过为证据形式的自首、立功等法定量刑情节,应在法庭调查阶段通过交叉询问的方式予以调查;对于被告人年龄、职务等重要身份资料、累犯、存在前科劣迹等个人情况,相关证据材料也应一并在此阶段查明,且要经过交叉询问式的庭审调查程序进行调查。① 上述事实的证明均要达到事实清楚,证据确实、充分的严格证明标准,以作为刑罚裁判的基准。另外,在量刑辩论阶段,如果各方提供的证明材料涉及基本犯罪事实和法定量刑情节的,应当恢复法庭调查,对该证明材料进行质证。这符合现行法律规定和严格证明的诉讼原理。

但是,对于酌定量刑情节和被告人量刑相关的个人信息,则可在量刑辩论阶段一并调查。证明酌定量刑情节的证据应当听取庭审各方意见后才能作为量刑依据。在庭审前产生的,应当在法庭上出示;对于庭审后产生的上述证据,法官可以在征询控辩双方意见后,视情况决定是否再次开庭进行量刑答辩,并在判决书中进行表述。征询意见的方式可以灵活多样,比如电话征询,但一般而言,庭审后产生的酌定量刑证据无须再次开庭质证,可直接作为量刑裁量的依据,同时须在裁判文书中说明量刑理由。原因在于:首先,法定情节之外的酌定量刑情节,如退赃、赔偿被害人等,可以纳入自由证明的范畴,无须经过严格的庭审程序即能作为量刑基础。征询控辩双方意见后,即可作为量刑的依据。其次,由于这些信息可能会不断产生于庭审后,如果每个庭后产生的酌定量刑情节均要再次开庭审理,会造成法庭审理无法终结的不确定性,浪费诉讼资源,有违庭审集中进行的诉讼原则。再次,该类情节直接纳入裁量范围不会损害控辩双方的辩护权。被害人和被告人之间产生的赔偿事实在被害人和被告人之间不会产生异议,双方均已知悉该事实,不经过庭审也不会剥夺双方的知情权。最后,实践中对被告人一贯表现、赔偿协议、认罪态度等量刑资料均可在庭审辩论阶段发表量刑意见时出示并发表意见。

所以,对于定罪事实、自首、立功、累犯、未成年等法定量刑情节,应当采用严格证明的方式,即在法庭调查阶段,由公诉人承担举证责任,通过讯问、举证、质证等方式,予以查明,并采用较高的证明标准。对于赔偿、退赃、被害人是否谅解、被告人个人情况、一贯表现、认罪悔罪态度等酌定量刑情节,可以采用自由证明的方式。对于自由证明的量刑事实,无须在裁判文书中描述事实及列举证据证明,而是应当作为量刑理由进行说明和阐述。对于庭后产生的赔偿、退赃、被害人谅解等情节,无须再次开庭,在得到控辩双方确认后,

---

① 康怀宇:《比较法视野中的定罪事实与量刑事实之证明——严格证明与自由证明的具体运用》,载《四川大学学报(哲学社会科学版)》2009 年第 2 期。

即可以作为量刑理由,并且在判决中予以表述即可。

（二）量刑辩论程序的推进

法庭调查结束后,法官应当进行释明,宣布进入法庭辩论阶段,首先对公诉机关指控的罪名是否成立进行辩论,然后进行量刑辩论。量刑辩论程序中,量刑事实证据的调查和量刑辩论一并进行。法官可引导控辩双方、被害人或社区矫正机构工作人员等各方依次阐述量刑理由、出示证据材料并发表量刑意见。庭审各方在量刑辩论时还可以对他方提出的证据材料、量刑理由和量刑意见提出质疑或进行答辩。辩护方认为自己无罪的,可以根据被告人意愿选择性辩论(下文详述)。辩护方发表量刑意见的,不影响其对定罪问题的辩论。

量刑辩论程序按照以下顺序进行：(1) 公诉人、自诉人及其委托代理人阐述量刑建议；(2) 被害人及其委托代理人陈述量刑意见；(3) 被告人及其辩护人进行量刑答辩；(4) 宣读社会调查报告。并非所有刑事审判程序中都有上述参与人到庭,但是不论简易程序还是普通程序,被告人参与的权利是不可剥夺的,其余项均视具体案件类型选择性进行。量刑辩论应当展开一轮,基于诉讼效率的考虑,一般不得超过两轮。

（三）协作式的量刑听证结构

(1) 法官依职权主导量刑程序决定量刑。量刑程序属于听证式,而非诉讼式,法官是程序的主导者和刑罚的决策者,应积极、全面地查明量刑相关事实,不受"不告不理""无罪推定"等诉讼原则的制约。发挥主导者和决策者功能,法官应当注意：首先,利用释明权和程序控制权引导和维护量刑程序的顺利进行。法官需要进行释明的环节有进入庭审辩论阶段的释明、进入量刑辩论的释明、被告人不认罪量刑程序选择权的释明、被告人确定有罪的释明、量刑理由的阐述等。程序释明是量刑各方参与庭审的必要前提。其次,积极主动查核证明材料,调查事实。法官应当注意听取公诉人、被告人及其辩护人、附带民事诉讼原告方及社区矫正组织工作人员提出的量刑意见。必要时,法官可以对庭审各方的量刑意见进行询问。同时,在庭审后,法官应当对庭审后产生的涉及量刑的事实(如民事赔偿、退赔赃款等)进行调查核实。最后,依法决定刑罚。法官根据调查的事实和各方理由,依托已经掌握的事实和信息,最终依职权作出量刑裁决。

（2）控方发表量刑建议。公诉人在量刑辩论中虽然仅是量刑参与方之一，但由于其代表国家追诉犯罪的道义立场，公诉人应认真地发表量刑建议。控方可以在量刑辩论时归纳案件的基本犯罪事实，总结案件中的法定、酌定量刑情节，并结合被告人在庭审中的表现情况，当庭发表量刑建议，同时宣读和出示相关证据材料，阐述理由支持量刑建议。在其余各方发表量刑意见后，可以有针对性地发表辩驳意见。在简易案件中，公诉机关可在起诉书中提出量刑建议，简易程序中公诉人不出庭的，可由法官代为宣读公诉方的量刑建议。法官应当充分听取被告人及其辩护人的量刑答辩意见。

（3）被害人发表量刑意见。被害人参与量刑程序的重要性毋庸置疑。作为保障被害人权益的一种手段，被害人意见在影响被告人量刑方面的作用逐渐凸显。考虑到实践中被害人出庭的情况，可以设计被害人出庭和不出庭两种发表被害人意见的方式。在量刑辩论阶段，参加庭审的被害人及其委托代理人可以就被害情况及量刑相关意见进行陈述；被害人不出庭的，也可由公诉人代为宣读被害人书面陈述或相关工作记录。①

（4）被告人及其辩护人发表量刑答辩意见。除少数无罪辩护的案件外，绝大多数被告人最关注的问题是量刑问题。进行量刑答辩，听取其意见，是体现庭审程序对被告人权利保障力度的重要设置。例如，美国联邦最高法院强调在量刑听证环节维持宪法所要求的正当程序，给予被告人必要的程序保障。② 在缺乏辩护人的量刑程序中，公诉人、法官应当积极主动行使职权查明案件事实、掌握与量刑相关的被告人人身情况，客观、合理量刑。毫无疑问，在量刑辩论中，被告人及其辩护人可以归纳量刑的法定情节、酌定情节，出示相应的证据材料，并就刑罚适用发表具体意见，以供法官裁量刑罚时参考。

（5）量刑调查报告的出示。量刑调查报告是由社区矫正机构或者被告人居住地的基层司法组织制作的被告人一贯表现等量刑相关社会评估报告。在判处非监禁刑或者未成年人的审判程序中经常性适用。必要时可由法庭

---

① 主要理由是：其一，被害人作为与量刑结论直接相关的诉讼参与人，应当赋予其参与量刑过程和影响量刑结论的权利和机会，国外相关实践中，被害人均享有在量刑听证程序中进行"被害人影响陈述"的权利；其二，被害人参与量刑审理阶段，并独立发表意见，有利于其理性对待公诉人的量刑建议和法院的量刑结论；其三，考虑到实践中被害人往往没有能力或者不方便到庭参加诉讼，可以由公诉人代为宣读被害人的书面意见，《人民检察院刑事诉讼规则》第261条规定，检察院在审查起诉时，应当听取被害人意见，并制作相关笔录。

② 〔美〕菲尼、〔德〕赫尔曼、岳礼玲译：《一个案例，两种制度——美德刑事司法比较》，郭志媛译，中国法制出版社2006年版，第152页。

传唤相关工作人员出庭发表量刑意见。考虑到目前社会调查报告形成的实际情况,我们建议设立法院主动委托调查的职权模式和当事人自行调查的当事人模式并存的工作方案。对于拟判处非监禁刑的案件和未成年人案件,法院可委托社区矫正机构调查被告人的社区表现及人身情况,并向法院出具社区调查报告。被告人及其辩护人也可申请地方司法机关、公安机关和社区矫正部门制作并向法庭呈交社区调查报告。当然,考虑到少数当事人可能利用关系提供虚假证明,应强调法官依法履行职责,仔细甄别当事人自行提供材料的真伪。

三、不认罪案件的量刑程序

被告人不认罪的情形,如何设计量刑程序,这是现行法律制度下相对独立量刑程序设计的瓶颈。[①] 为摆脱罪未定、先辩刑的有罪推定困境,针对不认罪案件应进行甄别分类,然后采取不同的做法:一种是对于被告人不认罪,但同意参加量刑审理的,可以参加量刑审理,量刑程序继续进行;一种是被告人不认罪也不同意参加量刑辩论的,量刑审理不再进行,待被告人的有罪结论确定后,再决定是否进行单独的量刑审理程序。适当分类的做法具有一定的必要性和可行性:首先,被告人不认罪的,应当通过量刑程序的设计,充分保障辩护方参与量刑辩论的诉讼权利,不能因为辩护方坚持无罪辩护,就丧失行使量刑辩护权的机会。其次,实践中对于被告人不认罪的案件,当庭宣判率极低,往往要经过庭后阅卷、调查和讨论,才能作出有罪结论。如果对于被告人不认罪的案件,一律采用定罪程序和量刑程序完全区分的方式,会造成诉讼资源的紧张,难以保障审判效率。再次,实践中被告人不认罪的情形非常复杂,既有被告人对起诉指控的多个罪名部分认罪、部分不认罪的情形,也有共同犯罪案件部分被告人认罪、部分被告人不认罪的情形,还有被告人不认罪、而辩护人作罪轻辩护等情形,区分定罪程序和量刑程序,会增加实践操作的复杂性。最后,量刑听证程序不区分被告人认罪和不认罪,而是以被告人的选择权作为动力,按照辩护方的意见分类递进,既能涵盖被告人不认罪的复杂情形,又能充分保障作无罪辩护的一方的量刑参与权,还能减少重复开庭,满足审判效率要求,具有较强的可操作性。其中的要点是赋予被

---

① 陈卫东:《量刑程序改革的一个瓶颈问题》,载《法制资讯》2009 年第 5 期。

告人量刑程序选择权,同时确保法官应当加强释明,保证辩护方知晓己方权利,并引导程序的进程。

(一)不认罪案件审理中保障被告人量刑程序选择权

在不认罪案件中,被告人具有量刑程序的选择权。在量刑程序相对独立的情况下,赋予辩方量刑质证、辩论程序的选择权,[①]是程序民主化、科学化的体现。作无罪辩护的被告人及其辩护人可以放弃就量刑问题提供证据和发表意见的权利,也可选择继续参与量刑听证程序就量刑问题展开辩论。被告人不认罪的,辩护人可以视情参与量刑审理程序。法庭在定罪辩论结束后,应当告知辩方参加量刑辩论不影响其对定罪问题的辩护。辩方还可以选择不当庭发表量刑意见,由法庭记录在案。合议庭可告知未发表量刑意见的辩方书面提交量刑意见。如果辩护方既不认罪又不愿进行量刑答辩的,可以选择在定罪结论形成之后申请再次开庭进行量刑听证程序。被告人及其辩护人补充提交的量刑书面意见和材料中,涉及基本犯罪事实和法定量刑情节,确属需要再次开庭的,法庭应当决定再次开庭。

在被告人不认罪的案件审理程序中,庭审法官的释明和庭审指挥显得尤为重要。进入量刑程序,法官可以在关于定罪的辩论完毕后,告知被告人及其辩护人:"被告人(辩护人)有权对量刑事实进行举证、质证并发表辩护意见,或在庭审后提交书面意见。被告人(辩护人)也可在合议庭对本案是否构成犯罪得出结论后再申请进行量刑答辩。现在进行量刑答辩的,不影响已经作出的无罪辩护。"有了法庭的提示,如果被告方愿意继续参加量刑听证程序的,不会觉得十分突兀。被告人可以庭审后提交书面的量刑建议材料以作为权利的救济手段。如果被告方不作量刑辩护的,法官则主导庭审继续进行。如果合议庭评议或者审委会讨论认为被告人构成犯罪的,法官应告知被告人及其辩护人定罪结论,询问是否申请进行量刑答辩。确有必要的,法官可通知其在一定期限内准备进行量刑辩论程序。

(二)"告知—答辩"程序化解量刑程序瓶颈

在被告人不认罪也不愿进行量刑答辩的普通程序审理案件中,可以在定罪程序审理完毕后,借鉴大陆法系国家改变公诉罪名时的"告知—答辩"程序

[①] 肖波:《定罪程序与量刑程序的自然衔接——上海浦东新区法院的量刑程序试点经验》,载《中国审判》2009年第8期。

方法向控辩双方进行罪名是否成立的释明,然后进入量刑答辩程序,保障控辩双方对量刑的参与权,相应突出量刑程序。听取各方量刑答辩后,法官对案件定罪量刑一并作出正式的宣判。

在被告人不认罪的案件中,由于现行制度的制约,定罪与量刑程序彻底分离无法实现。但为了防止弱化无罪推定原则,避免罪未定、先辩刑的逻辑尴尬悖论,可以考虑采用"告知—答辩"程序实现量刑程序的相对独立。庭审可先进行犯罪事实的审理,确定被告人是否构成犯罪,然后合议庭休庭评议。如果需要报审委会确定的,则报审委会评议。经评议最终认定被告人无罪的案件,重新开庭时可判决无罪;经评议认定构成犯罪的案件,则需由法官向控辩双方进行有罪释明,告知控辩双方、被害人关于合议庭认定被告人构成犯罪的结论,并重新开庭进入量刑程序。由于量刑各方已经被预先告知需进入量刑程序,可充分准备参加量刑答辩,不再有未定罪先辩刑之虞。量刑程序结束后,待合议庭评议后再正式进行定罪和量刑的宣判。

"告知—答辩"程序是否违反了刑诉法的法理和相关规定?笔者认为不然。第一,法官在宣判之前告知当事人定罪的倾向性意见有外国法的实践,于理不悖。大陆法系国家的检察机关负责控告事实而法院负责适用法律,因此法院可以改变公诉罪名,但是宣判前必须依照法定"告知—防御"程序告知双方欲变更的罪名,给予双方准备时间进行答辩,避免造成突袭审判,尤其保障被告人的辩护权。[1] 这种告知—防御程序设置被称为罪名变更的程序性限制模式,如《德国刑事诉讼法典》第 265 条(法律观点变更)的规定[2]和《法国刑事诉讼法典》第 351 条的规定。[3] 这时,法官可以就公诉事实是否构成犯罪问题已经形成的倾向性意见告知双方,保障双方的辩护权。量刑程序前的定罪释明与此同理,可以借鉴,没有违背不告不理、控审分离的审判原理,并提示了下一个程序的开展,有其合理性、经济性。第二,相对分离的量刑程序本身符合我国《刑事诉讼法》关于庭审质证、辩论、宣判的程序规定。我国刑诉法规定有新的事实需要进行法庭调查、辩论的可以恢复法庭调查和辩论。法庭告知控辩双方被告人有罪的评议结论,并不是正式的定罪宣判,仅是法庭心

---

[1] 谢佑平:《刑事司法程序的一般理论》,复旦大学出版社 2003 年版,第 356 页。
[2] 〔德〕托马斯·魏根特:《德国刑事诉讼程序》,岳礼玲、温小洁译,中国政法大学出版社 2004 年版,第 74 页。
[3] 《法国刑事诉讼法典》,余叔通、谢朝华译,中国政法大学出版社 1997 年版,第 131 页。

证的公开。还需要进行量刑辩论的可在宣判前重新恢复法庭辩论,可谓于法有据。第三,释明权是法官固有的权力,积极行使程序的释明权是法官履行职权的表现。庭审中法官为了保障双方的权利,维护庭审秩序,使庭审顺利进行,有权进行案件审理情况方面的释明,保障庭审各方的质证、辩护权。

四、认罪案件的量刑程序

在被告人认罪案件中,为了确保审理的特殊方式和程序能够在实践中真正发挥提高诉讼效率的作用,必须充分发挥量刑在引导被告人诉讼行为上的重要功能。因此,我们有必要对如何准确把握被告人认罪案件的量刑原则,进行深入探讨。

(一)被告人认罪案件量刑从轻原则

对于被告人认罪案件中认罪的被告人,应当确立量刑从轻的原则。量刑从轻原则具体到适用不同程序的案件,有不同的体现方式。对于适用普通程序简化审理的案件中认罪的被告人,在审判实践中量刑上可以予以从轻处罚。这是因为适用普通程序简化审理只是审理方式上的改变,其必须在现有诉讼法规定的框架内操作,因此其量刑从轻原则只能是通过审判人员根据案件具体情况,在自由裁量限度内尽可能予以体现。而对于适用被告人认罪案件审理特别程序的案件和适用轻微案件快速审理程序的案件中认罪的被告人,应当在诉讼法修改或者司法解释中规定应当从轻处罚。

1. 量刑从轻原则的依据

被告人认罪案件量刑从轻原则的依据,主要有以下三个方面:

首先是法理依据。我国量刑的主要依据是通过犯罪性质、犯罪情节所反映出的犯罪的社会危害性和犯罪人的人身危险性。犯罪人在犯罪行为实施后的表现虽然不能影响犯罪的性质,但却能够反映犯罪人主观恶性的程度,也反映出其今后再实施犯罪的人身危险性的大小。因此,对于犯罪人在犯罪后的表现,从法理上来说,是应当作为对犯罪人量刑时的考量依据的。事实上,在大多数国家的刑事法律中,都将被告人认罪作为法官量刑时必须考虑从轻或减轻处罚的理由。被告人认罪案件中,被告人承认指控的犯罪基本事实,并积极接受法院的审判。这完全能够反映其对犯罪行为有所悔悟,且再犯可能性较小。因此,对其从轻量刑是符合一般预防和特殊预防相结合的刑罚目的的。在量刑时一味强调犯罪的社会危害性而忽视犯罪人人身危险性的做法是不恰当的。

其次是政策依据。被告人认罪案件量刑从轻原则与我国"坦白从宽"的刑事政策是具有一致性的。"坦白从宽,抗拒从严"是我国一项基本的刑事政策,它是在我国长期打击刑事犯罪的工作实践中总结出的正确经验,在实践中也取得了良好的效果。尽管有一些主张沉默权观点的学者主张取消这一政策,①但笔者认为,这一政策与沉默权并不矛盾,它是符合刑罚基本理论和精神的,应当长期坚持,并且要予以"法律化"②,在立法上予以体现。尤其是对于"坦白从宽",近年来在实践中一些审判人员出现忽视的倾向,这是不正确的。被告人认罪案件量刑从轻,就是对"坦白从宽"政策在法律上的确认和体现。

最后是实践依据。对认罪的被告人从轻量刑,也是顺利推进认罪认罚从宽制度的需要。要保证被告人认罪案件的特别审理方式和程序真正在实践中发挥程序分流,提高诉讼效率,节约司法资源的作用,就必须对被告人自愿认罪、配合快速审理的行为予以充分的肯定和鼓励。从人性趋利避害的角度考虑,从轻量刑必然能够促使一些处于对抗或配合审判的矛盾心理的被告人选择认罪,并接受简易审理方式。因此,量刑从轻应成为认罪案件简易审理的必要配套措施。

2. 量刑从轻原则的运用

在审判实践中运用被告人认罪案件量刑从轻原则,应当着重把握以下两点:

一是对于从轻幅度的把握。在被告人认罪案件中体现量刑从轻原则,应当有一定的幅度限制。如果从轻的幅度过小,则不能达到鼓励被告人认罪的效果。而从轻幅度过大,则违背了罪刑相适应的原则,还可能产生诱使被告人认罪的负面效果。因此,在审判实践中,量刑从轻应当以在不考虑认罪因素的前提下,衡量案件其他影响量刑的因素对被告人应处的刑罚为基准,在此基准上予以该基准刑期 1/6 以上 1/3 以下的从轻处罚。③同时,这一减轻也

---

① 三川、江晓阳:《一个政策将成为历史,因为——坦白从宽是诱供、抗拒从严是逼供》,载《中国青年报》1999 年 6 月 24 日第 6 版。

② 冯伟:《论坦白从宽的法律化》,载《江苏公安专科学校学报》2001 年第 6 期。

③ 以基准刑期的比例作为限制从轻的幅度系笔者借鉴意大利刑事诉讼法的相关规定,根据我国刑罚体系具体情况而提出的想法。

必须在被告人应当适用的法定刑幅度以内。也就是说，如果犯罪人的基准刑期为有期徒刑 6 年，则从轻后应当在有期徒刑 4 年至 5 年之间量刑，但如果被告人应适用的法定刑幅度为 5 年以上有期徒刑的，就只能以 5 年为从轻量刑的底线。

二是对于应当判处死刑、无期徒刑的案件如何体现量刑从轻原则的把握。由于应当判处死刑、无期徒刑的案件均是案件性质十分严重的犯罪，对此类犯罪应当从严打击，而且对这类案件在定案证据上要求也更为严格。因此，在这类案件中如果被告人认罪的，在量刑从轻上应当更为慎重。可以将被告人认罪作为决定量刑的一方面因素，但不应作为主要因素，更不应作为法定情节考虑。

（二）被告人认罪案件量刑从轻与辩诉交易

1. 量刑从轻不同于辩诉交易

辩诉交易是指由检察官与辩护律师在法院开庭审判之前对被告人的定罪和量刑问题进行协商和讨价还价，检察官通过降低指控或向法官提出减轻量刑的建议来换取被告人作有罪答辩。[①] 它是在美国刑事诉讼实践中形成的，并得到联邦最高法院的确认，在美国联邦法院和各州法院普遍实行的一项诉讼制度。被告人认罪案件量刑从轻与辩诉交易均是基于被告人认罪，而且最终的结果都是认罪的被告人获得较轻的刑罚，从某种角度来看具有一定的相似性。但必须明确的是，我国的被告人认罪案件量刑从轻与辩诉交易存在本质上的区别。

首先，被告人认罪案件在提起公诉阶段并没有控辩双方的协商。控方可以鼓励被告人认罪，也可以要求辩护人建议被告人认罪。控方可以告知被告人及其辩护人量刑从轻的原则，但不能给予具体的刑期上的承诺，更不能与辩方讨价还价，形成协议。其次，被告人认罪案件审理中，公诉机关虽然有量刑建议权，但其量刑建议对法院没有约束力，而在辩诉交易中，控辩双方的协议对法院的量刑具有约束力。最后，辩诉交易中，法院认可控辩双方的协议后，无须审理，也不要求案件达到法定的证明标准，可以在经审查认为"被告人认罪有事实依据"[②]的条件下径行作出有罪判决。而被告人认罪案件仍然

---

① 熊秋红：《辩诉交易的实践及其评析》，载樊崇义主编：《诉讼法学新探》，中国法制出版社 2000 年版，第 563 页。

② 《美国联邦刑事诉讼规则和证据规则》，卞建林译，中国政法大学出版社 1996 年版，第 46 页。

需要经过开庭审理,控方提供的证据仍然要符合法定的证明标准方能定案。综上,绝不能将被告人认罪案件的从轻量刑与辩诉交易混为一谈,更不能在被告人认罪案件审理实践中,将辩诉交易的某些做法搬用过来。在目前阶段,试图将普通程序简化审理引导到辩诉交易上是不可能取得成功的。

2. 我国应否引入辩诉交易制度

在美国,通过辩诉交易处理、未进入开庭程序的案件数量占刑事案件总数的 90%。[①] 辩诉交易制度极大地提高了刑事诉讼效率,节约了司法资源,对于确保美国对抗式审判的顺利实施起到了重要的、不可或缺的作用。德国、意大利等传统的大陆法系国家也在刑事诉讼中借鉴美国辩诉交易制度,形成了各自特色的"辩诉交易"制度,在实践中也起到了良好的效果。在我国推进认罪认罚从宽制度过程中,也有观点主张引入辩诉交易制度。

笔者认为,辩诉交易制度虽然在提高诉讼效率上能够发挥重要作用。但即使在美国,该制度也是一直存在争议的,原因在于辩诉交易制度本身存在着许多无法克服的弊端。美国芝加哥大学教授斯卡勒胡弗尔指出:"辩诉交易挫败了公众对于有效实施法律的利益期待,否定了被告作有力抗辩的利益且对可能在审判中赢得无罪判决的无辜者处以不当的刑罚","辩诉交易是一场灾难,它能够也应当被废除"。[②] 我国引入辩诉交易,至少会出现导致判决实体错误增加、不利于被告权利的保护、检察官权力过大而产生新的腐败以及量刑上失去平衡性等诸多弊端,而且还必须面对我国未确立沉默权、辩护律师参与诉讼程度较低、客观真实的证明标准、有错必纠的再审制度等种种制度上难以逾越的实施辩诉交易的前提条件的缺乏。因此,我国不应引入辩诉交易制度。通过量刑从轻原则的确立和被告人认罪审理程序的完善,我们完全能够在实践中有效地实现程序的繁简分流,确保诉讼效率的提高和诉讼任务的完成。事实上,在没有实行辩诉交易制度的英国,刑事法院被告人作有罪答辩的比例也达到了 65%,[③] 而同样没有实行辩诉交易的日本,其刑事

[①] 宋冰编:《读本:美国与德国的司法制度及司法程序》,中国政法大学出版社 1998 年版,第 395 页。

[②] 〔美〕斯蒂芬·J. 斯卡勒胡弗尔:《灾难性的辩诉交易》,载江礼华、〔加拿大〕杨诚主编:《外国刑事诉讼制度探微》,法律出版社 2000 年版,第 271 页。

[③] 程味秋主编:《外国刑事诉讼法概论》,中国政法大学出版社 1994 年版,第 31 页。

案件被告人在公审法庭上作有罪答辩的比例也超过了90％，①因此，可以有根据地预计我国可以通过特别程序的设计，将70％以上的一审刑事案件适用被告人认罪案件审理特别程序进行简易化审理，完全满足司法资源合理分配的现实需要，而无须引入可能产生种种弊端的辩诉交易制度。

（三）被告人认罪案件的量刑程序展开

1. 被告人认罪案件的量刑程序设计

重点是要实现量刑程序与定罪程序的自然衔接。实现程序自然衔接的关键，是法官要对控辩双方的质证和辩论进行引导，避免出现程序"裂缝"。②在认罪案件中，大多数案件的犯罪事实就是主要的量刑依据，所以法官在庭审调查开始时可以提示"对犯罪事实进行法庭调查"，而不仅是"对定罪事实进行法庭调查"。犯罪事实包含定罪事实、其他基本犯罪事实、法定刑升格情节以及法定量刑情节。我们审理案件时习惯将犯罪事实作为一个整体进行证明，而不是人为地分割为定罪事实和具有量刑意义的犯罪情节、量刑情节等。例如，自首、立功等法定量刑情节一般在查明犯罪事实时也一并举证证明，这样符合人们的认知习惯。在量刑辩论阶段，法官可以引导控辩双方、被害人或社区矫正机构等量刑参与各方依次出示量刑证据材料、阐述量刑理由、发表量刑意见。量刑参与各方在量刑辩论时还可以对他方提出的量刑证据材料、量刑理由和量刑意见进行质疑和答辩，涵盖已经在犯罪事实调查阶段出示过或者发表过的量刑证据和意见。这样程序会比较连贯自然，又能突出量刑阶段。

2. 部分认罪、部分不认罪的案件的量刑程序

该类案件混合了认罪与不认罪程序，但量刑问题同样可以通过量刑辩论程序得到较好的解决。在统一设置的量刑程序中，被告人均有进行量刑答辩的权利和机会。如果被告人不认罪而且不进行量刑答辩的，可以在罪名确定后发表量刑意见。具体包括两种情况：一是在一名被告人被指控犯多个罪名的案件中，被告人只对部分罪名表示认罪的，应当对其承认的罪名发表量刑意见，也可以对全部指控罪名发表量刑意见。被告人作无罪辩护的罪名部

---

① 〔日〕田宫裕：《被告人的地位及其口供》，载〔日〕西原春夫主编：《日本刑事法的形成与特色》，李海东等译，法律出版社1997年版，第299页。

② 肖波：《定罪程序与量刑程序的自然衔接——上海浦东新区法院的量刑程序试点经验》，载《中国审判》2009年第8期。

分,可以在法庭作出有罪释明后再发表量刑意见。二是在多名被告人被指控犯多个罪名的案件中,部分被告人不认罪的,全部被告人均可以在量刑辩论程序中发表量刑意见。不认罪而且不发表量刑意见的,可以在法庭作出有罪释明后再发表量刑意见。但是,由于考虑到案件的复杂性,如果被告人对大部分罪名或者大部分被告人均不认罪,并且不愿在罪名确定前进行量刑答辩的,法庭可以在有罪释明后再次开庭进行量刑答辩程序,以便集中地、直观地听取量刑意见,查明量刑事实。

五、其他特殊案件的量刑程序

相对独立的量刑程序既有统一模式之简洁共性,又有不同类型案件中的丰富个性,方能充分适应不同类型案件的特点,满足不同案件类型的需要。

(一)关于有辩护律师和没有辩护律师的案件

在有辩护律师参加的庭审中,应该保障辩护律师的证据先悉、调查取证的权利,调动辩护律师积极举证参加量刑辩论。辩护权是被告人的核心权利,获得辩护律师帮助的权利在我国需要进一步加强。

在没有律师参加的庭审中,缺乏辩护律师的被告人由于缺乏量刑举证的能力和机会,量刑证据的举证责任应更多地由检察官、法官与社区矫正机构来共同承担,客观公正量刑。公诉人应客观地发表辩护意见,包括被告人从轻、减轻处罚的意见。法官可以依照职权查明被告人的相关信息,或委托社区矫正机构制作非监禁刑征询意见报告。法官可以依职权调查被告人人生经历、社会环境、家庭情况、犯罪动机等量刑信息,也可以委托专门的调查机构制作量刑报告。

(二)关于刑事自诉案件与附带民事诉讼案件

在自诉案件中,更强调法官加强庭审引导和释明,保障量刑程序的合理、有序进行。从刑法和刑诉法的规定来看,我国的自诉案件主要包括告诉才处理的案件和被害人有证据证明的轻微刑事案件,案件的性质比较轻微,而且可以适用调解与和解。司法实践中,此类案件多属于民间纠纷引发,或者在相识的人之间产生,但如果处理不当,容易引发矛盾激化。如果法官加强引导,积极化解矛盾,强调社会和谐,加强社区调查和当事人之间的矛盾化解工作,可以使自诉案件得到比较圆满的解决。例如,双方和解之后可以撤诉,避免刑罚的运用;被告人对被害人进行赔偿,可以创造酌定量刑情节,减轻对被告人的刑事处罚。

同样,在刑事附带民事诉讼案件的处理中,加强法官的释明,使被害人得到赔偿,双方矛盾得到沟通、稀释和化解,可以创造比较重要的酌定量刑情节,使得被告人、被害人和社区关系得到一定的修复,从而使刑事处罚个别化的原则得以实现,实现对被告人的从轻处罚,也贯彻了刑事司法宽严相济的原则。

(三)关于未成年人犯罪案件

未成年人刑事案件有自身特点,应在相对独立的量刑听证程序的基本原理之上,结合未成年被告人的特殊性,构建量刑程序。未成年人审判程序应设立专门的量刑程序。在量刑时应遵循未成年人犯罪案件审理原则,保证公诉人、被告人及其辩护人、被害人等庭审各方的充分参与,共同协作,合理量刑。

对未成年被告人量刑时,应根据法庭或委托的基层组织制作的未成年被告人社会调查报告,酌情决定刑罚。

第五节 量刑程序改革的制度配套

一、规范和公开量刑的实体标准

量刑实体标准的规范和公开,是量刑公开的重要内容,也是量刑程序功能充分发挥的重要保障。量刑公开,包括量刑的标准公开、量刑的过程公开和量刑的理由公开,三者相辅相成,缺一不可,是量刑透明度的基本内容和衡量标准。[1] 量刑的标准公开,不仅使得诉讼参与各方及社会公众能够预测和认同量刑结果,同时也使得相对独立量刑程序的设置,能够真正起到促进量刑过程的参与性和合理性,增强量刑结论的可接受性等作用。具体表现在:

第一,有利于控辩双方及其他诉讼参与人对量刑程序的参与。公开和规范的量刑标准,使得公诉方在提出量刑建议、被告人及其辩护人进行量刑辩论、被害人发表量刑意见时都有明确的依据,能够充分调动各方的积极性,引

---

[1] 余剑:《量刑公正之程序保障探讨》,载《人民司法》2004年第5期。

导各方合理地进行诉讼行为、理性地发表量刑意见。

第二,有利于量刑的法庭审理程序顺利进行。诉讼参与各方在明确的量刑标准指导下提交量刑证据,发表量刑意见,量刑的庭审才会更加具有针对性,量刑的辩论才会更加有效,才能更加充分地调查影响量刑的事实和情节。量刑标准不规范和不公开,庭审时各方各执一词,势必造成庭审的无序,量刑庭审的效率和效果难以保证。①

第三,有利于法官在裁判文书中阐明量刑理由。实践中,法官在裁判文书中对量刑理由的阐述不充分,很大程度上是因为缺乏明确、具体的量刑标准。法官在量刑实践中,往往是根据法定刑幅度、量刑情节等因素,依靠经验进行"综合估堆"式的评判,以得出量刑结论。② 有了明确、规范的量刑标准,法官根据量刑事实、情节对基准刑的调节有了具体的依据,就能够在裁判文书中充分展示其量刑理由。

第四,有利于增强诉讼参与各方对量刑程序公正的认同度。量刑的程序公正,要求量刑结论应当在诉讼参与各方的充分参与下形成,量刑程序应当具有程序自治性。各方在规范和公开的量刑标准指导下发表量刑意见,法官能够具体阐明采纳和不采纳的理由,就能有效避免量刑结论看似与各方的参与无关的情况,确保各方对量刑程序公正的认可度和对量刑结论的接受度。

近年来,最高人民法院积极稳妥地推进量刑规范化工作,并在历次探索中不断修改、完善量刑方法,从最初确立"以定量分析为主、定性分析为辅"的量刑方法,后来修改为"以定性分析和定量分析相结合",再修改为"以定性分析为基础,结合定量分析",最终确立了"以定性分析为主,定量分析为辅,依次确定量刑起点、基准刑和宣告刑"的量刑方法。③ 这是规范量刑实体标准的重要探索和尝试,对于确保量刑程序改革目标的实现,也具有重要和积极的意义。但与此同时,还必须确保量刑标准的公开,以充分贯彻量刑公开原则,保障量刑程序的有效开展。对于量刑规范化试点工作中量刑标准的公开,本书建议:一是在制定和完善量刑规范化指导意见时,要加强与检察机关、司法行政部门的沟通,积极听取律师协会等社会组织的意见,扩大量刑标准制定

---

① 胡云腾:《构建我国量刑程序的几个争议问题》,载《法制资讯》2008年第6期。
② 石经海:《论量刑基准的回归》,载《中国法学》2021年第5期。
③ 《常见犯罪量刑指导意见起草人:量刑规范了,可总体保证司法公正》,https://www.bjnews.com.cn/detail/162607786314543.html,最后访问日期:2022年2月20日。

的参与面。二是在试点过程中,要适时向社会公众公开试行的量刑标准,广泛征求各方面的意见。三是在量刑标准确定后,要及时通过相关媒体向社会公布,并做好解释和说明的工作。四是在量刑标准确定后,还要成立专门机构,对量刑标准运作的效果进行观测和评估,并根据具体情况,适时对量刑标准进行调整和完善。只有充分保障量刑标准的公开性,才能使之真正起到规范法官量刑裁量权的作用,赢得诉讼参与各方和社会公众的广泛认同。

二、健全和完善量刑的内部工作机制

量刑纳入法庭审理程序后,庭审方式的改变必然带来刑事审判工作机制的变化。只有不断完善和创新现有工作机制,使之与量刑程序相对独立后的刑事审判工作需要相适应,才能确保量刑程序改革取得实效。目前应当重点完善以下三方面的配套工作机制:

(1)建立量刑程序的庭前告知制度。各地法院在量刑规范化试点工作中的经验表明,充分的庭前准备工作可以有效保障量刑审理活动的顺利进行。量刑程序的庭前告知制度,是指法庭在庭前准备阶段,就量刑程序的相关事项向控辩双方及其他诉讼参与人进行必要的提示、告知和释明,使他们能够对量刑程序充分了解并有效参与。量刑程序庭前告知的内容,主要包括当事人的诉讼权利、公诉机关的量刑建议、量刑的庭审程序以及量刑情节等。而对于公诉机关的告知,则应当通过相应的工作沟通机制,尽量衔接审、检双方在量刑程序方面的有关制度和举措。量刑程序的庭前告知,一般应当是在送达起诉书副本时以书面方式进行,必要时也可以采取口头方式并进行释明。

(2)完善量刑的评议和讨论机制。量刑程序的相对独立,不仅应当体现在量刑的法庭审理程序中,还应当体现在庭后的评议和讨论过程中。合议庭在庭后的评议阶段(含专业法官会议讨论阶段)及审判委员会讨论阶段,均应对定罪和量刑问题分别进行评议。对量刑的评议过程和讨论结果,应当充分说明理由并制作笔录。合议庭评议后还应当制作量刑评议表格,将基准刑、调节刑和裁量权行使的理由均填写在表格上。评议表格应载入案卷以备查考。① 同时，对于个案量刑确实需要偏离量刑规范的，应当赋予合议庭及审判委员会相应的裁量权，从而使量刑决策更加合理。

（3）尝试量刑的判后释明制度。裁判文书应当对量刑进行充分说理，但作为主要记载裁判的事实和法律依据的法律文书，其说理内容也不能过于烦琐。因此，为保证量刑说理的充分性，应当提倡尝试建立量刑的判后释明制度，就不便在裁判文书中展开但又需要作出说明的量刑理由进行判后释明，这有利于疏导来自诉讼参与各方及社会公众的压力，树立司法权威。目前，一些法院对重大经济、职务犯罪案件、社会比较关注的热点案件，如北京市第二中级人民法院审理的原中石化董事长陈同海受贿案、广州市中级人民法院重审的许霆盗窃案等，采用各种方式对量刑进行判后释明，均取得了较好的社会效果。

三、探索和构建量刑的调查报告制度

量刑调查报告制度，是指由专门机构或人员对被告人的性格特点、家庭情况、成长经历、社会交往情况及实施被指控的犯罪前后的表现等进行调查，并制作书面报告以供法庭量刑时参考的制度。量刑调查报告制度，是量刑程序的一项重要配套制度，它源于"刑罚个别化理论、教育刑理论和罪犯人权处遇理论"②，为西方国家量刑程序所普遍采用，发挥了积极的实践作用。在我国构建和探索量刑调查报告制度，有以下三个方面的重要意义：

（1）有利于最大限度地获取被告人的个人信息。为保证科学、合理的量刑结论，法官必须尽可能充分地获取被告人的相关量刑信息。量刑调查报告制度的建立，为此提供了便利，有利于法官合理判断被告人人身危险性的大小和改造的难易程度，进而实现量刑的实质公正。

（2）有利于了解社会公众对量刑的意见。量刑调查报告制度通过吸纳社会组织或社会调查员的参与，将获取被告人个人情况和了解社会公众意见结合起来，一定程度上能够掌握公众对被告人再社会化可能性的意见，体现了司法倾听民声、反映民意的精神，有利于充实司法民主的内涵和促进社会

---

① 上海市浦东新区人民法院在量刑规范化试点中采取该做法，取得了较好的效果。目前该做法已在上海地区量刑规范化试点法院中予以推广。

② 高一飞：《论量刑调查制度》，载《中国刑事法杂志》2008年第9期。

和谐。①

(3) 有利于保障刑罚的个别化和顺利执行。量刑调查报告制度通过关注被告人的人格特征、所处环境、平时表现等个人信息,帮助法院选择最有效的刑罚措施,保障刑罚的顺利执行,从而能够更好地实现教育和矫正罪犯的目的。

目前,我国量刑调查报告制度仍处于探索阶段,实践中对于调查报告的适用范围、制作主体和具体程序设计等问题均存在较大争议。应当从以下三个方面构建我国的量刑调查报告制度:

(1) 逐步扩大量刑调查报告制度的适用范围。鉴于我国司法资源的有限性和社区矫正制度尚不成熟,量刑调查报告应当首先在非监禁刑案件和少年犯罪案件中适用,在条件允许的情况下,再逐步扩大到其他刑事案件。

(2) 明确量刑调查报告的制作主体。目前,各地对于调查报告制作主体的规定并不一致。② 应当由法院委托司法行政机关进行量刑前调查。在我国目前开展的社区矫正试点工作中,基层司法行政机关是主要的工作主体,③其在对被告人进行全面调查的同时,也可以提前熟知被告人的情况,有利于实现审判和执行工作的良好衔接。

(3) 规范量刑调查报告的制作和出示程序。法院在受理案件后,应当将起诉书副本连同调查委托函移送司法行政机构,司法行政机构应及时指定社会调查员开展调查。调查报告应在开庭前移送法院,并由法院在庭前提供控辩双方阅看。庭审时,社会调查员一般应作为独立的诉讼参与人(而不是证人)参加量刑辩论程序④,宣读量刑调查报告,并接受控辩双方的质询。控辩双方对量刑调查报告提出异议的,法庭应当在庭后进行核实。

---

① 李玉萍:《量刑与社会调查报告》,载《法制资讯》2008 年第 6 期。
② 如青岛市法院系统试行由关心下一代工作委员会的退休老干部担任社会调查员;合肥市中级人民法院试行由未成年人保护机构选定社会调查员;北京市门头沟区人民法院试行由基层司法所的工作人员担任社会调查员;秦皇岛市海港区人民检察院试行由检察机关进行社会调查等。冯卫国:《未成年人刑事案件的审前调查制度探讨》,载《青少年犯罪问题》2007 年第 1 期。
③ 最高人民法院、最高人民检察院、公安部、司法部 2009 年 9 月 2 日联合下发的《关于在全国试行社区矫正工作的意见》,要求从 2009 年起在全国试行社区矫正工作,并规定,"人民法院……对依法可能适用非监禁刑的被告人,在审理中可以委托司法行政机关进行审前社会调查,并将有关法律文书及时抄送司法行政机关"。
④ 以上海市长宁区人民法院为例,在未成年人审判庭内专设社会调查员席,与证人席相对应。社会调查员在法庭上不被视为证人,而是独立的诉讼参与人。

四、改革和完善我国的刑罚制度

量刑程序相对独立的功能之一,就是保障量刑的实体公正,因此,有必要探索完善我国的刑罚制度,使得个案中对量刑问题的辩论更有针对性和实效性,充分调动诉讼参与各方参与量刑程序的积极性和主动性。

具体来说:一是要完善量刑的原则和根据。我国《刑法》第 61 条规定的量刑根据是"犯罪的事实、犯罪的性质、情节和对于社会的危害程度"。该量刑根据存在强调犯罪的客观危害程度,忽视被告人的个人情况等因素的问题,未能充分体现刑罚个别化原则和量刑的实质公正目标的要求。要使得量刑程序真正起到查明量刑事实和情节、关注被告人个体情况、确保量刑实体公正的作用,就必须进一步完善我国的量刑原则和根据,将被告人的个人成长经历、一贯表现、犯罪后的悔罪表现等反映其人身危险性和再犯可能性的因素,纳入量刑根据之中,丰富量刑辩论的内容,增强量刑辩论的实效。

二是要延长有期徒刑的上限和无期徒刑的最低服刑期限。实践中存在的有期徒刑最高刑期较短、无期徒刑实际执行期限不够长,无期徒刑与死刑之间、无期徒刑与十五年有期徒刑之间在刑罚轻重程度上衔接不够紧密的问题,不仅不利于正确贯彻宽严相济的刑事政策,也不利于量刑程序,尤其是中级法院量刑程序的开展。如果通过立法修改相关规定,提高有期徒刑的上限,并且延长无期徒刑的最低服刑期限,形成更为科学、紧凑的刑罚体系,就能给中级法院的刑罚裁量留下更大的空间,从而能够确保量刑程序中量刑辩论的有效开展。

三是要尝试采取短期刑罚的替代措施。量刑辩论要真正取得实效,应就刑罚种类的适用、刑罚替代措施的采用等问题展开充分的讨论,从而更有效地针对被告人的个体情况采取相应的惩罚和矫正措施,充分体现刑罚个别化的原则。笔者建议:一是可以建立宣告犹豫制度。对符合条件的被告人,暂时不宣告其有罪,在一定期限内交特定机构对其进行监督考验。如果被告人在此考验期限内遵守相关规定,则不再作有罪宣告。[①] 二是可以完善社区矫正制度。对于犯罪情节轻微的未成年被告人,可以采取强制社区服务等刑罚替代措施,以避免服刑期间的"交叉感染",节省社会资源。三是可以建立强

---

① 张明楷编:《外国刑法纲要》,清华大学出版社 1999 年版,第 427 页。

制训诫制度。对于犯罪情节较轻的被告人,尤其是未成年被告人,可以减轻处罚,判处非监禁刑,并相应地在宣判时进行教育训诫,指出其违法犯罪的原因、危害性及利害关系,促使其真心悔过、改过自新。

总之,量刑公正是刑事正义的最终落脚点,司法公正的灵魂所在。近年来,以程序改革规范法官量刑裁量权,确保量刑公正,已在学术界和实务界达成广泛的共识。因此,量刑程序的研究和实践探索,必然要聚焦在如何设计量刑程序和构建相关的配套制度上。建构我国相对独立的量刑程序,不能照搬英美国家的分离式量刑程序模式,构建与定罪程序相分离的完全独立的量刑程序,也不能寄希望于"将量刑程序构建作为刑事审判方式改革的突破口"[1],对现行的普通程序、简易程序进行制度化的改造。而是要将符合量刑程序建构一般规律的听证式量刑程序结构模式,契合我国国情和审判实践,区分不同的案件类型,纳入现有的法庭审理模式当中,并逐步构建和探索相应的配套性制度,确保量刑纳入庭审活动后的效果。我们坚信,只要在实践中确立合理和务实的改革路径,并将量刑程序改革作为一个系统化的工程有计划、有步骤地推进,量刑程序改革就一定能获得内在的实践动力和生命力,使改革的成果真正体现时代的呼吁、人民的司法需求,推动刑事审判工作的科学发展。

---

[1] 陈瑞华:《定罪与量刑的程序分离——中国刑事审判制度改革的另一种思路》,载《法学》2008年第6期。

第五章

刑事诉讼证明标准制度改革探索

刑事诉讼证明标准问题既是一个重大的理论问题,也是刑事诉讼实践中迫切需要解决的问题。我国刑事诉讼在很长一段时间内适用"证据确实充分"的证明标准,而英美法系则长期采用"排除合理怀疑"的证明标准。2012年我国《刑事诉讼法》修改时,引入了"排除合理怀疑"的内容,对"证据确实充分"的证明标准进行补充和完善,但在具体实践中,人们对于如何理解两种证明标准的关系以及如何确定排除合理怀疑的标准等仍存在较大争议。[1] 本章对"排除合理怀疑"证明标准在英美刑事审判中的运用情况进行了分析,并对我国"证据确实充分"证明标准在刑事审判中运行的实践情况进行了考察,揭示了两种证明标准在功能实现上的一致性和互补性,并在此基础上提出应当将"排除合理怀疑"证明标准作为我国"证据确实充分"证明标准的一种辅助性证明标准的观点,并阐释了其实践意义。

第一节 刑事证明的内涵

刑事证明的内涵是证据理论研究的重中之重。在刑事诉讼中,证明占有极为重要的地位,刑事证明概念的界定,与刑事证明标准紧密相连。

一、刑事证明的概念

在我国,对刑事证明的传统表述有"刑事证明是指以公安司法机关及其

---

[1] 2012年《刑事诉讼法》第53条引入了"排除合理怀疑"的表述,但在实践中,对如何理解该表述与证据确实充分证明标准的关系,以及如何判断是否达到排除合理怀疑的标准等仍存在较大争议,甚至也有观点认为我国原有证明标准原本包含了排除合理怀疑的内涵,无须再单独列明"排除合理怀疑"。对此,有必要对"证据确实充分"和"排除合理怀疑"的适用关系进行分析,并论证《刑事诉讼法》引入"排除合理怀疑"的必要性和合理性,同时也需要进一步探索排除合理怀疑的具体标准。

办案人员为主体,当事人及其辩护人、代理人参与所进行的收集、运用证据以认定案件事实的诉讼活动,即贯穿于刑事诉讼全过程中查明案件事实真相的活动"①。"刑事诉讼中的证明,是指在刑事诉讼的进行过程中,运用证据查明案件事实真相的活动,也就是确定是否发生了犯罪、谁是犯罪人以及罪责轻重等有关事实的活动,证明是办案人员运用证据确定案件事实的过程,证明活动必须依照法定程序,以事实为根据,以法律为准绳,证明的过程贯穿于刑事诉讼的各个主要阶段之中。"②从广义上理解,刑事诉讼证明还包括当事人和其他诉讼参与人依法提供证据、运用证据证明自己所主张的事实的活动。这种传统的刑事证明概念在长期的司法实践和研究中被习惯使用,在我国的司法体制和诉讼制度框架内,能有效地实现对案件事实的查明及惩罚犯罪、保障人权的价值功能。英美法系国家通常将证明界定为双方当事人或控辩双方在法庭上举证以说服法官确认本方所主张的案件事实的活动。我国也有一部分学者主张采用这种英美式的证明概念。

有学者对刑事证明作出新的注释,将刑事证明进一步区分为自向证明和他向证明。"司法活动中的证明,就是指司法人员或司法活动的参与者运用证据明确或表明案件事实的活动。这包括两层含义:一是提出事实主张的当事人、律师、检察官等用证据向法官说明或表明案件事实存在与否的活动;二是法官运用证据查明和认定案件事实的认识活动。狭义的证明,仅指前一种意义上的证明。其中,当事人、律师、侦查人员和公诉人是他向证明的主体,在某些情况下可以成为自向证明的主体。审判人员则只能是自向证明的主体。"③这种区分弥补了传统证明概念中对法院的证明与当事人的证明不加区分的不足,又克服了将证明仅限于审判阶段的不足,对刑事诉讼活动有着实际的指导意义。

刑事证明作为社会科学领域的一种证明,首先是人们主观对客观发生的社会事件的一种认识活动,要遵循一般的认识规律,符合形式逻辑和辩证逻辑的一般规则。但刑事证明与自然科学领域的证明及其他社会证明相比,有着自己的特殊性。它是追溯已经发生的客观事实,由办案人员通过收集和运用证据进行推理判断,获得对案件事实的正确认识,其结论需要经过历史的

---

① 陈光中主编:《刑事诉讼法学(第二版)》,北京大学出版社2009年版,第165页。
② 甘明秀主编:《刑事诉讼实用大全》,河北人民出版社1993年版,第135页。
③ 何家弘、刘品新:《证据法学》,法律出版社2004年版,第197页。

检验。同时，刑事证明作为一种具体的诉讼行为，必须接受诉讼法律规范和证据制度的约束，并承载一系列的法律价值。因而，刑事证明还要体现司法规律和特点，以保障准确认定案件事实，为实现公正、高效、权威的司法提供扎实的基础。

1. 刑事证明的主体

作为一种重要的诉讼行为，刑事证明具有阶段性，不同的诉讼阶段有不同的证明主体，法律对不同的证明主体所要求的证明标准有所区别。不同的诉讼模式，对刑事证明主体的认识有所不同。在英美法系国家，一般认为诉讼证明的主体是国家公诉机关和诉讼当事人，其理由是法庭审理前收集、提取证据只是为在法庭上的诉讼证明创造条件。诉讼证明的目标是通过法庭审理向裁判者证明，以说服作为裁判者的法官确认或接受自己的诉讼主张并达到法律所要求的程度，最终获取有利的判决。[1] 作为大陆法系的德国，其证据法规定在各种诉讼中，法院都承担探明事实真相的义务，应当依职权查明一切对裁判有意义的事实。在职权原则和探明义务的范围内，法院是证明的主体，当事人或参加人是最重要的证明主体，要承担主要的证明责任。[2] 从我国《刑事诉讼法》的规定和实践来看，刑事证明活动存在于侦查、起诉、审判的整个诉讼过程，诉讼证明的主体包括当事人、律师、侦查人员、公诉人员和审判人员等。

2. 刑事证明的对象

刑事证明的对象是指刑事诉讼中需要运用证据加以证明的事实情况，也称为证明客体、证明标的、待证事实。明确证明对象，才能确定举证和证明责任承担的范围，才能在诉讼证明中目标明确，准确及时地查明对诉讼有意义的事实。不同的证明对象，对证明标准的要求也有所不同。比如，从总体上来讲，实体法事实的证明标准应当高于程序法事实的证明标准。关于刑事证明对象，学术界主要有案件事实说、争议事实说和法律要件事实说三种观点。"案件事实说"认为，刑事诉讼的证明对象主要包括实体法事实和程序法事实两大方面内容。刑事诉讼中实体法事实的证明对象主要包括：有关犯罪构成方面的事实，有无不追究刑事责任的事实，与处刑有关的事实，犯罪嫌疑人、

---

[1] 卞建林主编：《证据法学》，中国政法大学出版社 2000 年版，第 264 页。
[2] 何家弘主编：《外国证据法》，法律出版社 2003 年版，第 428 页。

被告人的基本情况和悔罪表现等。《刑事诉讼法》中程序法事实的证明对象主要包括：关于管辖的事实、关于回避的事实、影响采取强制措施的事实、耽误诉讼期限是否有不能抗拒的原因等正当理由的事实、违反法定程序的事实、其他需要证明的程序事实等。"争议事实说"认为，证明的概念应界定为审判阶段当事人证明自己的诉讼主张的活动，进而认为证明对象应当是当事人之间的系争要件事实。卞建林教授认为，证明对象是证明主体的对称，亦称证明客体、待证事实，指证明主体运用一定的证明方法所欲证明的系争要件事实。证明对象有广狭两义，狭义上的证明对象仅针对诉讼中的实体性要件事实而言，而广义上的证明对象还包括诉讼中的程序性要件事实以及非诉讼中的要件事实。① "法律要件事实说"认为，"案件事实说"的表述过于宽泛，而"争议事实说"又略显狭窄。熊秋红在此基础上提出了法律要件事实说，将刑事证明对象表述为"法律要件事实"。② "法律要件事实"既要受到实体法所规定的归责要件及程序法、证据法的限制，还要受到控辩双方诉讼主张的制约及刑事诉讼模式的影响，而不是包括与案件有关的全部客观事实。

3. 刑事证明过程

刑事证明是与法庭审判紧密联系的概念，解决的是在审判程序中由谁提出诉讼主张并加以证明的问题。③ 因此，严格意义上的刑事证明只存在于审判阶段，其要旨乃在于通过法庭上的举证论证使担任事实裁判者的法官或陪审团采信与确认己方的事实主张。在现代刑事诉讼中，侦查为起诉之准备，起诉书所指控的被告人犯罪事实是侦查机关侦查终结对案件事实作出的认定结论，或者是公诉机关对侦查部门关于案件事实所作结论的采信。但由于现代诉讼只有法院有权对被告人作有罪之确认，因此起诉书所指控被告人之犯罪事实，只是公诉机关关于被告人犯罪的一种事实主张，是公诉人在法庭上进行证明的起点和对象。可见，庭审前的收集、提取证据只是为法庭上的证明活动奠定基础，创造条件，而不属于严格意义上的刑事证明。

4. 刑事证明的动因

刑事证明受证明责任所影响或支配。亦即法律（包括实体法和程序法）

---

① 卞建林主编：《证据法学》，中国政法大学出版社 2000 年版，第 276 页。
② 熊秋红：《刑事证明对象再认识》，载王敏远主编：《公法（第四卷）》，法律出版社 2003 年版，第 12 页。
③ 卞建林主编：《刑事证明理论》，中国人民公安大学出版社 2004 年版，第 16 页。

对诉讼中的证明责任分配有明确规定,如果依法承担证明责任的诉讼主体对待证事实即证明客体的证明未能达到法律要求的标准,则要承担相应的法律后果,最直接的不利后果就是可能面临败诉的风险。在刑事证明的各个构成环节中,证明责任是衔接各个环节的桥梁和纽带,它不仅直接决定证明的主体,而且通过行为责任与证明客体联系起来,通过结果责任与证明标准联系起来,因此证明责任可谓刑事证明的中心环节。刑事证明的实质,就是证明主体履行其证明责任,将对证明客体的论证达到证明标准的活动。整个刑事证明活动均在证明责任的支配和作用下进行,不承担证明责任者就没有证明的义务,也无证明的必要。证明责任不仅提供了证明的动因,而且确定了证明的目标,这一目标即证明客体和证明标准的统一。一方面,证明将在多大范围内进行,这是证明客体所要解决的问题;另一方面,证明需要达到什么样的程度,这是证明标准所回答的问题。总之,对刑事证明的准确理解离不开对证明责任作用的正确认识。

5. 刑事证明的属性

刑事证明不仅仅是一种抽象的思维活动,还是一种具体的诉讼行为,直接受各类诉讼法律的规范和调整。具体而言,它是一项旨在使法官相信系争事实存在与否的过程,包括经由对证据的审查而采信,对全案证据作综合评价而获得心证,以作为判决依据之整个过程。刑事证明是一种具体诉讼行为或曰诉讼活动的命题,在我国证据理论研究中早已提出,早期的证据学教科书对证明概念的界定,最后均落到诉讼活动上来。但是,在传统的证据理论中,往往过于强调刑事证明作为认识活动的属性,而忽视其作为一种具体诉讼行为的诉讼属性,这大概与认识论在传统证据制度中唯一的理论基础地位不无关系。刑事证明是一种认识活动,但并不仅仅是一种认识活动,而是"抽象思维活动与具体诉讼行为的统一"[①]。有人把证明的基本属性归纳为"证明的主观性"与"证明的法律性",其中主观性就是指证明作为一种人的主观意识活动的特征,其法律性则是指诉讼中证明必须依法进行,也就是诉讼中的一切证明活动必须合法。法律性是刑事证明所特有的属性。[②]

刑事证明作为一种具体诉讼行为的属性,主要体现在以下几个方面[③]:首

[①] 何家弘主编:《新编证据法学》,法律出版社 2000 年版,第 263 页。
[②] 向燕:《刑事客观证明的理论澄清与实现路径》,载《当代法学》2022 年第 3 期。
[③] 卞建林主编:《刑事证明理论》,中国人民公安大学出版社 2004 年版,第 17—18 页。

先,诉讼是以解决利益争端和纠纷为目的的活动。在解决争端和纠纷的过程中,裁判者固然会通过审查诉辩双方提供的证据材料,对争议中案件事实作出揭示,但这种对事实的揭示只是为争端和纠纷的解决提供一定的事实基础作依据,创造一定的条件,而不是诉讼的终极目的。定分止争、断狱息讼才是刑事证明的最终目标。诉讼中争议事项的解决,虽然通常以查明争议事实为基础,但并不是必然前提。在很多情况下,如民事诉讼中推定的运用、刑事诉讼中疑罪从无规则的适用等,裁判者的裁判结论作为对有关利益争端和纠纷的解决方案,并没有建立在案件事实真相得到查明的基础上。换言之,诉讼所蕴含的认识活动即使不能最终完成,或者并无任何明确的结果,裁判者也必须作出旨在解决争端的法律裁判结论。

其次,刑事证明是在程序法规制下进行的活动。"程序法定"原则是三大诉讼法共同适用的基本原则,"诉讼必须依法进行"的要求一方面体现在裁判者在诉讼中必须正确适用实体法的有关规定,另一方面体现在整个诉讼活动要受到程序法的调整和规范。这些调整和规范使得诉讼中的证据运用活动不仅包含一种特殊的事实认定过程,而且还负有实施程序法的责任。程序法对刑事证明的影响主要表现在:裁判者在审查判断证据时要保持适当的消极性和被动性,遵循"不告不理"原则,审判受起诉范围限制,不能任意扩大需要认定和裁判的事实范围;裁判者对原被告双方之间争端的解决一般主要应限制在法庭上,限于对原被告双方提交的证据材料和提出的意见进行听审和裁判;裁判者必须以开庭方式审查证据,通过直接、言词、集中、辩论的方式解决原被告双方的利益争端;诉讼受严格的时间限制,刑事证明不可能无休止地反复进行,而必须在法定期间内终结;法院经法定程序所作的判决结论,包括有关证据的采纳、事实的认定和实体法的适用,一旦发生法律效力,就具有一定的终结性和权威性,新的诉讼的启动必须受到极为严格的法律限制。

最后,刑事证明活动蕴涵着一系列法律价值的实现和选择过程。如果说认识活动所解决的主要是"实然"的问题,也就是客观事实真相究竟是什么的问题,那么,伦理评价和价值实现活动则是要回答"应然"问题,也就是什么是善,什么是恶,什么是公平、正义,什么是不公平、非正义的问题。诉讼活动直接涉及一系列法律价值的选择和实现过程,例如,刑事法官经过审判发现控诉方掌握了一定的有罪证据,但证明被告人有罪的证据并不确实充分,也就是案件处于"疑罪"的状态,这时究竟是作出有罪判决还是疑罪从无呢?如果作有罪判决,从形式上看是惩罚了犯罪,但有冤枉无辜之嫌;而如果选择无罪判决,虽确保使无罪者免受错误的追究,但又有放纵犯罪之虞。显然,对以上问题的解答,属于典型的价值评价和价值选择的问题,与认识活动关系不大。

二、刑事证明与邻近概念的区分

1. 刑事证明责任

在刑事证明概念中,证明责任与证明标准是两个紧密相关的概念。证明责任不仅集中、动态地体现于整个审判过程中,并直接影响着诉讼的结果,而且早在审判开始之前就已经在指挥着人们的诉讼行为,因此,能否很好地履行证明责任是诉讼成败的关键。《布莱克法律词典》对证明责任的解释为:"在证据法中,肯定地证明一项事实或当事人提出的争议事实的必要或义务。当事人通过证据在事实裁判者或法庭心中建立对事实所必需信念的义务。证明责任包括两种不同的概念:一是说服责任,根据传统的观点在诉讼程序中不能从当事人一方转移到另一方;二是提出证据的责任,在审判过程中在当事人之间可以来回转移。证明责任可以要求当事人一方提出有关事实存在或不存在的合理怀疑,也可以要求当事人一方通过优势证据,或者通过清楚的令人信服的证明,或者通过超出合理怀疑的证明,确认某一事实的存在或不存在。《加州证据法典》第115条规定,在刑事案件中,所有的犯罪要素必须由控诉方证明到排除合理怀疑的程度。确立一项事实的责任,指说服事实裁判者事实的存在比不存在更有可能。"[①]有法谚云:"证明责任乃诉讼的脊梁",如此评价证明责任似乎并不过分。不仅如此,证明责任在诉讼证明的理论体系中也堪称"脊梁"。这是因为,在诉讼证明的各个构成环节中,证明责任是唯一能与其他各环节都直接相连的要素,是衔接其他各个环节的桥梁和纽带,它不仅直接决定了诉讼证明的主体,从而为其证明行为提供了依据;而且通过为证明主体科加未尽证明责任之时要承担败诉风险的结果责任,说明了一切证明行为的动因,这一点在证明责任的概念中便可显而易见。所谓证明责任,是指证明主体为了使自己的诉讼主张得到法院裁判的确认,所承担的提供和运用证据支持自己的主张以避免对于己方不利的诉讼后果的责任。

---

① *Black's Law Dictionary*, Abridged Sixth Edition by the Publisher's Editorial Staff, p.135.

可见，诉讼证明的实质，就是证明主体履行其证明责任，将对证明客体的论证达到证明标准的活动，整个诉讼证明活动均在证明责任的支配和作用下进行。①

对证明概念认识的不同决定了证明责任概念的不同。我国证据法理论中的传统观点将证明责任区分为证明职责和举证责任。司法机关承担的叫证明职责，当事人承担的叫举证责任。这种观点本身无论从理论上还是从实践上，都是能自成体系的，并且在我国的证据法学理论中占据主导地位。有的学者主张证明责任与举证责任是等同的，而且应当使用证明责任的表述，证明责任只适用于有诉讼主张的主体，具体内容包括提出证据的责任、说服责任和不利后果的承担责任。这种观点基本采用了美国证明责任的概念。但是，这种概念对司法机关的自向证明没有研究和体现。有学者指出，证明责任是指他向证明的主体为证明自己的诉讼主张而承担的证明上的责任。而自向证明的主体为了认定事实从而作出裁决而承担的证明上的责任，叫做证明职责。② 证明责任与证明职责最主要的区别在于证明责任可以体现为风险的负担，而证明职责不存在风险负担的问题。

在我国的公诉案件中，公诉人承担证明责任，被告人总体上不承担证明责任，但在特定的情况下承担一定的证明责任。根据我国的情况，犯罪嫌疑人、被告人对其辩护主张应负提出相关证据或证据来源的证明推进责任的特定情况，应包括如下几个方面：主张有阻却违法性的事由存在；主张有阻却犯罪构成要件的事实存在；主张有阻却刑事责任的事由存在；主张有刑事诉讼法所规定的不追究刑事责任的情况存在；主张有从轻、减轻处罚的事由存在；主张其他辩护事由存在，且只有犯罪嫌疑人、被告人才有可能提出有关证据或证据线索的情况。③ 这些情况，一旦犯罪嫌疑人、被告人提出相应证据或证据线索，有关主张是否成立的证明责任仍回归到控诉机关身上。

证明责任与证明标准是一个紧密相关的概念，即承担证明责任的主体对证明对象证明到何种程度方可卸除证明责任。从另一个方面讲，当证明达不到法律规定的证明标准时，法官就应当根据证明责任来进行裁判。"证明责任是从诉讼主体角度观察的证明标准，实质上是证明标准的主体化；证明标

---

① 卞建林主编：《刑事证明理论》，中国人民公安大学出版社2004年版，第174页。
② 李玉华：《刑事证明标准研究》，中国人民公安大学出版社2008年版，第15—18页。
③ 刘金友主编：《证据法学（新编）》，中国政法大学出版社2003年版，第230页。

准是从诉讼客体角度观察的证明责任,实质上是证明责任的客体化,二者互相配合,形影相随。"①

证明职责与证明标准也是紧密相关的。当自向证明的主体对证明对象的证明达到法律规定的证明标准时,就可以作出相应的裁决。如果证明未达到法律规定的证明标准就作出相应裁决的话,那么自向证明的主体就没有尽到证明职责,当然所产生的后果与他向证明主体未尽到证明责任所产生的后果是不同的:不会产生主张不能成立的风险问题,但是可能会影响到对自己工作质量的评价。

我国刑事诉讼中的证明责任理论是在借鉴国外刑事诉讼的证明责任理论和我国民事诉讼证明责任理论成果的基础上发展起来的,经历了从否定证明责任理论到肯定证明责任理论、从简单确认到分层理论的确定、从静态理论向动态理论的不断发展和完善过程。虽然目前我国刑事诉讼中的证明责任理论已较为成熟,但是有关证明责任理论的争论并未停止,原因在于目前的理论研究存在一些自身难以克服的缺陷,主要表现在:第一,缺乏对影响刑事诉讼中的证明责任分配的一些基本原则进行研究,如无罪推定原则、有利于被告原则等,这些原则应是研究证明责任分配的前提。第二,证明责任理论本应是沟通实体法与程序法之间的桥梁,一般而言,哪些问题可以作为裁判意义上的证明对象是由实体法决定的。因此,为了明确证明对象的外界边线,应当明确实体法规范的有关规定。而现有的关于刑事诉讼中的证明责任理论研究明确侧重在程序法方面,缺乏运用程序法与实体法理论对其进行综合研究。第三,虽然目前关于证明责任理论的研究已跨越了与诉讼进程的动态不相适应的静态研究阶段,并明确了证明责任的双重含义,但对行为责任的理论研究略显粗略,如在诉讼的启动和推进过程中,证明主体的证明对象比较含混、证明标准欠明确等。②

2. 刑事证明标准

根据《布莱克法律词典》:"证明标准是当事人履行证明责任如何使证据确信而必须达到的状态。主要的证明标准有:排除合理怀疑(只用于刑事案

---

① 汤维建、陈开欣:《试论英美证据法上的刑事证明标准》,载《政法论坛》1993 年第 4 期。
② 黄维智:《刑事证明责任研究:穿梭于实体与程序之间》,北京大学出版社 2007 年版,第 144—145 页。

件)、清楚和有说服力的证据、优势证据。"①证明标准与证明的程度含义相同。证明标准在我国有不同的表述。有学者认为:"证明标准,是指承担证明责任的诉讼一方对待证事实的论证所达到的真实程度。"②该观点将证明任务、证明要求和证明标准等同。因为,在其教材中没有关于证明标准的标题,有关证明标准的内容也都是在证明任务标题下讲的。有学者指出,将诉讼证明任务与证明标准等同是不合适的。因为任务是"指定担任的工作或指定担负的责任",而标准是"衡量事物的准则"。③ 有学者认为:"刑事诉讼中的证明标准,是指法律规定的运用证据证明待证事实所要达到的程度的要求。"④有学者则将教科书《证据法学》第十一章的标题定为"证明要求与标准",认为:"证明要求,又称证明标准、法定的证明程度、证明度等,是指按照法律规定认定一定的事实或者形成一定的诉讼关系对诉讼证明所要求达到的程度或标准。"⑤还有学者认为:"证明标准指的是负担证明责任的人提供证据对案件事实加以证明所要达到的程度,它像一支晴雨表,昭示着当事人的证明责任能否解除。"⑥

现在我国诉讼证明中几乎将证明标准与证明要求等同。从语文的角度来区分"证明标准"与"证明要求"是有必要的,用文字表达也较容易,而在诉讼证明中区分意义却不大,所以近年来出版的教材均采用这种表述。江伟教授认为:"从意思上看,这些概念的含义是相同或至少是相近的,刻意寻求它们的区别会失去理论研究的方向,而且人为地制造理论的复杂性和烦琐性,是有害无益的。"⑦本书也采用这种等同的表述。

近年来,围绕刑事证明标准的探讨一直未停。"客观真实说""法律真实说""多层次说""社会理性说"等各种争论此起彼伏,甚至还出现了"证明标准乌托邦说"。世界各国的司法审判实践表明,事实认定的证明标准不但客观存在,而且它的设立还与相关的诉讼模式、立法目的、价值利益平衡等密切相

---

① Black's Law Dictionary, Abridged Sixth Edition by the Publisher's Editorial Staff, 1990, p. 845.
② 陈瑞华:《刑事证据法(第三版)》,北京大学出版社 2018 年版,第 456 页。
③ 李玉华:《刑事证明标准研究》,中国人民公安大学出版社 2008 年版,第 17—18 页。
④ 陈光中主编:《证据法学》,法律出版社 2011 年版,第 352 页。
⑤ 刘金友主编:《证据法学》,中国政法大学出版社 2001 年版,第 312 页。
⑥ 段正臣、刘澍:《证明标准的内在理路——以概念分析为逻辑视角》,载《海南大学学报(人文社会科学版)》2004 年第 4 期。
⑦ 江伟主编:《证据法学》,法律出版社 1999 年版,第 108 页。

关。《布莱克法律词典》将证明标准定义为:"证明标准是当事人履行证明责任以使证据确信而必须达到的状态。主要的证明标准有排除合理怀疑(只用于刑事案件)、明确和有说服力的证据、优势证据。"在此,证明标准和证明程度含义相同。

学术界对证明标准的基本表述有,"证明标准又称证明要求,是指按照法律规定认定案件事实所要达到的程度或标准"[①];"证明标准是指司法人员查明案件事实,当事人证明案件事实需要达到的程度"[②]。由此,笔者认为,刑事证明标准是指刑事诉讼中认定犯罪嫌疑人、被告人犯罪所要达到的程度,也就是运用证据证明案件事实达到什么程度,才能进行某种诉讼活动或者作出某种结论。运用证据准确认定案件事实,证明标准的制定与把握是关键,而且直接关系到处罚犯罪、保障人权和诉讼纠纷的公正解决。在当代刑事诉讼中,以有罪判决的证明标准来说,英美法系表述为"排除合理怀疑",大陆法系一般认为是"内心确信",我国的证明标准在立法上则表述为"犯罪事实清楚,证据确实充分"。刑事诉讼解决的是被追诉者是否犯罪以及是否应受刑罚处罚的问题,涉及人的财产权、自由权乃至生命权的限制与剥夺。因而,刑事诉讼中应设立严格的证明标准,并由相关制度予以保证。

有学者则将证明目的和证明标准作了明确的区分。他认为:"司法证明的标准,是指司法证明必须达到的程度和水平。它是衡量司法证明结果的准则。所谓司法证明的目的,是指司法证明主体追求的目标,是司法证明活动的标的。……证明目的和证明标准之间的关系表现在以下几个方面:第一,证明目的是确立证明标准的基础或依据;证明标准是证明目的的具体化。第二,证明目的是贯穿在整个诉讼过程中的,是证明主体始终要追求的目标;证明标准则主要是司法人员在作出批捕、起诉、判决等决定时考虑的问题。第三,在整个诉讼过程中,证明的目的应该是贯穿始终的,是不发生变化的,但是在不同的诉讼阶段,证明的标准则可以有所区别。例如,批捕阶段、起诉阶段、判决阶段的证明标准就不完全相同。第四,在各种案件中,证明的目的都应该是一样的,但是在不同种类的案件中,证明的标准则可以有所不同。例如,刑事案件和民事案件的证明标准就有所不同,严重犯罪案件和轻微犯罪

---

① 陈光中主编:《刑事诉讼法学》,北京大学出版社2009年版,第171页。
② 樊崇义主编:《刑事诉讼法学》,法律出版社2009年版,第195页。

案件的证明标准也可能有所不同。第五,无论判决的结果性质如何,证明目的都应该是不变的,但是证明标准则可以有所不同。例如,刑事案件中有罪判决和无罪判决的证明标准就可以不同,死刑案件和非死刑案件的证明标准也可以不同。由此可见,司法证明的目的是就行为过程而言的,体现了证明活动的追求和方向,是带有一定理想色彩的目标;司法证明的标准则是就行为结果而言的,是根据一定的价值观念和需要确定的,是法律所认可的具有现实性品格的衡量准则。在具体案件的司法证明活动中,司法证明的目的不是必须实现的,而司法证明的标准则是必须满足的。如果用前一节的司法证明范畴来表述的话,毫无疑问司法证明的目的是明确案件的客观事实,是探索案件的客观真实;司法证明的标准是用证据证明具体案件所要求明确的法律事实,即达到法律意义上的真实。这应当是当今世界各国证据法的共同认识。"[①]实际上,这种观点也在不断变化,在《司法证明标准与乌托邦》一文中,作者又将客观真实与法律真实看作证明标准,即"客观真实与法律真实所强调的是证明标准的性质,可以视为第一层次或最为抽象的标准"[②]。

第二节 刑事证明标准的实践考察

纵观两大法系的刑事证明标准,大陆法系国家站在理性主义的思维角度,将该标准从正面界定为"内心确信";而英美法系国家秉承严格规则主义的传统,从反面表述为"排除合理怀疑"。在英美法系对抗主义模式下,排除合理怀疑是直接从当事人的角度要求一方当事人的事实主张得到支持的条件是排除对方当事人的合理怀疑,在此基础上最终由裁判者确信。我国传统的刑事证明标准是"案件事实清楚,证据确实充分"。本节从实践的视角对"排除合理怀疑"与"证据确实充分"两项证明标准进行评析,"排除合理怀疑"证明标准应当也可以为我国诉讼证明制度所借鉴,在对这一标准在我国刑事审判中的运用进行合理定位的基础上,其完全可以发挥出指导法官定罪判断、保障刑事审判质量的重要作用。

[①] 何家弘、刘品新:《证据法学》,法律出版社2004年版,第336—337页。
[②] 何家弘:《司法证明标准与乌托邦——答刘金友兼与张卫平、王敏远商榷》,载《法学研究》2004年第6期。

一、"排除合理怀疑"证明标准的客观评析

"排除合理怀疑"作为一种刑事诉讼证明标准,其完整表述应当为"排除合理怀疑的证明"(Proof Beyond Reasonable Doubt)。尽管在18世纪合理怀疑标准已经出现于刑事审判之中,但是真正进入美国的法律体系并被美国社会接受而开始广泛运用是在19世纪中期以后的事情。这一时期有两个较为典型的案例直接推动了排除合理怀疑标准的传播。一个经典案例是1839年纽约州最高法院判决的人民诉怀特案(People v. White),这一判决使合理怀疑的标准在纽约州稳固建立。在案件的判决书中,纽约州最高法院法官认为:主审法官在审判中抑制"关于合理怀疑所持有的通常谨慎"将导致错误的判决。[1] 另一个典型的案例是1849年佐治亚州最高法院判决的吉尔斯案(Giles v. The State Of Ga.),这个案例明确了疑点有利被告和合理怀疑标准在该州的普遍适用。在该案中,法官向陪审团指示道:"陪审团只需就被告人的定罪达到排除所有合理怀疑的道德确信,合理怀疑意味着怀疑将会影响管理和决定生命中最高和最重要的事务时的行为,而不是关于无辜的一个含糊的推测、一个幻想、一个琐碎的假设,或一个赤裸的可能性。"[2] 由此可以看出:在排除合理怀疑标准的早期适用期间,审判法官已经意识到了解释合理怀疑的必要性,并且尝试做出关于该标准的恰当解释,尽管这种解释不可能是完全统一的,但对其内涵的不懈探索使得该标准得以充满生命力并不断向前发展。尽管早期的探索充满了令人振奋的成果,但作为一个新生的标准,排除合理怀疑的适用不可避免地给陪审团带来困扰:什么是合理怀疑并没有一个明确的答案,"合理"一词所具有的主观判断特征使任何的解释都可能获致事实判断者的非议,这种不确定性导致了该标准在适用中的分歧。1846年,在联邦诉布丽奇特·哈尔满案(Commonwealth v. Bridget Harman)中,宾夕法尼亚州最高法院尝试对合理怀疑进行界定,该法院的法官指示陪审团说:"如果对被告的犯罪事实有疑问就要对她宣告无罪,而导致一个宣告无罪的怀疑必须是严肃而具有实质性的而不是有单纯的怀疑可能性,如果关于有

---

[1] People v. White, 22 Wend. 167,178 (N. Y. Sup. Ct. Judicature 1839).

[2] David Giles, plaintiff in error, v. The State of Georgia, defendant, 6 Ga. 276 (1849). 1849 Ga. LEXIS 40.

罪的证据说服你排除合理怀疑,你们有义务定她有罪。"①这种界定的实质无非是重复了前人的工作,区分了单纯的怀疑和合理怀疑,而且"严肃和具有实质性"的解释依然充满了较强的主观认识的随意性和不确定性,因此,这种界定并没有产生较大的影响。

  对合理怀疑细致的界定是在 1850 年的联邦诉韦伯斯特案(Commonwealth v. John W. Webster)中,马萨诸塞州司法区最高法院首席大法官肖对"合理怀疑"的含义进行了仔细的梳理:"合理怀疑不是单纯可能的怀疑,因为每样事物都和人类事务相关联,并取决于道德证据,都对一些可能的或虚构的怀疑开放。它是这样一种关于案件的状态,即对全部证据比较和考虑后,留在陪审员心中的是一种难以言说的状况,他们感觉到一种关于真相和指控的持久的信念和道德的确信。"②大法官肖的贡献在于以事实裁判者整体的认知状态解释了排除合理怀疑,把其界定为"一种关于真相和指控的持久的信念和道德确信",这种理解以正面肯定的方式表述了"排除合理怀疑"的认知状态,从而回避了对"合理"的烦琐且不确定的解释。这起案例是美国法院开始以现代形式适用排除合理怀疑标准的代表,这种定义在 19 世纪流行一时而广受引用。1927 年,加利福尼亚州的立法机关采纳了韦伯斯特案中的大部分对陪审团的指示作为"合理怀疑"法定的概念。"排除合理怀疑"的概念从判例走向立法的轨迹虽是地方州议会的行为,但这种演进趋势已有力说明了陪审团甚至是审判法官对妥当定义的需求。

  排除合理怀疑作为被告人的一项权利出现是在 1905 年联邦诉赖德案(Commonwealth v. Rider)中,陪审团被初审法官错误地指示道:"如果你们对被告的定罪有任何疑问,可以把这种利益给予被告。"上诉被告人认为:"陪审团应该被告知如果他们对定罪产生合理怀疑,被告有权从中受益,并非陪审团有权选择给或不给这种利益。"宾夕法尼亚州最高法院支持了他们的观点并认为:"在法律范围内和全案证据下产生的合理怀疑是被告的财产,必须产生无罪释放的效力,陪审团享有的是决定合理怀疑存在与否的自由裁量权,如果他们发现这种怀疑的确存在,那么适用的法律准则是他们必须把这种怀疑的利益归于被告,而非他们享有裁量权可以这样做。"③这起案件明确

---

① Commonwealth v. Bridget Harman,4 Pa. 269 (1846),1846 Pa. LEXIS 233.
② Commonwealth v. John W. Webster,59 Mass. 295 (1850). 1850 Mass. LEXIS 8.
③ Commonwealth v. Rider,29 Pa. Super. 621(1905) . 1905 Pa. Super . LEXIS 393.

了合理怀疑的利益必须归于被告,从而表明了排除合理怀疑是被告人的一项普通权利,而非陪审团的一项自由裁量的权力。

而真正把排除合理怀疑的标准提升至宪法高度是在1970年温希普案(In re Winship)中,美国联邦最高法院在该案中首次认为达到排除合理怀疑的定罪标准是正当程序条款的要求,在本案判决中,法院认为:"排除合理怀疑在赢得社会对刑法适用的尊重与信赖方面是不可或缺的。更要紧的,证明标准不应使大家怀疑无罪的人也受惩罚,进而降低刑法的道德力量,同样重要的是,在自由社会中,人们有这样的自信:除非法院有极强的自信否则不会判决他有罪。"[1]联邦最高法院的判决使排除合理怀疑由被告人的普通权利提升至宪法正当程序权的当然要求,排除合理怀疑与无罪推定的理念、强烈的事实确信的认知之关联为联邦最高法院所明确强调,联邦最高法院通过判例使排除合理怀疑与强烈的事实确信相等同,而且这种等同正是无罪推定的理念所倡导和包容的,以这种价值判断为前提的刑法适用也更能赢得民众对权力运作的信赖感和置身这种秩序下的安全感。

排除合理怀疑标准的迅猛发展表明了其在解决社会问题和保障公民人权方面的成功,然而,在经历了从地方规则到宪法权利的迅猛发展后,合理怀疑仍未得到一个确切而令人满意的定义,虽然许多州法院都试图给其以合适的定义,但往往因招致各方的批评而未能如愿。合理怀疑的定义之争使得该标准的未来命运变得扑朔迷离。从英美刑事审判实践来看,"排除合理怀疑"的具体含义始终没有被明确、权威地予以界定,但这并不意味着其在实践中"缺乏可操作性"。[2] 相反,排除合理怀疑证明标准尽管受到种种质疑和挑战,仍然没有被其他标准所取代,并且为司法界和社会公众广泛认可,成为英美刑事诉讼和证据制度的重要内容和标志之一。

英国的丹宁勋爵曾在其判决中有过一段经典的阐述:"定罪的证明标准不要求达到确定无疑,但必须达到相当高程度的现实可能性……如果定罪证据十分不利于被告,仅仅有很微小的无罪的可能,该种可能可以以'当然有可能,但并不存在现实的可能性'来予以排除,定罪就达到了排除合理怀疑的标准,但低于此标准不能定罪。"[3]这一定义揭示了"排除合理怀疑"标准的基本

---

[1] In re Winship,397 U. S. 358(1970). 1970 U. S. LEXIS 56.
[2] 陈永生:《排除合理怀疑及其在西方面临的挑战》,载《中国法学》2003年第2期。
[3] Miller v. Pensions [1947] 2 AII ER 372,373-4 KBD.

内容和价值蕴涵，但其解释方式尚不够通俗。为使陪审员能够更为清楚地把握该标准，英美判例中又先后出现了将"合理怀疑"界定为"在日常生活中足以使人在决定重要事务时产生犹豫的不确定性""一种有理由的怀疑，不能是一种推测或猜疑""一种建立在共同意识基础上的怀疑"以及将"排除合理怀疑"界定为"一种对被告人有罪的内心的坚定相信""一种道德上的确定性"等界定方式。① 但是，上述多元的表述方式并没有使实践中陪审团更为明确地把握"排除合理怀疑"的含义，反而由于各种观点之间的争议而使理解更为复杂化。此后，英美国家先后制定出对"排除合理怀疑"的含义的标准指示。但从整体上看，目前英美国家关于"排除合理怀疑"的含义界定仍处在不完全确定的状态。

英美刑事审判中对"排除合理怀疑"证明标准的含义界定上的争议，并没有影响其在实践中的适用。从英美刑事审判实践来看，对"排除合理怀疑"含义理解上的上限和下限是比较明确的。也就是说，在承认诉讼证明不可能达到绝对确定的程度的前提下，对"排除合理怀疑"标准要求达到诉讼认识所能达到的最高程度。一旦下级法院在法官指示中或判决中表现出低于这一下限来把握证明标准的情况，上级法院会通过判例对其予以纠正。此外，英美国家刑事审判中，"排除合理怀疑"证明标准是通过一系列程序和证据制度保障而发挥作用的。首先，在审前阶段，辩护律师可以通过审前动议，将检方指控的缺乏表面证据（prima facie evidence）的案件阻止在陪审团审判之外；其次，在直接言词原则和对抗式审判模式的保障下，指控被告人犯罪的证据均能够在庭审中得到展示和质询；再次，法官对陪审团的指示制度能够保证陪审团对事实认定中涉及的法律问题获得专业性的指导；最后，陪审团的一致裁断原则，从约束陪审员个体理解的随意性上保障了"排除合理怀疑"标准起到防范无辜的人被定罪的制度功能。

正因为如此，在英美国家中，尽管有人提出过用其他表述方式替代"排除合理怀疑"作为证明标准，但始终没有被司法界所认可。② 笔者认为，"排除合理怀疑"证明标准之所以在英美刑事审判中具有不可替代性，主要是基于以

---

① 陈永生：《排除合理怀疑及其在西方面临的挑战》，载《中国法学》2003年第2期。
② 20世纪50年代，英国著名巡回法官哥德亚得勋爵（Lord Goddard）曾经在判例中提出用"内心确信"来取代"排除合理怀疑"作为定罪标准，但由于遭到众多法官的反对，而最终没有在实践中予以贯彻。

下几方面的原因:(1)该标准是在英美刑事审判实践中发展起来的,在英美判例法传统下,其作为既定成例在司法界的影响是根深蒂固的,且其通过陪审制度的实践,在普通民众中也已经形成了一定的影响和共识。(2)该标准体现了"无罪推定"原则的要求,兼顾了保障人权和保护社会的价值目标追求。"排除合理怀疑"标准明确赋予了控方证明责任,体现了在错误定罪和错放有罪的风险分配上偏重于防止错误定罪的倾向,[1]且立足于现实,不要求证明的绝对确定性,允许在仅仅存在非现实的无罪可能性下定罪,使刑事诉讼能有效实现保护社会的目的。(3)"排除合理怀疑"不仅仅是作为一种主观确信程度的标准,而且是作为一种对证据进行推理判断的方法在发挥着作用。[2]这种推理判断的方法是一种反证法、试错法,通过对抗式的审判方式,在控方运用证据对辩方提出的种种怀疑进行排除、解释后,使陪审团形成确信被告人有罪的主观判断。

二、我国"证据确实充分"证明标准的实践考察

我国"证据确实充分"的证明标准是通过1979年《刑事诉讼法》的规定所确立的,并在1997年《刑事诉讼法》修改后继续保留,在实践中已运用了四十多年。在2010年以前,我国《刑事诉讼法》对"事实清楚"和"证据确实、充分"的证明标准并没有做出具体的解释,法律理论界对这一要求的内涵也有着不尽相同的理解。对如何具体判断证据达到"确实充分"的标准,学理上比较权威的解释是陈光中教授提出的四点标准:(1)据以定案的每个证据都已查证属实;(2)每个证据必须和待查证的犯罪事实之间存在客观联系,即具有证明力;(3)属于犯罪构成各要件的事实均有相应的证据加以证明;(4)所有证据在总体上已足以对所要证明的犯罪事实得出确定无疑的结论,即排除其他一切可能性而得出的唯一结论。[3]

从上述定义来看,"证据确实充分"在学理上被理解为是一个相当高的、并近乎客观真实的标准,其含义中显然已经包含了"排除合理怀疑"证明标准

---

[1] Wigmore on Evidence (3rd ed. ,1940),Vol. 9.,§ 2485 et seq.

[2] Paul Roberts & Adrian Zuckerman,*Criminal Evidence*,Oxford University Press,2004,p. 366.

[3] 陈光中、陈海光、魏晓娜:《刑事证据制度与认识论——兼与误区论、法律真实论、相对真实论商榷》,载《中国法学》2001年第1期。

的内容并且高于该标准。也正因此,我国一些反对引入"排除合理怀疑"证明标准的学者认为,确立"排除合理怀疑"证明标准会降低我国的定罪标准,从而"有可能会出现更多的错案"。① 然而,通过对我国刑事审判实践进行考察,上述对"证据确实充分"的学理解释并没有在诉讼实践中被刑事法官真正地运用和把握,凸显出理论和实践相脱节的情况。近年来,媒体报道的一系列错案中,②其定罪证据均被法官判断为"证据确实充分",但与上述"四标准"的要求却相去甚远。有学者在对某中级人民法院判决的60件有罪判决的刑事案件进行实证考察后,认为在证明标准上完全符合学理上关于"证据确实充分"的解释程度的,只有59.6%,而相当一部分生效的有罪判决中,证据是基本能够印证和采信。③ 事实上,相当一部分学者提出关于我国引入"排除合理怀疑"证明标准的主张,均并非意图降低我国的定罪标准,而恰恰相反,是基于实践中对"证据确实充分"把握的标准从总体上并不高于"排除合理怀疑"证明标准的认识。④

实践中法官对"证据确实充分"的标准虽然并非严格按照学理上的"四标准",但也并非如有些学者所说"凭个人的理解,感性的判断掌握"。⑤ 一般来说,实践中理解"证据确实充分"证明标准是对据以定罪的证据质和量的要求,"证据确实"要求证据经庭审质证,具有真实性和客观性,"证据充分"则要求证据达到一定的量,而对于这种量的标准,实践中是由法官根据案件情况进行主观判断。从这种主观判断的实践情况来看,有学者提出,可以分为对两类案件不同的把握方式:一是对被告人作有罪供述的案件。对于这类案件,实践中的把握标准可以概括为"口供有效印证"标准,即对于被告人的有罪供述,只要有其他有效的定罪证据相印证,则可以认为达到"证据确实充分"的程度。法官对于案件定罪内心确信的程度,主要是通过印证口供的证据的有效性大小来把握的,即考虑印证证据是"先供后证"还是"先证后供",是相对固定的物证及鉴定结论还是证人证言来判断印证的有效性。二是对

---

① 刘善春、毕玉谦、郑旭:《诉讼证据规则研究.》,中国法制出版社2000年版,第307页。
② 比较典型的有佘祥林案、杜培武案、孙万刚案等。
③ 胡建萍:《证明标准问题司法实务考察》,载陈兴良、江伟主编:《诉讼法论丛(第7卷)》,法律出版社2002年版,第73页。
④ 广东省梅州市人民检察院课题组:《从绝对理想走向相对正义——论"排除合理怀疑"刑事证明标准的确立》,载《检察实践》2003年第2期。
⑤ 王新清、李征:《论留有余地判处死缓案件——兼论判决结果的相对合理性》,载《中国刑事法杂志》2006年第2期。

于被告人没有作过有罪供述的案件,也就是实践中所称的"零口供"案件。对于这类案件,实践中往往在把握"证据确实充分"证明标准时比较严格,要求必须有能够得到有效印证的直接证据(被害人陈述或目击证人证言)证明,或者间接证据形成完整的证明锁链,对于完全依靠间接证据定案的有罪判决,一般均要求达到证据体系的完备性和定罪结论的唯一性。

从这一实践考察的情况来看,我国实践中对"证据确实充分"证明标准的把握,并不是侧重于对证据中合理怀疑的排除,而是侧重于对定罪证据的有效印证进行分析判断,"证据确实充分"的实践把握中,并没有必然地包含有"排除合理怀疑"的要求。

最高人民法院 2010 年参与颁布实施的刑事证据规则,首次对这一证明标准的含义作出了解释,试图达到使裁判者准确理解这一证明标准的立法意图。[①] 在此基础上,2012 年《刑事诉讼法》修改时更是明确将"证据确实、充分"明确解释为三个具体的要素,使这一证明标准的含义走向法定化和规范化。[②]

从 2010 年最高人民法院、最高人民检察院、公安部、国家安全部、司法部联合颁布的《关于办理死刑案件审查判断证据若干问题的规定》,到 2012 年《刑事诉讼法》正式生效实施,我国司法界和立法界在证明标准的细化方面作出了诸多方面的努力,并对"证据确实、充分"作出了一系列较为具体的解释。概括起来,《刑事诉讼法》主要是从六个方面强化了证明标准的客观化:[③]

(1) 每一案件事实都有证据证明。"定罪量刑的事实都有证据证明",这被我国刑事证据法视为"证据确实、充分"的首要条件。对于这一要求,我们可以从另一角度加以理解:凡是没有证据证明的事实,都是不成立的,也都不能作为定罪量刑的根据。当然,一个刑事案件在没有任何证据的情况下,法院是不足以做出任何定罪量刑裁判的。不仅如此,犯罪构成的每一要件事实,以及任何一个量刑情节,都要有证据加以证明,否则,这些要件事实和量刑情节也是不能成立的。作为裁判者认定"证据确实、充分"的首要条件,定

[①] 2010 年,最高人民法院会同最高人民检察院、公安部、国家安全部、司法部发布了《关于办理死刑案件审查判断证据若干问题的规定》,其中的第 5 条首次明确规定了"证据确实、充分"的条件。

[②] 根据 2012 年《刑事诉讼法》第 53 条的规定,证据确实、充分应当符合以下三项条件:一是定罪量刑的事实都有证据证明;二是据以定案的证据均经法定程序查证属实;三是综合全案证据,对所认定事实已排除合理怀疑。

[③] 陈瑞华:《刑事证明标准中主客观要素的关系》,载《中国法学》2014 年第 3 期。

罪量刑的事实都有证据证明，其实体现了证据裁判原则的要求，将那些没有任何证据证明案件事实或者没有证据证明某一犯罪构成要件事实的案件，均视为"证据不足"的案件。

（2）单个证据具备证明力和证据能力。我国刑事证据法还将以下命题列为"证据确实、充分"的条件："每一个定案的证据均已经法定程序查证属实。"这其实是对证据证明力和证据能力的综合要求。换言之，每一个证据必须同时具备证明力和证据能力，这是案件被认为达到"证据确实、充分"的显著标志。每一个证据要转化为定案的根据，都必须同时具备证明力和证据能力。证明力包含真实性和相关性这两个基本要求，证据被"查证属实"属于真实性的要求，而证据具有"定案"的作用则是其具备相关性的标志。对证据的收集和审查判断过程要经过法定的程序，这意味着证据必须具有法定的资格和条件，也就是具备证据能力。否则，该证据就可以被排除于定案根据之外。作为裁判者认定案件事实所要达到的证明程度，"证据确实、充分"包含了对每一证据的证明力和证据能力的资格要求。反过来，假如作为定案根据的某一证据，没有被查证属实，或者没有相关性，或者不具备作为定案根据的资格条件，那么，这个案件就不能被认为达到了"证据确实、充分"的程度。

（3）证据相互印证。司法解释确立了证据相互印证规则，要求作为定案的证据相互印证，并将其作为确认证据真实性的主要依据。所谓相互印证，其实是指两个以上的证据所能证明的案件事实出现了交叉或者重合。那些能够揭示同一事实或信息的不同证据，一般会被视为相互间达到印证的程度，其真实性也就得到了验证。相反，假如某两个或者更多的证据揭示了不相一致甚至相互矛盾的事实或者信息，那么，这些证据就被视为相互不能印证，其真实性也就无法得到验证。证据相互印证既是判定单个证据是否具有证明力的标准，也是认定案件是否达到"证据确实、充分"的前提条件。对于据以定案的证据相互不能印证，证据之间存在矛盾并且矛盾无法得到排除的，应被认定为"证据不足"。

（4）全案证据形成完整的证明体系。作为一种外在的证明标准，"证据确实、充分"要求据以定案的证据不仅要有足够的数量，而且这些证据所证明的事实还要形成较为完整的证明体系。在案件只有间接证据的情况下，司法解释明确提出了证据要形成"证明体系"的证明标准。而在案件同时存在直接证据和间接证据但直接证据被认定不可信的情况下，裁判者也要审查间接证据是否达到同样的证明要求。所谓证明体系,也被称为"证据锁链",一般是指所有证据在查证属实的前提下,相互衔接和协调一致,证据之间相互印证,形成环环相扣的闭合锁链。[①] 具体说来,与案件事实的每一环节相对应,那些具有相关性的证据构成了证明体系的一环或者一个链条;证据唯有相互印证,才能与其他证据链条形成环环相扣的关系。在由一系列证据所形成的证明体系中,不能存在某一案件事实环节缺少证据证明或者某一证据得不到其他证据印证的情况,否则,所形成的证据锁链就是不完整的,案件也就不能被视为达到"证据确实、充分"的程度。

(5) 直接证据得到其他证据的补强。在案件存在直接证据的情况下,该直接证据的真实性能否得到其他证据的补强,就成为判定该案是否达到"证据确实、充分"的主要标准。具体说来,对于那些包含较为完整的犯罪是构成事实的直接证据来说,只要该直接证据的真实性得到了其他证据的印证,那么,该直接证据所包含的全部事实信息的真实性也就得到了验证。正因为如此,对直接证据真实性的补强,既是验证该直接证据真实性的必由之路,也是确定该直接证据所包含的案件事实得到证明的保证。刑事证据法对于被告人供述的补强确立了三方面的标准:一是根据被告人供述获取了隐蔽性很强的实物证据;二是被告人供述与这些实物证据及其他证据相互印证;三是排除了案件存在串供、逼供、诱供等非法取证行为的可能性。

(6) 结论的唯一性和排他性。所谓"结论的唯一性",是指根据全案证据得出的结论是唯一的,而不能有两种以上的结论。假如根据现有证据既证明被告人存在实施犯罪行为的可能性,也证明被告人也有没有实施犯罪的可能性,那么,裁判者得出的结论就不是唯一的。所谓"排除其他可能性",是指综合全案证据来看,排除了两方面的可能性:一是所发生的案件不是犯罪事件,或者犯罪事件根本没有发生;二是所发生的犯罪行为不属于被告人所为,存在着其他人实施犯罪行为的可能性。假如现有的证据没有排除犯罪未曾发生的可能性,或者现有证据没有排除其他人实施犯罪的可能性,那么,裁判者就只能认定本案"证据不足"。

三、两类标准的比较分析

刑事诉讼证明标准的设定解决的是关于运用证据证明案件事实达到何

[①] 张军主编:《刑事证据规则理解与适用》,法律出版社2010年版,第253—254页。

种程度可以确认案件并据以定罪量刑的问题。① 一般来说,刑事诉讼证明标准应当具备两方面的基本功能:一是应当具有可操作性,能够对证明主体的证明活动具有引导和制约的作用;二是应当具有防止错误定罪,保障刑事审判质量的功能。②

通过对"排除合理怀疑"和"证据确实充分"证明标准的考察和比较,笔者认为,两者作为刑事诉讼定罪标准,在对其功能实现的追求上具有一致性,两者都反映了对定罪证据的质和量的要求,反映了防止错误定罪的愿望,并在实践中起到了对法官定罪判断的制约和保障作用,且在表述方式上与"内心确信"的表述方式相比,更具有客观性的特点。相对于排除合理怀疑,事实清楚、证据确实充分的不足主要在于侧重追求客观真实。在还没有排除合理怀疑前,证据确实充分要求能够获得足以证明被告人有罪的证据,从而认定案件事实符合客观存在。通过证据证明来达到案件客观真实的程度,主要包括:最终能够作出有罪判决所依据的每个证据都已查证属实、这些证据与待查的犯罪事实之间存在客观联系,证明一个犯罪是否成立的事实均有相关充分证据加以证明。这些都在强调证据的充分性、真实性、和案件的关联性以及证据之间能够相互印证,以确保案件事实能够贴近原事实,但这些仅仅是从正面的客观方向上思考该被告人是否有罪,即必须达到证明其有罪的程度从而作出判定,却并没有从反方向上思考案件是否还存在其他可能性,因此法官对在查明案件事实过程中所出现的证据、事实等问题所形成的诉讼认识并没有给予过多的关注。这种情况下,片面地追求证据完备、形成证据链条在实践过程中可能会导致冤假错案的发生。两类标准在价值取向上也有所不同。证据确实、充分要求发现客观真实,体现了对于追求客观真相的价值取向,所以在实践中,有的时候办案人员可能为了达到查明事实真相的目的,而采取一些侵犯他人权益的方法来收集证据。而排除合理怀疑在于保障人权,无论结果如何,证据证明程度如何,在这一过程中,始终贯彻着保护尚未有确实依据足以定罪的被告人的权利,在这个基础上根据材料的客观性裁定案件。此外,两者的证明标准不同。我国的"证据确实、充分"可以说是一种将案件的证明达到使别人能够百分之百信服的程度,而合理怀疑原则除了在

---

① 龙宗智、何家弘:《刑事证明标准纵横谈》,载何家弘主编:《证据学论坛(第四卷)》,中国检察出版社 2002 年版,第 59 页。

② 杨建成等:《谈我国的刑事证明标准》,载《人民司法》2007 年第 3 期。

现有证据的基础上,还规定了一个认识上的空间范围,根据取得的证据,其对案件的认识并不要求达到绝对的确定程度,不要求达到百分之百的确定无疑,更多的是一种盖然性,根据审判人员的常识与经验所做出的合理的怀疑,即除了案件已经认定的事实,排除其他合理怀疑即可。"证据确实充分"证明标准从对目前我国刑事诉讼制度环境的适应性上更优于"排除合理怀疑"证明标准,而"排除合理怀疑"证明标准对于"证据确实充分"证明标准在实践运行中的完善和功能作用的充分发挥,具有一定的补充作用。

实际上,"证据确实充分"证明标准反映了对定罪证据质和量的要求,且在多年的实践中也实实在在地起到了对裁判主体定罪判断的制约作用。从有罪供述的案件来看,实践中把握的"有效印证"判断标准很大程度上防止了仅凭口供定罪的情况,而且对于被告人出于真实意愿而作有罪供述的案件,"有效印证"标准不失为一种兼顾诉讼公正和效率的合理选择。从被告人没有作有罪供述的案件来看,实践中"证据确实充分"的证明标准也确实起到了对定罪严格把关的作用。此外,"证据确实充分"这种更具有客观性的表述方式也更符合我国刑事司法活动贯彻"实事求是"思想路线的要求,适应我国对刑事案件处理上力求"真相大白"的传统诉讼文化和公民法律意识的特点。[①]

我国"证据确实充分"的证明标准与现行的程序制度和证据制度具有相适应的一面,但从对其在实践中运用的情况,尤其是通过对一些刑事错案的反思来看,这一证明标准也暴露出其在实现其作为定罪证明标准的功能上的弊端和不足,主要表现在:

一是我国"证据确实充分"的证明标准,一定程度上强化了刑事诉讼证明对于口供的依赖性。"证据确实充分"强调的是一种客观真实的证明目标要求,而诉讼实践中能够达到最大程度客观性的方法莫过于让被告人自己承认有罪。在被告人承认有罪的情况下,侦查机关不仅能够减少收集证据的难度和压力,而且使收集到的物证、书证等与口供能够形成有效印证,使法官更倾向于作出有罪判断。这就不可避免地使我国刑事诉讼证明制度形成对口供的强烈依赖。这种刑事诉讼证明中强烈依赖口供的倾向,一方面容易导致部分侦查人员出于破案的良好愿望而实施非法获取口供的行为,另一方面又使得在不能取得口供的案件中,侦查、公诉机关因对有罪判决率的追求而将一

[①] 在我国传统戏剧中,宋代法官包拯判案时就亲下"阴曹地府"询问被害人,以查明案件真相。

些有一定证据能够证明，但被告人拒不供认的案件不移送审查起诉，或者不将案件起诉至法院。这无疑不利于刑事诉讼保障人权和保护社会的诉讼目标的实现。

二是"证据确实充分"的证明标准，在处理"疑罪"上容易被人为地降低标准。"证据确实充分"的证明标准是从正面界定定罪标准的，而对无罪的判定标准，却并非十分明确。实践中，法官对于证据能够有效印证，但有效性并不强，而证据中的疑点又不足以排除被告人作案嫌疑的案件，往往出现适用现有证明标准不能形成能否定罪的判断的情况。"证据确实充分"和"证据不足"之间容易形成所谓的"灰色地带"，也就是形成实践中所谓的证据上的"疑罪"。对于此类疑罪，往往以疑罪从轻或者"疑罪从挂"的方式来处理，这种处理方式往往也成为一些刑事错案造成的因素之一。而且，对于存在疑点的案件以"证据确实充分"的表述来定案，并不存在任何制度上的障碍，这无疑为在审判实践中"出于追究犯罪的目的而任意掌握证明标准"①打开了方便之门。

三是"证据确实充分"的证明标准，没有体现证明标准的层次性，造成实践中法院难以作出无罪判决。"证据确实充分"的证明标准，不仅仅是作为定罪标准，也是同时作为侦查终结移送起诉的标准和决定提起公诉的标准，这种"缺乏层次性"的证明标准，也确实在审判实践中造成了无罪判决率低，对于法官对疑罪案件的处理压力过大以及公、检、法三家意见分歧，出现扯皮、牵制现象的重要原因之一。这从制度上不利于证明标准避免错误定罪功能的实现。

"排除合理怀疑"证明标准能够在一定程度上弥补上述弊端和不足，从而体现出其对"证据确实充分"证明标准在功能实现上的补充性。"排除合理怀疑"证明标准是建立在被告人没有作有罪供述的基础之上的。在无罪的判断上，其内涵更为客观、明确，只要案件中定罪证据上的"合理疑点"不能被排除，法官就应当作出无罪判决。"排除合理怀疑"作为定罪标准，体现了诉讼阶段、证明对象上的差异性和层次性。而且，"排除合理怀疑"证明标准在英美刑事审判中作为一种法官对证据的主观判断推理方式上的实践经验，也能够为我国法官在主观判断证据方面提供有益的指导。

---

① 张远煌：《我国死刑案件证明标准的反思》，载《政治与法律》2006年第6期。

因此,"排除合理怀疑"证明标准应当也可以为我国诉讼证明制度所借鉴,在对这一标准在我国刑事审判中的运用进行合理定位的基础上,其完全可以发挥出指导法官定罪判断,保障刑事审判质量的重要作用。

第三节 "排除合理怀疑"证明标准在我国刑事诉讼中的合理定位

2012年《刑事诉讼法》将"综合全案证据,对所认定事实已排除合理怀疑"作为证据确实充分标准的条件之一,这一规定也被后续2018年《刑事诉讼法》所延续,这些修改具有理论和实践上的双重合理性。

一、争议观点及评析

对于"排除合理怀疑"证明标准在我国刑事审判中的定位,主要有"取代说""解释说"和"补充说"三种观点。

"取代说"主张用"排除合理怀疑"取代我国现有的"证据确实充分"的证明标准。[1] 该说认为,传统的刑事诉讼活动追求"客观真实",但这是一种司法理想模式,其实用性、操作性差,不能真正解决诉讼证明中的问题。因此,"取代说"主张用"法律真实"取而代之。所谓法律真实是指公、检、法机关在刑事诉讼证明的过程中运用证据对案件真实的认定应当符合刑事实体法和程序法的规定,应当达到从法律的角度认为是真实的程度。为了达到这一目标,确定刑事案件的证明标准的原则必须是从高从严,即高标准严要求。理由在于:(1)这是由刑事案件的严重性所决定的,所有的刑事案件都同国家的安危、人民群众的生命财产相关,如果出现任何一个冤、假、错案或司法不公,都关系到国家的安全和社会的公益,关系到稳定的大局和群众的切身利益。(2)证明的标准直接涉及人权保护问题,我国民主与法制的进程和世界范围内的人权斗争的潮流,都要求诉讼证明的标准要从高从严。就刑事诉讼的本身而言,其全过程无不同公民的人身权利、民主权利紧密相连,立案、侦查、起诉、审判、执行等各个环节,一方面涉及被害人的权利保障问题,另一方又关系到嫌疑人、被告人、被判刑人的人身权利和诉讼权利的保障问题,整个诉讼

---

[1] "取代说"的主要观点参见高一飞:《法律真实说与客观真实说:误解中的对立》,载《法学》2001年第11期;樊崇义:《客观真实管见:兼论刑事诉讼证明标准》,载《中国法学》2000年第1期。

过程都表现为司法权力同人身权利、诉讼权利的矛盾冲突,解决这一矛盾冲突,尊重和保障人权、严格证明标准是唯一的途径和方法。(3)我国长期以来人民司法工作的经验和教训告诉我们,诉讼证明的标准必须从高从严,尤其是我党从延安整风到1949年以来历次政治运动,党和国家把打击刑事犯罪总结和制订了"稳、准、狠"的刑事政策,贯彻执行这一刑事政策的核心是一个"准"字,所谓"准",在刑事诉讼中就表现为诉讼证明的标准,即要高又要严,要严格按照运用证据的客观规律完成证明的任务。而近、现代刑事诉讼的证明标准,按照从高从严的原则,为实现人权保障,众多国家都把"排除合理怀疑"确立为刑事诉讼证明标准。

持这种观点的论者中,又存在两种对取代后的证明标准表述上的不同意见,一种认为可以沿用英美国家约定俗成的"排除合理怀疑"的表述方式,另一种则提出将"排除合理怀疑"改变为"排除其他可能性"或"确定无疑"等更为符合我国国情的表述方式,即从证据的调查和运用上要排除一切矛盾,从运用证据对案件事实所得出的结论上,本结论必须是排除其他一切可能,是本案唯一的结论,这一结论在事实和证据两个方面还要经得起历史的检验。把排除其他可能性作为刑事诉讼的证明标准的根据有四:一是根据我国证据制度的理论基础,是以辩证唯物主义的认识论为指导原则,对案件事实的最终认识,即查明事实真相必须是在矛盾的运动过程中逐步加深、逐步深化,由表及里、去粗取精、去伪存真,最后的标准必须排除矛盾形成一个科学的结论,排他证明完全符合办案人员对案件事实的认识过程。二是就刑事案件的性质和严重性而言,案件无不关系到国家和人民群众的安危和生命财产,所以运用证据证明的案件事实必须是案件事实情节清楚,所得之结论必须具有排他性,必须排除一切其他可能,是本案唯一的结论。这个结论之所以是唯一的结论,就是因为它要经得起实践的检验,经得起历史的考验。三是排他性也吸收了西方证据文化中关于排除合理怀疑的思想。从对证明主体的资格和伦理道德方面的要求上,必须是公正、诚实、具备良好的职业道德;从案件事实的认定上必须以完全符合法定条件的证据为根据,即作为定案根据的证据的证据力和证明力不能违背证据法则的有关规定。四是把排他性作为证明标准,简单、明确、具体,易于操作和掌握。首先,排他性证明标准对证据确实、充分的要求明确、具体。即作为定案根据的每一个证据必须具备客观性、关联性和合法性。其次,根据认识论的矛盾法则,全案的证据经过排列、组合、分析之后,必须是排除了一切矛盾而达到每一个证据的前后一致,证据与证据之间一致,全案证据同案件的发生、发展的过程和结果一致形成一个完整的证明体系。再次,作为证明对象的案件事实、情节均有相应的一定数量的证据加以证明。最后,全案证据所得出的结论是本案唯一的结论(具有排他性)。总体而言,"排除其他可能性"一说的实质内容与"排除合理怀疑"是一脉相承的。

"解释说"的观点主张坚持我国现有的"证据确实充分"的证明标准表述方式,但在对"证据确实充分"的具体含义进行阐释时,引入"排除合理怀疑"的合理因素,要求在实践中理解和把握"证据确实充分"时,必须证据达到了"排除合理怀疑"的程度。[①] 该说认为,"排除合理怀疑"是"相对真实"的证明标准的法律表述。"排除合理怀疑"证明标准的特点在于,它否定了刑事证明达到绝对确定的可能性,只承认能达到"最大程度的盖然性",并认为这是一个能够达到的认识范围内的最高标准。至于这种盖然性有多高,解释的宽严程度并不一致,如果对这一证明标准进行量化,通说是在90%左右,但绝不是百分之百。这种确定性不够的证明标准难免在司法实践中造成错判案件。该说认为,刑事证据具有查明案件真实现象、侧重保障人权和保护其他社会价值、追求诉讼效率、兼有保证发现真实和维护人权的功能。总体而言,刑事证据规则是一项复杂的系统工程,追求的价值目标是多元化的。其中,追求客观真实是其实体性首要目标,只有实现客观真实,才能真正贯彻"以事实为根据,以法律为准绳"实现司法公正。但刑事证据规则除追求客观真实之外,还必须着重追求程序公正,并兼顾效率。各种刑事证据规则,应当在发现客观真实与程序公正之间、惩治犯罪与保障人权之间、司法公正与诉讼效率之间取得有效的制衡和最佳的配合,从而产生最好的多功能效果。而法律真实论者认为:"所谓法律真实是指公、检、法机关在刑事诉讼证明的过程中,运用证据对案件事实的认定应当符合刑事实体法和程序法的规定,应当达到从法律上的角度认为是真实的程度。"[②]由此定义明显看出,法律真实就是法律规定的真实,是国家意志的体现,亦即主观真实。正因为如此,法律真实的随意性很大,其真实程度不是以客观事实和规律为根据,而是以法律为准绳的。

---

① "解释说"的主要观点参见陈光中、陈海光、魏晓娜:《刑事证据制度与认识论——兼与误区论、法律真实论、相对真实论商榷》,载《中国法学》2001年第1期。

② 樊崇义:《客观真实管见:兼论刑事诉讼证明标准》,载《中国法学》2000年第1期。

从证据制度的历史发展来说,从神明裁判制度的神示真实、口供主义的口供真实、法定证据制度的形式真实到现代西方的"自由心证"的真实、"排除合理怀疑"的真实均为法律真实。因为,上述这样那样的"真实"都是不同历史时期的国家法律所规定的"真实"标准。换言之,法律真实是放之四海、用于古今而皆准的标准,除了法律要求外,没有其他符合客观规律的实质要求。至于我国《刑事诉讼法》规定的"真实"是"查明犯罪事实"、是"犯罪事实清楚、证据确实充分",这实际上就是客观真实,即法律在辩证唯物主义认识论的指导下确认"客观真实"这一科学的理论概括。"证据确实充分"总的精神在于:刑事诉讼涉及公民生命权、人身自由权和财产权的剥夺,即生杀予夺之权,必须十分慎重地行使。不论在认定事实还是适用法律上都应当坚持高标准、严要求。这无疑是正确的。但"犯罪事实清楚,证据确实充分"的证明标准也有需要完善之处。该说认为,犯罪事实和情节是有不同层次的。首先,"谁是犯罪实施者"这一问题是刑事诉讼中的核心问题,因而也是需要确证无疑的。其次,对于罪轻罪重有影响的一些事实和情节也要尽量查清。最后是那些与定罪量刑都没有直接关系的事实和情节,则根本不需要调查清楚。这些不同层次的要求在我国刑事诉讼证明标准中应该有所体现。越是关键、重要的事实和情节,在证明标准上越要从严掌握,而对于那些法律意义相对次要的事实和情节,可以适当放宽。而且刑事案件的性质和严重程度有很大的差别,对于被告人已经作出有罪供述的简易案件和自诉案件,证明标准的掌握可以适当放宽。该说认为,"排除合理怀疑"是"相对真实"的证明标准的法律表述。英美等国不论在法律上还是法理上均对"排除合理怀疑"无统一的具体说法。英美学者自己也认为"排除合理怀疑"这一术语中的"合理怀疑"一词不可能被精确地定义,但完全可以说它是"存在于那种根据普遍接受的人类常识和经验而被认为是合理的可能性或者或然性之中的怀疑。"[1]"合理怀疑"很难去界定。

"补充说"则在坚持我国"证据确实充分"证明标准的同时,提出应当明确将"排除合理怀疑"与"证据确实充分"并列,共同作为一种新的证明标准的表

---

[1] S. E Merve, E. W Morkel, A. P Paizes, & A. St Q Skeen, *Evidence*, JUTA & CO. LTD, 1983, p. 423.

述方式。① 该说认为,证明标准的完善应当坚持如下几点:(1)坚持客观真实的标准不动摇。坚持马克思主义认识论的指导,坚持实事求是的思想路线,坚持具有中国特色的社会主义方向,坚持维护最广大人民群众根本利益的需要,坚持社会主义法治的原则,就必须坚持客观真实的证明标准。要把坚持客观真实的证明标准,作为坚持"以事实为根据,以法律为准绳"即坚持"求实"和"法治"的诉讼基本原则的不可动摇的基石来对待。(2)要吸取内心确信的心理学标准和排除合理怀疑的逻辑学标准及"盖然性"理论的合理因素,使我国的诉讼证明标准具有更加丰富的内涵,更加具有可操作性。要确立我国的以客观真实的哲学标准为核心的,以内心确信的心理学标准和排除合理怀疑的逻辑学标准为补充的三大诉讼证明标准的科学体系,使我国的证明标准既符合中国国情,具有中国社会主义的特色,又具有世界共通的原则,有利于适应经济全球化的需要,在民商、经济法制领域与世界接轨。(3)要建立不同层次不同要求的具体的证明标准体系。该说认为,排除合理怀疑标准具有证据确实充分标准所不具有的优势并可以弥补其缺陷,前者对后者有补充解释的作用。证据确实充分的重点在于建构,作出一个肯定的、积极的评价;而排除合理怀疑的重点在于结构,主要作出一个否定的、消极的评价,可以弥补证据确实充分的不足,消除其瑕疵以及薄弱环节,进行合理怀疑以及排除合理疑点。尽管"排除合理怀疑"是定罪的辅助性标准,是服务于证据确实充分的,但其是一个消极建构。该说认为,任何理性的证明标准都应该包括二者:肯定的、积极的建构和否定的、消极的建构。因此,证据确实充分是以能够认识客观性为基础的,其重点在于定罪的证据体系,强调证据的客观性以及印证主义为中心,但是人类是否能发现事实,能够获取真理的能力已经遭到诸多质疑。人们已经认识到事实的重要性,已经开始慢慢怀疑其所原先认定的证据。证据确实充分尽管是主观性的词语倾向,但是根据客观性印证出来的。排除合理怀疑标准虽然是裁判者根据外部证据及事实得出的,但主要是从裁判者心证得出。总之,"补充说"认为对案件定罪量刑的事实和证据离不开裁判者依据外部证据、印证与裁判者内心的思维判断,即适用排除合理怀疑标准。龙宗智教授指出,证据确实充分是排除合理怀疑的充分条件,排

---

① "补充说"的主要观点参见南英:《谈谈刑事诉讼中的证明标准》,载陈光中、江伟主编:《诉讼法论丛(第7卷)》,法律出版社2002年版。

除合理怀疑是证据确实充分的必要条件。此外,证据确实充分必然意味着排除合理怀疑,如果存在合理怀疑,就不能确认证据确实充分;另外,排除合理怀疑并不必然就意味着证据确实、充分。① 总之,"补充说"认为排除合理怀疑对证据确实充分有一种解释性、补充性功能。

二、两种证明标准具有实质的补充关系

通过对我国和英美国家证明标准的考察和比较,笔者赞同"补充说"的观点。"排除合理怀疑"证明标准在我国刑事审判中的定位,应当是作为我国"证据确实充分"证明标准的一种辅助性证明标准。笔者不赞同完全用"排除合理怀疑"证明标准代替我国的"证据确实充分"的证明标准。主要原因是,在我国缺少相关制度作为保障的情况下,"排除合理怀疑"证明标准由于其本身含义存在不明确性的特点,可能在实践中造成该标准适用上的随意性,不能确保刑事案件审判质量,且该制度在哲学、法理学基础和法文化背景等方面均在我国缺乏基础,完全替代可能会给实践带来困难。笔者也不赞同将"证据确实充分"解释为包含"排除合理怀疑"的做法,因为这种解释方法仍然只是停留在学理解释的范畴,很难对实务部门起到制约和影响的作用,而且这种解释方法不能突出"排除合理怀疑"在我国证明标准中的地位,难免会被固有的实践模式所忽视。因此,只有将"排除合理怀疑"明确作为一种辅助性证明标准,才能使其真正起到弥补我国"证据确实充分"证明标准的弊端和不足的补充性作用。

将"排除合理怀疑"作为我国"证据确实充分"证明标准的一种辅助性证明标准,并在实践中合理运用,将会对我国法官正确把握刑事诉讼证明标准,确保刑事审判质量产生重要的实践意义,具体表现在以下几个方面:

(1)"排除合理怀疑"可以作为一种推理过程,指导我国法官对证据的主观性审查判断。刑事诉讼证明离不开法官对证据的主观性审查判断,随着我国诉讼证明制度对口供的依赖性的减弱,法官的主观审查判断作用将更为重要。从我国目前法官审查判断证据的实践来看,往往是单纯地从正面用证据的印证来说明证据的确实性,用证据的堆砌来说明证据的充分性,而陷入用"证据确实充分"来说明"证据确实充分"的同义反复,不能形成必要的说服

---

① 龙宗智:《中国法语境中的"排除合理怀疑"》,载《中外法学》2012年第6期。

力。将"排除合理怀疑"明确作为辅助性证明标准后,法官在对证据进行综合判断时,就可以从证据本身的矛盾、证据之间的矛盾、全案证据的矛盾为出发点对证据进行审查判断,从而为合理甄别证据、判断证据能否证明案件事实提供一种合理的思维方法和逻辑推理路径。

(2)"排除合理怀疑"可以作为一种价值观念,引导我国法官对"无罪推定"和"疑罪从无"原则的重视。证明标准的设定与"无罪推定"诉讼原则及由其派生的"疑罪从无"的疑罪处断规则,是息息相关的。我国法官在裁判时不能简单地搞"疑罪从无"。但这是指法官不能仅仅满足于消极的证据裁判主义原则,而忽视在证据审查、判断上追求客观真实的主观能动性的发挥。对于具体案件中证据的收集和认识途径已经穷尽,综合全案证据仍然不能达到定罪标准的,罪与无罪之疑难以分清时,还是应当贯彻"疑罪情况下有利于被告人"的原则,避免造成案件久拖不决而影响诉讼效率或者导致超期羁押,甚至对无辜的人定罪。确立"排除合理怀疑"作为辅助性的证明标准,就能够合理引导法官在观念上以"无罪"作为证据审查判断出发点,从对证据的合理怀疑出发对证据的真实性、关联性及证明力等方面进行审查,从而防止先入为主的定罪倾向,并避免在口供得到印证的情况下置案件疑点不顾而作出定罪结论。①

(3)"排除合理怀疑"可以作为一种有效手段,帮助我国法官对刑事案件审判质量进行严格把关。将"排除合理怀疑"作为我国刑事审判中的辅助性证明标准,就能使得我国的证明标准体系上在起诉标准和定罪标准之间形成一定的层次性。侦查机关侦查终结报送公诉机关提起公诉的证明标准仍然保留原有的"证据确实充分"的标准。这样,法官在对疑罪案件进行处理时,并不需要用足够证据否认被告人作案,也不需要对侦查、公诉机关对"证据确实充分"的判断提出直接的反对意见,只需要从不能"排除合理怀疑"上对证据的疑点进行论证,以得出"证据不足"的结论。这就在实践中能够一定程度上缓解法官作出无罪判决的压力。同时,在我国由职业法官对"排除合理怀疑"进行判断的做法,比英美国家由陪审员判断更具合理性,更有助于确保案件审判质量。

---

① 杜培武案中,被告人口供有数个证据印证,但也存在明显疑点,而法院仍作出定罪结论,参见陈殿福:《从错案的产生谈刑事案件证明标准的几个问题》,载《法律适用》2006年第7期。

第四节 "排除合理怀疑"证明标准的补充适用

对"排除合理怀疑"证明标准在我国刑事审判中的补充适用进行探讨，以正确引导实践变革的方向，指导刑事法官在审判实践中对"排除合理怀疑"证明标准的正确理解和适用，无疑是十分必要的。

一、指导证据的主观性审查

我国《刑事诉讼法》规定的证明标准具有主客观相统一的特点。证据确实充分标准偏重于客观因素的考虑，强调证据的完备、形成证据链条，证据与证据之间的"互相印证"，往往忽视了办案主体对证据、事实等问题形成的诉讼认识在证明标准中的重要作用。[①] 从法律的表达即可看出，证据确实充分是一个"去主体化"的标准，它"隐藏了"判断者。判断的权威性并非因为判断者处于立法授权他处于判断者的"角色"，而是证据的证明状态所赋予的。此外，我国法官个体判断的独立性保障不足，且在有重大争议的案件中，面临许多"非理性"的裁判压力和风险，其依照理性判断和个人良知得出的结论难以支撑判决结果的权威性。于是，以证据的客观证明状态而非主观上推论得出的事实作为裁判的依据，就可以降低和转移权威性不足所导致的判决风险。[②]我国也没有将证据确实充分的认定权授予任何一个主体，具有多元化复合性特色。无论是一审法院、二审法院、死刑复核法院以及再审法院，均具有"事实认定权"，即认定是否达到证据确实充分的权力。在这种权力分配模式下，任何一个主体都难以根据自己的"理性"判断去否定其他主体的"理性"判断，唯有"让证据说话"才可能是获得重叠性共识的较佳路径。这就要求"法院在事实认定的依据上具有客观的可重复性和可验证性，如果法官不是根据证据事实，而是根据某些非证据事实如经验法则作出裁判，救济审程序就无法对初审裁判进行审查和检验"[③]。因此，必然要求提高法定的证明标准。

为此，修改后的《刑事诉讼法》对"确实、充分"的含义进行细化，增加了

[①] 杨宇冠、郭旭：《"排除合理怀疑"证明标准在中国适用问题探讨》，载《法律科学》2015年第1期。
[②] 侣化强：《事实认定"难题"与法官独立审判责任落实》，载《中国法学》2015年第6期。
[③] 陈虎：《制度角色与制度能力：论刑事证明标准的降格适用》，载《中国法学》2018年第4期。

"排除合理怀疑"的规定,作为对"事实清楚,证据确实、充分"这一客观标准进行的主观性解释。法官根据双方举证、质证、辩论等,最终形成对案件的主观认识和内心确信。所以,法官从最初接触案件到最终作出判决的过程,应该就是不断排除合理怀疑的过程,只有当所有和案件判决有关的合理怀疑被排除后,才能够作出有罪判决,所以法官应当不仅仅是看证据,还要结合实际情况对于这些证据所反映的事实产生一定怀疑,从而达到主客观相一致,作出合理公正的判决。《布莱克法律词典》中明确了证明标准就是当事人为使证据确信而履行证明责任时必须达到的状态。从概念来看,其必须达到"证据确信"的主观认知和"履行证明责任"的客观标准。综合来看,"排除合理怀疑"的证明比证据确实、充分更为合理,一方面,这是对被告人权利的一种保护,如若采取证据确实、充分,难以对一个案件强调主观意识从而达到主客观相统一的判决结果。在我国,被告人从被指控到最终作出裁判的过程中,相对于控诉方来说,无论是身份地位、经济状况还是辩护能力,都处于一种相对不利地位,而且,其一经定罪就会失去相应的人身自由,名声也必然会受到影响。采用合理怀疑,能够让审判人员主观上对于已知的案件事实情况产生自己合理的怀疑,这种合理怀疑包括了原本忽视的与案件有关的疑点。另外,对于证据所表明的案件事实不等于案件发生时的原状,通过证据证明具有一定的操作难度,而"排除合理怀疑"能够在一定程度上减小这种必须要达到的要求,即证据现在只需证明达到足以排除心中合理怀疑的标准即可。

概言之,"排除合理怀疑"与"证据确实、充分"是不同性质的证明标准,前者是主观的、内在的证明标准,是用来衡量裁判者对案件事实达到怎样内心确信程度的标准,而后者则属于一种客观的、外在的证明标准,是用来衡量全案证据是否足以推导出案件事实真相的标准。严格说来,"排除合理怀疑"可以被视为一种"证明程度",而"证据确实、充分"则可被归为一种"证明要求"或"证明目标"。首先,"排除合理怀疑"证明标准的确立,有助于克服原有证明标准过于理想化的不足。原有的"事实清楚"标准,与哲学上的"实事求是"密切相关,只是一种客观的认识目标,而无法发挥证明标准的作用。而原有的"证据确实、充分"证明标准,也只是法律对案件事实的证明在质和量两个方面所提出的要求,它们并没有给出具体的衡量尺度。相反,"排除合理怀疑"证明标准的引入,使得裁判者认定案件事实有了可测量的标准和尺度。原则上,这一标准并非等于"发现真相""绝对确定""恢复事实原貌"等理想的证明目标,而属于裁判者对案件事实的确信程度。而在对一种事实的认识上,人们确实是存在"将信将疑""初步相信""完全确信"等不同认识程度的。毫无疑问,"排除合理怀疑"属于在人们主观认识范围内所要达到的最高认识标准。尽管对于"排除合理怀疑"的具体含义,人们可能会存在不同的认识,但是,对于"合理怀疑",人们却是容易达成共识的,也是具有可测量的标准的。在一定程度上,"排除合理怀疑"证明标准的引入,使得我国《刑事诉讼法》第一次有了真正意义上的"证明标准"。其次,"排除合理怀疑"证明标准的引入,有助于克服原有证明标准过于客观化的缺陷。无论是"事实清楚",还是"证据确实、充分",都属于法律从外在的角度为裁判者确立的证明要求。但这些证明要求并不能自动转化为衡量裁判者主观认识程度的标准。"排除合理怀疑"证明标准的引入,意在使裁判者通过审视自己的内心是否达到确信的程度,来认定案件事实。对于这些裁判者来说,经过完整的法庭审判过程,结合对全案证据的综合审查,假如已经形成了内心确信,并对被告人实施犯罪这一事实不再存在合理的疑问,就可以直接作出犯罪事实成立的结论。相反,假如经过法庭审判过程,裁判者对犯罪事实的成立仍然存在合理的疑问,就可以认定该项事实不存在。

一些学者认为,"排除合理怀疑"与"证据确实、充分"分别从主观和客观方面表述了同样的证明要求,两者是一回事。"排除合理怀疑"既没有取代原有的"证据确实、充分"证明标准,更不属于一种低于"证据确实、充分"的新的证明标准。① 但也有学者主张,证据确实、充分必然意味着排除合理怀疑,但排除合理怀疑却并不必然意味着证据确实、充分。证据确实、充分"不仅要求具有内部性的排除合理怀疑,而且还要求具有外部性的证据相互印证",至少在部分情形下,"排除合理怀疑的标准低于证据确实、充分的标准"。② 当然,还有一种更富有新意的观点,认为"排除合理怀疑"标准的确立,是对运用证据认定案件事实所要达到的程度的要求,是关于证明标准的新解释。笔者认为,首先,"排除合理怀疑"属于主观层面的证明标准,意在为裁判者对案件

---

① 魏晓娜:《"排除合理怀疑"是一个更低的标准吗?》,载《中国刑事法杂志》2013 年第 9 期;李蓉:《从法定证明标准之兴衰看我国新刑事诉讼法的证明标准》,载《南京大学法律评论》2013 年第 2 期。

② 龙宗智:《中国法语境中的排除合理怀疑》,载《中外法学》2012 年第 6 期;龙宗智:《诉讼证明的方法》,载彭东主编:《刑事司法指南(第 4 集)》,法律出版社 2013 年版,第 62—91 页。

事实的认识设立确定程度；而"证据确实、充分"则属于客观层面的标准，意在为裁判者设立一个较为理想的证明目标。其次，"排除合理怀疑"并不需要达到绝对的确定性，也就是说，裁判者不需要对案件事实的存在达到排除一切怀疑的程度，而"证据确实、充分"是属于"实事求是""客观真实"的代名词，要求裁判者对案件事实要达到恢复事实原貌的最高程度。最后，"排除合理怀疑"要求裁判者本着经验、理性和良心，对自己通过庭审所形成的内心确信进行审视，凡是存在合理疑问的情况下都要做有利于被告人的解释，这带有明显的尊重裁判者内心判断的意味，属于司法独立的内在应有之义。而"证据确实、充分"则属于法律为裁判者认定案件事实所设立的外部要求，带有明显的限制法官自由裁量权的意味，为外部权威势力审查裁判者的事实认定设立了一种依据。

通过引入"排除合理怀疑"的标准，立法者试图解决原有证明标准过于理想化、过于客观化以及缺乏可操作性等方面的缺陷，从而为裁判者确立一种真正意义上的内心确信尺度。从 2012 年《刑事诉讼法》的条文表述来看，"排除合理怀疑"已经成为"证据确实、充分"的核心条件，具有对后者加以具体化的立法功能。在一定程度上，假如要给我国刑事诉讼的证明标准设定一个标签的话，那么，这个标签仍然是"证据确实、充分"。但是，裁判者究竟是依据怎样的标准来认定案件事实才算"证据确实、充分"呢？这就需要进一步审视裁判者的内心确信程度，只有达到"排除合理怀疑"的程度，才可以作出"证据确实、充分"的判断。很显然，"排除合理怀疑"证明标准的引入，不仅对"证据确实、充分"的要求作出了具体的解释，而且在一定程度上改变了我国证明标准的内涵，也就是从原有的"注重外在的客观要素"转向"强调内在的主观要素"，以裁判者的内心确信程度取代了原有的抽象证明要求。这无疑是我国刑事诉讼证明标准制度的重大转型。

二、强化疑罪从无的具体适用

对于"主要是指事实不能查清或者不能完全查清的犯罪"的疑罪，法官应当本着"疑罪有利于被告"的原则，不应当判处被告人有罪。从这个意义上理解，"疑罪"应当"从无"，即从法律上宣告被告人无罪，但这并不等于一切疑罪皆必须从无，也不宜上升到"疑罪从无"作为一个原则的高度。对于"有相当的证据证明被告人有重大犯罪嫌疑，但全案证据尚未达到确实、充分的程度"

的案件,并不能简单一律从无,而是可以根据已经掌握的证据达到的证明程度进行判决。例如,在故意杀人罪和故意伤害罪之间,如果控诉方的证据不能证明被告人犯有故意杀人罪,但因为存在故意伤害的证据,可以证明构成故意伤害罪。在这种情况下,就不能简单以"疑罪从无"为由判决被告人无罪,而是可以根据现有证据判定被告人有罪。对于此罪与彼罪或者一罪与数罪等难以认定的案件,更不宜简单从无,而应当根据证据的情况,本着疑罪有利于被告的原则判处较轻的罪名。

在司法实践中,可能有这种情况,审判人员在事实上相信被告人是有罪的,但因为某些证据缺失等因素的存在,导致现有证据不能形成锁链,达不到认定被告人有罪的程度。审判人员对于被告人究竟是有罪还是无罪的判断存在犹豫,以致宣告被告人无罪。英美法系的刑事司法中证明被告人有罪的标准只是"排除合理怀疑",没有证据数量和种类方面的要求。"排除合理怀疑"并非没有任何怀疑,审判人员可以有各种怀疑。但是,怀疑只要有合理的解释,即使缺乏某些证据,审判人员也可以宣判被告人有罪,而并非疑罪一律从无。

"排除合理怀疑"标准的引入,可以发挥与"疑罪从无"相似的功能。[①] 在我国主流的刑事诉讼理论中,"疑罪从无"被视为无罪推定原则的必然要求,是司法机关处理疑罪案件的基本准则。自1996年以来,我国《刑事诉讼法》明确确立了这一原则,要求法院对于"事实不清、证据不足"的案件,可以做出"指控犯罪事实不能成立"的无罪判决。所谓"事实不清、证据不足",一般是指证据与证据之间不能相互印证,法官对于被告人实施犯罪事实存在合理的疑问。可以说,在过去的司法实践中,对于"事实清楚,证据确实、充分"标准,人们往往更侧重从客观方面加以认识和把握。但对于"事实不清,证据不足"的情形,则经常是从主观方面进行判断和鉴别的。在某种意义上,"排除合理怀疑"的引入,意味着裁判者在综合审查全案证据之后,假如仍然存在合理的怀疑,那么,他就只能遵循"疑罪从无"的理念,按照"疑问时做有利于被告人解释"的原则,作出被告人没有实施犯罪行为的认定。所谓"排除合理怀疑才能认定被告人有罪"的命题,又可以合乎逻辑地转化为"没有排除合理怀疑就不能定罪"的判断。既然法官在存在合理怀疑时只能作出无罪判决,那么,要

[①] 陈瑞华:《刑事证明标准中主客观要素的关系》,载《中国法学》2014年第3期。

认定被告人构成犯罪,就必须达到"排除合理怀疑"的程度。

在排除合理怀疑与证据规则的关联适用中,有一个问题需要引起关注,就是如何通过排除合理怀疑的吸收式运用,提高无罪推定原则的可适用性。无罪推定的理论来源,可以上溯到古代罗马法的"有疑,为被告人的利益"的原则和"一切主张在未证明前推定其不成立"这一法律公式。① 一般认为,无罪推定可以派生出许多刑事诉讼规则,如证明被告人有罪的责任由控诉一方承担,被追诉人不负证明自己有罪或无罪的义务;对被追诉人采取强制性措施有严格的程序限制,不允许任意进行;被追诉人享有沉默权,不得强迫其作出供述;禁止采用刑讯逼供及其他非法方法获取证据,否则,获得的证据不能作为定罪的依据;被追诉人享有以辩护权为中心的各项诉讼权利;最终认定被告人有罪的主体只能是法院,法院对被告人作出有罪判决必须建立在"无疑"的证明基础之上,"有疑问"时作有利于被告人的解释,等等。美国联邦最高法院则明确提出,排除合理怀疑证明标准为无罪推定提供了实质性的内容。在布里南(Brennan)大法官所代表的多数派看来,"排除合理怀疑标准是降低基于事实错误的定罪风险的首要工具,并为无罪推定提供具体的内容"②。"正是在这一证明标准正式确立之后,无罪推定才引申出这样一条著名规则:如果对被告人有罪的证明存在合理的怀疑,则应作有利于被告的推定或解释。因此,现代意义上的无罪推定,只有在'排除合理怀疑'证明标准的配合下,才能展示出完整的内容。"③

我国刑诉法规定"未经人民法院依法判决,对任何人都不得确定有罪"。不容否认的是,无罪推定原则在我国的司法实践中,一直在理念和实务两个层面上发挥着重要的、不可忽视的影响力。"排除合理怀疑"要求控方承担证明被告人有罪的责任,以消除裁判者对指控事实的"合理怀疑";而被告方既不承担证明有罪的责任,又不承担证明无罪的责任,但可以反驳指控,进行辩解或辩护,以增加裁判者对指控事实的"合理怀疑",最终达到维护自己权益的目的。从这个意义来说,排除合理怀疑标准的主要目的不仅在于查明案件事实,而且为控辩双方设定权利义务,防止追诉权的滥用,以证明标准的要求保证公民权利得到切实保障。我国 2012 年《刑事诉讼法》第 53 条吸收式地

---

① 陈光中:《应当批判地继承无罪推定原则》,载《法学研究》1980 年第 4 期。
② In Re Winship, 397 U. S. 358, 90 S. Ct. 1068(1970).
③ 汤维建、陈开欣:《试论英美证据法上的刑事证明标准》,载《政法论坛》1993 年第 4 期。

引入了"排除合理怀疑",同时在第 49 条中规定,公诉案件中被告人有罪的举证责任由人民检察院承担。这既对控方的证明程度作出要求,同时也为刑事诉讼中证明责任的分配提供了重要的指导准则。据此,构成指控犯罪所必需的事实必须由控方排除合理怀疑地予以证明,不允许通过任何程序性工具转移到被告人身上。由此,作为卸除证明责任标志的"排除合理怀疑"使无罪推定原则的可适用性有所提高。反之,无论"排除合理怀疑"是以怎样的一种形式存在于我国的证明标准体系中,其具体适用都应以无罪推定为基础理念,任何有悖这一原则的立法和司法样态,都会成为适用"排除合理怀疑"的实践障碍。

"排除合理怀疑"的证明标准也有利于提高诉讼效率。其一,根据这种证明标准,司法人员应当把时间、财力和人力集中放在查明、排除案件事实中存在合理怀疑的部分,而没有必要对一切怀疑或可能性予以排查到底,从而避免司法机关为查清某些不合理的怀疑而投入无限的时间和资源,既节约了司法资源,也加快了办案的速度,提高了审判效率。其二,随着我国法治的进步,司法改革已纳入国家总体改革的目标之内。应该相信,随着排除合理怀疑起诉标准的建立,广大司法人员的执法理念将会有较大转变,与此相关的刑事诉讼证据规则将随之建立起来,只有在那个时候,才可能真正贯彻疑罪从无的诉讼原则,以保障犯罪嫌疑人、被告人的权利,正确打击和预防犯罪。

三、提升证据认证的层次性

"排除合理怀疑"是法官对案件认识所达到的一种心理状态。刑事司法中要力求查明事实真相,但是事实真相与司法人员对于案情的认识程度是两个不同的概念。最理想的状态当然是事实真相完全契合司法人员对事实的认定。但是,由于人的认识能力的限度和客观条件的制约,司法人员的认识可能与事实真相存在偏差。随着科技的发展和司法制度的完善,人们对案件认识的水平在不断提高,但是这个过程永远不会终结,总是在不断地完善之中。所以,刑事案件中的证明标准很难百分之百的与已经发生的案件事实完全一致。"排除合理怀疑"是人类现阶段在刑事司法中认识能力所能达到的最高标准。[1]

从功能的意义上讲,"排除合理怀疑"实际上是在社会福祉总量最大化的目标下,说明冤案与纵案两类错判损失之间此消彼长的关系。这就要求司法者在冤案与纵案的损益比较中寻求对证明的标准的把握,司法者对证明标准的把握不能偏执一端,对冤案或纵案的过分倾斜都会带来社会负效用的增加。从纵向看,在不同的诉讼阶段,不同的刑事司法机关对于错案风险的控制能力不同,证明标准的严苛程序就应有所差别,在刑事诉讼的过程中,随着控辩双方平等对抗的程度不断增强,辩方力量的不断强化导致指控证据受到的挑战不断提高,"排除合理怀疑"的确信程度在诉讼过程中实质上会不断提高,刑事司法机关控制错案风险的能力因此也在不断增强。从横向上看,不同类别案件的错判风险存在差异,量刑的严苛程度、适用法律程序的负责程度以及再犯可能性等因素都可能成为影响错判所带来的风险。基于巨大错判风险的存在,裁判者对某些重刑案件的判决就需要更为谨慎,这就需要更为严苛的证明标准。因此,"排除合理怀疑"作为证明标准在不同种类案件中的严格程度可能会有所不同,这就要求刑事证明标准因案件类型的差异而呈现横向意义上的层次化分布。

在刑事案件审理中,应当要求控诉方证明其指控,如果控诉方不能达到证明被告人有罪的程度,法庭应当宣判被告人无罪。我国《刑事诉讼法》中对于侦查、起诉、审判三个阶段的证明标准采取相似的规定,刑事诉讼各阶段的证明标准应当保持一致性还是具有层次性是一个十分重要的问题,具有重大的理论意义和实践指导价值。笔者认为,统一刑事司法证据标准应当指证据合法性的标准,而不是证明程度的标准。刑事司法各部门的活动应当有统一的证据规则和符合审判对各种刑事司法活动的证据要求,但这并不意味着要求侦查机关、检察机关的各项司法活动的证明标准必须达到审判时定罪的标准。刑事诉讼各部门、各阶段的不同活动,包括拘留、逮捕、搜查、扣押、侦查终结、起诉审判等法律行为,应当有各自的证据要求或证明标准。各个部门的各种诉讼活动是否符合该活动所要求的证明标准,应当由审判机关最终认定。各阶段的证据的统一标准应当体现在证据的合法性方面,即如果某部

---

[1] 杨宇冠:《论中国刑事诉讼定罪证明标准——以排除合理怀疑为视角》,载《浙江工商大学学报》2017年第5期。

门收集证据的行为违法,则相关活动收集的证据应当排除,不能用作定罪的根据。鉴于"排除合理怀疑"是定罪证明的标准,是刑事司法中的最高证明标准,应当适用于审判阶段,判定被告人是否有罪时适用,而不能要求侦查机关和检察机关在进行侦查和起诉时的证明标准也达到"排除合理怀疑"的高度。

"排除合理怀疑"主要体现为法官的心理活动,是法官根据证据达到内心确信的过程。刑事诉讼中的侦查人员、审查起诉人员和审判人员具有不同的地位和作用,由于长期的办案习惯形成了不同的办案经验,对案件的判断也并不相同。侦查、审查起诉和审判人员在刑事诉讼的不同阶段对于案件所占有的信息和材料是不同的,更重要的是三个阶段对于证据的审查判断方式是不同的。在侦查过程中,侦查人员通过搜查、扣押、查封、冻结等手段获取的一系列书证、物证,或者通过讯问、询问等手段取得的犯罪嫌疑人供述、证人证言,这些活动的进行都必须有相应的批准手续,而为了获得批准,有关人员必须提出一定的证据,这也可以理解为这些司法行为的证明标准。但是,法律不应当要求侦查人员和起诉人员在其各阶段的司法行为的证明程度上对被告人有罪达到"排除合理怀疑"的程度。承担审查起诉工作的人员的任务与侦查人员不同,尽管他们也承担对犯罪行为提起公诉、追究犯罪行为人法律责任的任务,对起诉而言,检察官所承担的证明标准应当是证明被告人有罪的程度达到高于无罪的程度。虽然在有些国家比如日本的刑事诉讼中,提起公诉具有相当高的证明标准,但是在有些国家比如美国,只需要证明层次达到或高于"合理根据"的层次,检察官就可以提出起诉,而"排除合理怀疑"作为最高证明标准,仅适用于法庭中对被告人定罪的证明要求。

"生杀予夺事,能不谨慎哉"。刑事诉讼证明标准问题解决的是刑事诉讼最为核心的定罪与否的问题。可以说,整个诉讼证据制度乃至程序制度都是围绕着这个核心问题在运转。因此,对刑事诉讼证明标准进行合理设定可谓意义重大。

从对我国"证据确实充分"证明标准的实践考察来看,这一证明标准在现阶段具有与我国现行诉讼程序和证据制度相适应的特点,并符合我国特色的法治理念和传统法律意识的要求,但已经在实践中暴露出在口供依赖性、"疑罪"的合理处置、对法官主观判断的指导等方面的弊端和不足。因此,有必要借鉴在英美国家诉讼制度中运行较为成熟,且对我国"证据确实充分"证明标准在功能实现上具有一定补充作用的"排除合理怀疑"证明标准,对我国的刑事诉讼证明标准进行必要的调整和重构,形成具有我国特点的"证据确实充分,排除合理怀疑"的证明标准。这不仅是走出我国目前诉讼证明标准把握上的实践困境的需要,也是适应我国未来刑事诉讼程序制度和证据制度进一步改革和完善的需要。

第六章

刑事附带民事诉讼审理程序改革探索

近年来,由于法治的发展完善和公民权利意识的增强,刑事附带民事诉讼案件数量呈逐年递增的趋势,新情况、新问题也层出不穷。由于刑事附带民事诉讼本质上是一种民事诉讼,但又附带在刑事诉讼过程中审理,既要遵循民事诉讼的一些普遍规定,又要受《刑事诉讼法》一些特殊规定的规制,导致刑事附带民事诉讼在法律适用上有许多争议焦点和难点,已越来越受到理论界和司法部门的重视。笔者根据刑事附带民事诉讼的特点和法律规定的原则、精神,对既有制度在实施中存在的问题进行分析。例如,对刑事附带民事诉讼中如何确定被害人范围、被害人死亡时如何认定刑事附带民事诉讼原告人、如何认定在逃同案犯的诉讼地位、如何把握刑事附带民事赔偿范围和赔偿标准、如何完善立案程序及审理程序等问题进行了探讨,并力争围绕上述问题寻找符合立法原则和精神的具体处理规则。①

第一节 刑事附带民事诉讼制度的沿革和特点

一、法律规定及沿革

中华人民共和国成立之前,我国法制史上并没有出现刑事附带民事诉讼这种诉讼制度,我国司法制度关于刑事附带民事诉讼的类似表现主要为烧埋银制度。该制度最早出现在元代,是元代首创的生命权赔偿制度,一直沿用到清代末年。烧埋银制度的主要内容为:刑事侵害人的侵害行为致使被害人

---

① 我国的刑事附带民事诉讼制度的基本框架形成于1996年的《刑事诉讼法》,2012年和2018年对《刑事诉讼法》的修改,基本延续了原有的刑事附带民事诉讼结构,对刑事附带民事诉讼的提起、财产保全、赔偿范围、合并审理的例外情况等具体问题进行了完善。

死亡的刑事案件,侵害人除了承受国家的刑罚之外,还必须支付一定数额的丧葬费和精神赔偿金给被害人的家属。① 这与现代的刑事附带民事诉讼制度精神相似,即刑事侵害人除了承担刑事责任之外,还需承担相应的民事赔偿责任。首创于元代的烧埋银制度是中国历史上官方首次以法律形式制定的针对侵害他人生命权提出的附带民事责任制度,其性质颇具如今民事法律规定的"死亡赔偿金"味道。

我国对刑事附带民事诉讼制度始终是重视并一贯支持的。从1954年的《刑事诉讼法(草案)》和1957年的《刑事诉讼法(草案)》以及1963年的《刑事诉讼法草案(初稿)》中,我国的立法都对刑事附带民事诉讼作了专章规定,特别是1979年第五届全国人大第二次会议通过的《刑事诉讼法》。这部法典以专章的形式对刑事附带民事诉讼制度作出了规定,这标志着我国刑事附带民事诉讼制度的正式确立。1996年第八届全国人大第四次会议通过的《关于修改〈中华人民共和国刑事诉讼法〉的决定》继续保留和完善了这一制度。

20世纪80年代以来,我国的许多法律制度经历了一系列的变化,不断地发展、丰富、完善,国家法治建设取得了可喜的成就,到今天,具有中国特色的社会主义法律体系已基本建立。但是,就刑事附带民事诉讼方面,相比之下,发展得还是相当缓慢,立法相对很少,远远跟不上司法实践的需要。从总体上看,与其他国家相比,我国的《刑事诉讼法》对刑事附带民事诉讼制度的规定过于原则和简单,其中,刑事附带民事诉讼制度作为单独的章节予以规定,但具体来看,法条很少,即使在经过2018年修正后,整章仍然只有4条法律规定,相对于这一制度的复杂性而言,规定明显不够详尽和细致。即使是在2021年修改的《最高人民法院关于适用〈中华人民共和国刑事诉讼法〉的解释》中,关于刑事附带民事诉讼制度的规定也仅有27条。这样的原则性规定使人感到内容匮乏,在实践中缺乏具体、明确的操作步骤和充分的法律依据,使司法人员在法律适用方面产生无法可依的局面,也给诉讼当事人依法维护自身权利带来了一定的困难,进而影响到刑事附带民事诉讼制度的全面实施和良性运行。

我国《刑事诉讼法》对刑事附带民事诉讼制度作了原则性规定,主要有以下内容:2012年《刑事诉讼法》第99条规定:"被害人由于被告人的犯罪行为

---

① 刘少军:《论当事人和解与刑事附带民事诉讼程序的衔接》,载《政法论坛》2016年第1期。

而遭受物质损失的,在刑事诉讼过程中,有权提起附带民事诉讼。被害人死亡或者丧失行为能力的,被害人的法定代理人、近亲属有权提起附带民事诉讼。如果是国家财产、集体财产遭受损失的,人民检察院在提起公诉的时候,可以提起附带民事诉讼。"第 100 条规定:"人民法院在必要的时候,可以采取保全措施,查封、扣押或者冻结被告人的财产。附带民事诉讼原告人或者人民检察院可以申请人民法院采取保全措施。人民法院采取保全措施,适用民事诉讼法的有关规定。"第 101 条规定:"人民法院审理附带民事诉讼案件,可以进行调解,或者根据物质损失情况作出判决、裁定。"第 102 条规定:"附带民事诉讼应当同刑事案件一并审判,只有为了防止刑事案件审判的过分迟延,才可以在刑事案件审判后,由同一审判组织继续审理附带民事诉讼"。2018 年《刑事诉讼法》在修改时延续了上述相关规定。2012 年《最高人民法院关于适用〈中华人民共和国刑事诉讼法〉的解释》第 138 条至第 164 条共有 27 条对刑事附带民事诉讼的程序做了规定,2021 年出台的《最高人民法院关于适用〈中华人民共和国刑事诉讼法〉的解释》也延续了这些细化规定。

二、法律规定的特点

在对刑事附带民事诉讼法律适用的具体问题进行分析和探讨之前,了解我国关于刑事附带民事诉讼的法律规定及其特点,对于我们更好地理解和解释法律,把握法律规定的精神和价值取向,是十分必要的。在 2012 年《刑事诉讼法》修正前,我国审理刑事附带民事诉讼案件法律适用的规定主要见于 1996 年《刑事诉讼法》和相关司法解释,常用的司法解释主要包括最高人民法院《关于执行〈刑事诉讼法〉若干问题的解释》《关于审理刑事附带民事诉讼案件有关问题的批复》以及《关于刑事附带民事诉讼赔偿范围问题的规定》。在 2012 年、2018 年两次修正《刑事诉讼法》后,常用的规定主要为新《刑事诉讼法》及其解释。这些法律和司法解释规定反映出以下几个特点:

(1) 刑事附带民事诉讼适用法律以刑事诉讼法及其司法解释的特殊规定为主,没有特殊规定的,适用民事诉讼法及民法的规定。刑事附带民事诉讼本质上仍然是民事诉讼,只是因为其附带于刑事诉讼过程中审理,使其具有了特殊性。从而在适用法律上也应当体现刑事优先的原则。因此,我们在解决刑事附带民事诉讼法律适用问题时,必须首先把握《刑事诉讼法》对附带民事诉讼的特殊规定赋予了它哪些不同于普通民事诉讼的特点。另外,我们不能拘泥于《刑事诉讼法》的规定,在没有特殊规定时,应当准确适用民事诉讼法的相关规定,作为解决问题的依据。

(2) 刑事附带民事诉讼的审理范围有明确的限制。我国通过司法解释,明确了附带民事诉讼审理的范围仅限于人身权利受到犯罪侵犯而遭受物质损失或者财物被犯罪分子毁坏而遭受物质损失的案件,不包括因犯罪分子非法占有、处置被害人财产而使其遭受损失和因犯罪行为遭受精神损失的案件。虽然对这一规定的内容历来存在比较多的争议,但就刑事审判法律适用而言,不得以任何直接或间接的方式不适用该规定。

(3) 刑事附带民事诉讼的规定仍然有待完善。虽然《刑事诉讼法》和司法解释已经考虑到附带民事诉讼的特殊性,对其作出了一些特殊规定,但实践中仍然有许多没有特殊规定,而适用民事诉讼法的规定在刑事案件处理中又并不合适的情况,给法律适用带来困难。如在《刑事诉讼法》及其司法解释修改之前,我们对于在逃同案犯,附带民事诉讼中就不可能按照民事诉讼法的规定予以缺席判决等。

(4) 更多地侧重于考虑被害人权益的保护,而忽视了刑事诉讼的效率要求。我国刑事附带民事诉讼出于对被害人权益保护的考虑,不仅不收取诉讼费用,还设立了公诉机关的告知制度,公诉机关在提起公诉时往往主动告知被害人可以提起附带民事诉讼。这就使得刑事被害人的民事赔偿问题在我国极少由民事审判庭解决,大多由刑事附带民事诉讼方式解决,由于一些民事赔偿中法律关系较复杂,当事人人数较多等,这些案件在刑事诉讼过程中审理,就会影响刑事案件处理的效率,也给刑事法官带来审理上的难度。因此,在附带民事诉讼法律适用特别复杂的案件中,法官应当尽可能引导当事人通过民事诉讼方式解决纠纷,以确保刑事审判的顺利进行。

依照我国《刑事诉讼法》的规定,结合上述特点,可以得出刑事附带民事诉讼具有以下本质属性:

(1) 刑事附带民事诉讼仍属一种诉讼活动。诉讼是指司法机关和案件当事人在其他诉讼参与人的配合下为解决案件依法定程序所进行的全部活动。基于诉讼在法院和诉讼当事人之间形成诉讼法律关系,法院在其中处于最重要地位,诉讼当事人双方则各自基于诉讼法所赋予的权利,在法院的主持下为维护自己的合法权益而积极活动。可见,诉讼是由诉讼活动和诉讼关系两方面内容构成的,诉讼活动能够产生、变更或消灭诉讼关系,而诉讼关系又通过诉讼活动表现出来。同时,这些诉讼活动和诉讼关系都由诉讼法所规定。基于诉讼所要解决的案件性质不同,有民事诉讼、刑事诉讼和行政诉讼之分。

(2)刑事诉讼是附带民事诉讼的前提。附带民事诉讼是在刑事诉讼过程中提起,又是在刑事诉讼中附带解决的诉讼。因此,只有刑事诉讼已经进行,才能进行附带民事诉讼;如果刑事诉讼不成立,就谈不上附带民事诉讼。被害人直接向法院提起损害赔偿请求,则成为独立的民事诉讼。

(3)民事诉讼是刑事附带诉讼中的核心。刑事附带民事诉讼的实质是一种民事诉讼,其所要解决的问题是民事赔偿问题,这意味着刑事附带民事诉讼在实体法上应当受民事法律的规范、调整,在程序法上,除《刑事诉讼法》有特殊规定外,应当适用民事法律的规定。①

(4)刑事附带民事诉讼具有特殊性。刑事附带民事诉讼的特殊性源于存在于该诉讼中的民事诉讼所请求的民事赔偿,根源于刑事诉讼中犯罪嫌疑人的犯罪行为。犯罪嫌疑人所实施的危害社会的行为,在刑法上构成犯罪,应当追究刑事责任,在民法上又属于民事侵权,应当承担民事赔偿责任。这两种法律责任虽性质不同,却都源于被告人的同一违法犯罪行为,正因如此,才有可能在同一诉讼活动中解决两种不同性质的法律责任,也正是因为是在刑事诉讼中附带解决民事实体问题,故称为刑事附带民事诉讼。

(5)刑事附带民事诉讼重视诉讼活动中效率价值的实现。刑事附带民事诉讼可以使刑事诉讼和民事诉讼合并进行,简化了诉讼程序,便利了诉讼当事人,使其不仅节约时间和费用,而且在实体权利保护上也使民事原告人从刑事公诉中为证明被告有罪而采取的必要行动中获得便利。同时,法院也可以避免对同一事实作出相互矛盾的判决,提高了办案效率,节省了人力、物力和时间,凸显了刑事附带民事诉讼的效率价值。② 从刑事附带民事诉讼的概念与特征中,笔者认为,刑事附带民事诉讼是以解决民事赔偿为目的,具有鲜明的私法属性。但是,它又有特殊性,即请求民事损害赔偿的诉讼活动可以附带于刑事诉讼之中,使其成为刑事诉讼的有机组成部分,又具有一定的公法属性,由此使其成为具有特殊性的民事诉讼的质的属性。

---

① 陈光中:《中华人民共和国刑事诉讼法再修改专家建议稿与论证》,中国法制出版社2006年版,第406页。
② 王国枢主编:《刑事诉讼法学》,北京大学出版社1999年版,第202页。

三、司法实践中的问题

刑事附带民事诉讼制度在立法中仍需完善,但相比而言,对司法实践中存在的问题进行总结反思更具有现实意义。具体而言,当前刑事附带民事诉讼司法实践主要存在以下几个方面的突出问题:

(一)刑事附带民事诉讼当事人的确认

(1)刑事附带民事诉讼原告主体不明确。刑事附带民事诉讼中,对"近亲属"作为刑事附带民事诉讼主体的规定并不明确,因为对比刑事诉讼与相关民事法律的规定,可以很明显看出刑事法律和民事法律对"近亲属"范围规定得并不一致,而刑事附带民事诉讼的特点之一是法律适用上的复合性,既适用刑法方面的规定,又适用民法上的规定,而对于刑、民法律上的冲突,到目前为止,并没有相关法律或司法解释进行解释,这种规定的不一致在司法实践中就很容易导致法律适用的混乱,比如不同的法院、不同的法官的理解不同,进而导致同案不同判的现象发生,而且如果法官适用刑事法律的解释,"近亲属"的适用范围明显狭窄,不利于当事人维护合法权益,这从某种角度来说就是降低了司法的公信力。此外,《刑事诉讼法》对第三人能否参与到刑事附带民事诉讼中来并没有相应的规定,但司法实践中常遇到第三人要求参与刑事附带民事诉讼,应否准许各地法院做法不一。

(2)司法实践中刑事附带民事诉讼被告主体适用范围过窄。《刑事诉讼法》相关司法解释对刑事附带民事诉讼中依法负有赔偿责任的人以罗列的形式进行了确定,不仅包括了被告人或者被告人的监护人,还包括了未被追究刑责的共同侵害人,以及死亡被告人或死刑罪犯的遗产继承人。除此之外,还对其他应当承担赔偿责任的个人或单位作了保留。从上述规定可以看出,我国的刑附民诉讼的适格被告主体在立法规定上范围广泛,但在司法实践中,我们从未见过除刑事被告人或其监护人之外的赔偿主体能够参与到刑事附带民事诉讼中来,甚至是交通肇事中的保险单位也很少能够参与到刑事附带民事诉讼中来。究其原因,是认为这些主体与刑事案件的审理并没有关系,所以刑事法官不愿意让这些人参与进来,而往往是要求被害人另外提起民事诉讼。此外,2021年的《最高人民法院关于适用〈中华人民共和国刑事诉讼法〉的解释》也延续了之前的规定,即在逃的同案犯不能作为刑事附带民事诉讼的被告人,而且如果被害人已经从其他共同犯罪人处获得足额赔偿的,被害人则不能再提起刑事附带民事诉讼。但是,根据我国民事诉讼法相关内容,刑事犯罪的潜逃人员在起诉时是可以作为共同的民事被告载明在诉状中,以公告的形式送达。由此可看出,刑事附带民事诉讼与普通民事诉讼在能否适用缺席判决上明显不同,刑附民诉讼并不支持缺席判决,不允许将在逃的同案犯列为附民被告,附民原告如果想要在逃的同案犯也承担赔偿责任,只能在刑事结案后另行提起附带民事诉讼,这样不仅不利于被害人的权益保护,同时也加重了已赔偿被害人的同案犯的赔偿责任。

(二)刑事附带民事诉讼的赔偿范围不明确

(1)依据我国《刑法》和《刑事诉讼法》的规定,刑事附带民事诉讼的赔偿范围只局限在"物质损失"而不包括"精神损失",这是毫无疑问的。然而,对于"物质损失"如何界定,"物质损失"具体应包括什么内容、如何计算、依据什么标准进行计算,我国法律并没有明确的规定,这使得在司法实践中难以操作。此外,在《刑法》与《刑事诉讼法》中,分别用"经济损失"与"物质损失"来进行规定。这两部法律均为刑事基本法,但对刑事附带民事诉讼的赔偿范围却用了不同的名词来表述,有失稳妥,并且这里的"经济损失"与"物质损失"应如何确定亦无具体细化,以致司法实践中判决依据难以统一。针对上述存在的问题,司法解释明确物质损失包括已经遭受的实际损失和必然遭受的损失。依照该规定的逻辑分析,难以判断物质损失是否能包括间接物质损失。因此,被害人因为犯罪行为遭受到的间接物质损失是否属于刑事附带民事诉讼的赔偿范围,又成为法学界争议的一个问题。

(2)刑事附带民事诉讼赔偿范围的混乱还表现在死亡赔偿金是否属于精神抚慰金的范畴。第一种观点认为残疾赔偿金、死亡赔偿金应属于精神抚慰金的范畴,其主要依据为最高人民法院2001年出台的《最高人民法院关于确定民事侵权精神损害赔偿责任若干问题的解释》第9条之规定,残疾赔偿金、死亡赔偿金是作为精神损害抚慰金被界定为精神损害赔偿范围。由此,按照前述最高法的相关批复,被界定为精神损害抚慰金的残疾赔偿金或死亡赔偿金是被排除在刑事附带民事诉讼的赔偿范围之外的。如前所述,这也许就是广西壮族自治区将死亡赔偿金明确排除在刑事附带民事诉讼赔偿范围之外的上位法依据。这种被排除在外的精神损害赔偿说法,导致了第二种观点的产生,即认为死亡赔偿金应属于物质损害赔偿范畴,应纳入附带民事诉讼的赔偿范围。第二种观点的依据是最高人民法院2004年颁布的《最高人民法院关于审理人身损害赔偿案件适用法律若干问题的解释》,该解释中的第 17 条所出现的残疾赔偿金、死亡补偿费是作为物质损失赔偿项目,而该解释的第 17 条和第 18 条又分别规定了物质损失赔偿项目和精神损失赔偿项目的。这样一来,在立法逻辑上,第一种观点的残疾赔偿金和死亡赔偿金应作为物质损害赔偿项目,即财产性损害赔偿项目,应列入刑事附带民事诉讼的赔偿范围。上述两种观点,似乎都有道理,也都有法律的支撑,只是因为个人对立法本意的理解存在偏差,导致司法实践中各个法院裁判尺度不统一。

(三)刑事附带民事诉讼存在"执行难"问题

在司法实践中,在刑事附带民事诉讼的被执行人中,大部分来自农村家庭或农民工家庭的人员,这类人员的家庭通常经济都比较困难,有些犯罪分子还是家里的经济支柱,一旦犯罪不但家庭失去主要收入来源,有的甚至导致整个家庭生活陷入贫困状态。在附民被执行人的房产、车辆查询统计中,虽然有少部分人有房产登记或车辆登记,但绝大部分的房产或车辆有银行贷款抵押,且权属属于夫妻共有。因此,在刑事附带民事案件的执行中,绝大多数的被执行人是没有任何财产可供执行的。在办案过程中,我们通过提审犯罪嫌疑人发现,有些侵犯财产型的犯罪(如抢劫、抢夺、盗窃等)中,行为人的心态本来就是由于没有钱花,又不想去打工,基于这种不劳而获的心理,才去实施犯罪,犯罪所得通常都是随意挥霍,在被公安机关抓获时,几乎没有留下任何可供执行的财产。从上述分析可以看出,刑事附带民事诉讼的执行方面,没有财产可供执行是该类案件执行不能的主要原因。

(四)调解工作需要进一步加强

在刑事附带民事诉讼案件的处理中,调解成为化解双方矛盾、实现被害人赔偿请求的主要途径,并且处理方式的不同对案件效果带来的差异较大。实践证明,刑事附带民事诉讼案件中,调解在协议达成后即能全额履行,这有利于迅速解决被害人经济上的窘迫,实现对被害人的抚慰和保护,从而也一定程度上化解了当事双方的矛盾,能够很好地实现法律效果与社会效果的统一,尤其受到基层法院审判人员以及当事双方的欢迎。但是,刑事附带民事诉讼中的调解工作还需要进一步加强,"从轻处罚"与"花钱买刑"的观念如何更新,"被告人已经赔偿物质损失"和"可以作为量刑情节予以考虑"如何理解,调解的时间保障与审理期限之间如何协调等问题都值得进一步探讨。①

2012年修正的《刑事诉讼法》在特别程序中新增加了"当事人和解的公诉案件诉讼程序",也即刑事和解程序,第277条规定"(一)因民间纠纷引起,涉嫌刑法分则第四章、第五章规定的犯罪案件,可能判处三年有期徒刑以下刑罚的;(二)除渎职犯罪以外的可能判处七年有期徒刑以下刑罚的过失犯罪案件",犯罪嫌疑人、被告人可以通过真诚悔罪、赔偿损失、赔礼道歉等方式与被害人达成和解,达成和解协议的,公、检、法对犯罪嫌疑人、被告人给予从轻、减轻处罚。《刑事诉讼法》对刑事和解的规定,明确了犯罪嫌疑人、被告人可以通过赔偿被害人的经济损失来换取被害人的谅解和自己刑事责任的减轻或免除,虽然案件范围主要限于两大类,但无疑,刑事和解一方面可以缓解司法实践中法院大量案件积压的问题,另一方面,也是对宽严相济刑事政策的贯彻,是刑事谦抑性原则的体现。

前文已经提到,2012年修正的《刑事诉讼法》明确法院审理附带民事诉讼案件可以调解,最高人民法院也通过司法解释规定被告人积极主动赔偿被害人经济损失可以作为量刑时酌情从轻处罚的一个情节,二者都涉及被告人的赔偿可以换取对自己的从宽处理,而且,对被告人而言,刑事和解的处理结果明显有利于附带民事诉讼的处理结果。二者如何协调,法律并未明确规定,这不能不说是一种遗憾,严重时还会导致法律适用上的不平等。

(五)赔偿与刑罚关系的处理缺乏统一标准

对于被告人积极赔偿或其亲属自愿代偿的,可否作为从轻、减轻或者免除刑事处罚的量刑情节,理论界和司法实务界意见不一。肯定说主张被告人积极赔偿或其亲属自愿代偿的,应酌情从轻处罚。其理由如下:

第一,行为人犯罪前后的行为表现属酌定量刑情节。被告人犯罪后积极赔偿或要求亲属为其代偿,证明其悔罪态度好,主观恶性相对不深,故可对其从轻处罚。

第二,赔偿及时有利于抚慰被害人,化解矛盾。如果将赔偿与否作为一个量刑情节,有利于促进被告人积极赔偿,使被害人的损失得到弥补。否定说认为不能因为民事赔偿而对被告人从轻或减轻处罚,也不能用加重刑罚代替赔偿。理由是:刑事责任与民事责任的内容、目的及意义均不同。刑事责

---

① 钱怀瑜:《关于刑事附带民事调解若干问题的思考》,载《甘肃社会科学》2009年第5期。

任是行为人触犯刑法所引起的法律后果,是惩罚性的法律责任,是对社会的责任。刑罚是对犯罪分子的人身权利实行的强制办法,它不能消除受害人物质损害的后果。而民事责任是行为人违反民法所引起的法律后果,是赔偿性的法律责任,是对被害人的责任。赔偿是损害之债的履行,是对犯罪行为所致财产损失的补偿,并不涉及人身权利的处罚。刑事附带民事诉讼,虽然针对的是同一犯罪事实,但追究的责任是刑事责任与民事责任,追究刑事责任的目的在于对犯罪进行惩罚,以达到一般预防和特殊预防的效果,而追究民事责任的目的主要在于对受害人的损失进行补救,二者不能互相代替。

此外,对于未造成实际损害的危险犯、行为犯或者对于由于经济困难无法实施有效赔偿的其他被告人而言,这样一个从轻处罚的机会无法取得,也就无法在刑事审判中得到同等对待,从而影响刑事审判的公正性。[①]

(六)财产保全和先予执行措施的运用不理想

《最高人民法院关于执行〈中华人民共和国刑事诉讼法〉若干问题的解释》第95条规定:"人民法院审理附带民事诉讼案件,在必要时,可以决定查封或者扣押被告人财产。"2012年《刑事诉讼法》也有"人民法院在必要的时候,可以查封、扣押、冻结申请没收的财产"的保全条款。这一规定非常必要,刑事附带民事诉讼的特殊之处在于此类案件一般要经过侦查、审查起诉阶段等较漫长的过程,如果不赋予被害人或有关权利人在侦查、审查起诉阶段的申请财产保全权和侦查机关、检察机关的执行财产保全权,那么很可能出现被告人转移财产的情况,从而导致被害人的权利不能得到很好的保护。

在实践中,考虑到先予执行毕竟是在案件审理之前采取的,一旦最终判决的结果与之不符,就会存在执行回转的问题,所以对于证明申请理由成立的证据暂不十分充分、有必要由申请人提供担保的,应当责令申请人提供担保。而"有必要"的判断权交给了人民法院裁量行使,审判人员在处理这类情况的时候往往要比单纯民事诉讼中的先予执行更加谨慎,因为刑事附带民事诉讼的特殊性决定了采取任何民事的救济措施都是对未定罪被告人的消极社会宣示,可能引起的司法风险较一般的民事诉讼大得多。司法实践中,除少数交通肇事案件外,一般是在执行案件立案后,才对被告人财产采取财产

[①] 谢渊、毛立华、冯爱冰:《刑事附带民事诉讼若干问题与对策——山东省法院刑事附带民事诉讼调研分析》,载《人民司法》2007年第5期。

保全措施,给被告人及其家属规避执行、转移、变更、变卖财产提供了机会。[①]

第二节　刑事附带民事诉讼当事人的确定

　　刑事附带民事诉讼的当事人,是指由于被告人的犯罪行为遭到损失,在附带民事诉讼进行的过程中,以自己的名义,参加诉讼并且接受人民法院裁判约束的利害关系人。由于现行法律和相关的司法解释对该程序的规定过于笼统、简单,人民法院在具体做法上也不够规范、统一,由此产生了争议和操作上的困难。因此,有必要对刑事附带民事诉讼程序作进一步探讨。

一、被害人范围的理解

　　对于财物遭受犯罪行为损害的人(如某被告人在茶坊故意伤害某甲,而砸坏物品的所有人为某乙)以及并非被害人近亲属,但为已死亡的被害人承担了丧葬费、医疗费、护理费的人,是否有权提起附带民事诉讼?一种意见认为,根据1996年《刑事诉讼法》第77条,被害人由于被告人的犯罪行为而遭受物质损失的,有权提起附带民事诉讼。《最高人民法院关于执行〈中华人民共和国刑事诉讼法〉若干问题的解释》中将有权提起附带民事诉讼的人具体规定为被害人(公民、法人和其他组织)、已死亡被害人的近亲属、无行为能力或者限制行为能力被害人的法定代理人。前述财物被损害人和费用承担人并非犯罪行为所直接侵害的对象,因此不是被害人,其提起附带民事诉讼于法无据。另一种意见则认为,《刑事诉讼法》规定的被害人应包括所有因被告人的犯罪行为而遭受直接物质损失的人。前述财物被损害人和费用承担人所受损失均系被告人的犯罪行为所致,应当可以提起附带民事诉讼。笔者认为,以上情形在处理上产生分歧意见的关键在于对《刑事诉讼法》中规定的"被害人"范围的理解。我国《刑事诉讼法》对被害人概念并无明确解释,学理上的解释有两种,一种认为被害人是指一切受犯罪行为直接侵害的人;另一种认为被害人是指因犯罪嫌疑人的犯罪行为而遭受物质损失的公民和法人。

　　由于我国《刑事诉讼法》修正后强化了被害人的诉讼地位,赋予其较多的

[①] 王文军、黄洵:《刑事附带民事诉讼的现状与反思——基于对刑事附带民事程序的实证调查》,载《法学》2008年第3期。

诉讼权利,因此我国《刑事诉讼法》中具有准诉讼主体地位的被害人,应限定为犯罪行为直接侵害的人。但对于附带民事诉讼而言,其诉讼程序设计的价值在于对因犯罪而受到损害的人给予救济。因此,对是否有权提起附带民事诉讼应着眼于提起人是否因犯罪行为而直接导致损失,而不在于其在刑事诉讼中的诉讼地位。前述财物被损害人和费用承担人,均系因犯罪行为而遭受损失,如果不能得到救济,有违社会正义的一般原则,如果令其另行提起民事诉讼,则不利于提高法院整体审判效率,且由于被告人处于被羁押状态,给民事审理带来不便。从各国立法来看,也均将前述两种情形列入附带民事诉讼的赔偿范围。例如《俄罗斯刑事诉讼法》规定,凡因犯罪行为而受到物质损害的人,均有权提起刑事附带民事诉讼。《法国刑事诉讼法》第 418 条规定,任何人认为自己受到某项犯罪的损害,可以提出要求成为民事诉讼当事人。我国 1996 年《刑事诉讼法》在修改时,专家的修正建议稿曾提出原刑事诉讼法规定的"被害人"概念不够完整和规范,建议修改为"由于嫌疑人、被告人的犯罪行为而直接遭受损失的公民、法人或者其他组织在刑事诉讼中可以提起附带民事诉讼",从而将因犯罪行为而受到损失的其他公民、法人和组织包括在内。但立法机关最终对该条未予修改,理由是"上述建议的基本精神,已包含在原有立法中,有些是属于具体操作问题,可由司法解释作出规定"。因此,对《刑事诉讼法》规定的被害人,应理解为包括所有因犯罪行为而遭受直接损失的人。对于财物遭受被告人犯罪行为损害的人,其财物损失系由犯罪行为直接造成。而为已死亡的被害人承担了丧葬费、医疗费、护理费的人,其付出的费用也是因犯罪行为而受到的直接物质损失。因此,这两种人都应允许其作为原告人提起附带民事诉讼。

二、被害人死亡时对原告人的确定

由于一个自然人的死亡意味着其民事权利能力的终止,其附带民事诉讼的诉讼主体地位也必然不复存在,故而被害人继续诉讼的权利应当可以由其近亲属继续行使,我国《刑事诉讼法》也是如此规定的。但是,《刑事诉讼法》与民法中对于近亲属的规定却不完全相同,民法中关于近亲属的范围相对较广,不仅包括父母、子女、兄弟姐妹,而且还包括了祖父母、外祖父母、孙子女、外孙子女这些主体。法律上作出如此不同的规定,首先是由两个部门法所调整的范围以及立法目的不同而导致的。在民事领域中,对近亲属的范围规定较广是因为在民事领域中继承关系以及权利义务关系较为复杂,应当尽量使得权利以及义务有继承的对象;而在刑事领域中,其主要目的是尽量不扩大刑事案件的影响范围,对于被害人的近亲属而言,规定近亲属的范围较小,更有利于刑事附带民事诉讼方便、快捷的实现,因为如若近亲属的数量较多,则在起诉权起争议时,近亲属间要通过协商或法院指定的方式确认后,才可进行诉讼,如若近亲属的数量范围被限制,则在客观上的争议便不多,故可以从侧面加快刑事附带民事诉讼的进程,不仅如此,这样对近亲属的影响也是最小的,更不会因为没有被指定成为诉讼的当事人而对亲属间的关系产生影响。在司法实践中,如若只有部分权利人提起附带民事诉讼,则法院应当按照必要民事领域中必要的共同诉讼的做法,通知其他的权利人作为共同诉讼参与人参与到诉讼中;如若其他权利人不愿意参诉,则在不影响和阻碍其他诉讼当事人行使诉讼权利的情况下,对于此种权利,是可放弃的。如此,不仅可以保障已经死亡的被害人的合法权益,又可以使得法院判决的既判力以及公正性得到维护,如若死亡被害人的继承人人数较多时,也不会增加案件当事人的诉讼压力,进而延缓诉讼效率。[①]

实践中对于具体确定附带民事诉讼原告人,仍存在着两种不同意见,一种意见认为"被害人的近亲属都拥有独立的、完整的诉权,即每个近亲属都有权就被告人给被害人造成的全部物质损失单独提起附带民事诉讼,多名近亲属还可以作为共同原告人共同起诉"。理由在于:首先从法律规定看,司法解释对此作出的规定,没有限定必须以被害人的全部近亲属名义提起附带民事诉讼,被害人死亡的,凡是被害人的近亲属,均可以提出附带民事诉讼。其次,提起附带民事诉讼,是权利而不是义务。民事诉讼实行当事人主义,"诉权在民",民不告,官不究。由于种种原因,并非所有被害人的近亲属均愿意提出附带民事诉讼。强令须以全体被害人近亲属名义才能提起附带民事诉讼,不切实际,也没有必要。若允许单独提出,可能损害其他近亲属的权利问题,民事诉讼法对一般民事诉讼中存在类似权利义务主体不完整的情况,已有相应规范,审理附带民事诉讼时完全可以由人民法院通过适用民事诉讼法的相应规定解决。

另一种意见认为,被害人的近亲属提起附带民事诉讼的,应当将被害人

---

① 刘金友、奚玮:《附带民事诉讼原理与实务》,法律出版社2005年版,第187页。

的继承人均列为原告人,可以由继承人中的一人作为诉讼代理人参加诉讼,但其必须经其他继承人合法授权(无行为能力或限制行为能力人的法定代理人无须经授权)。理由在于:(1)附带民事诉讼主要解决经济赔偿问题,一般应由被害人本人提出。民事诉讼中,因自然人死亡的,应变更其继承人为当事人。因被害人死亡,理当由其继承人提出附带民事诉讼。(2)被害人的近亲属不一定是被害人财产的继承人,而附带民事诉讼主要解决因被害人死亡发生的经济赔偿问题,由不确定的被害人的近亲属提起附带民事诉讼,会产生新的权利义务之争。

笔者同意第二种意见。《刑事诉讼法》规定的已死亡被害人的近亲属有权提起附带民事诉讼,只是对诉讼主体范围的规定,并非指个案中所有近亲属均有完整独立的诉权。如果允许近亲属中的一人未经其他继承人的同意,对全部损失提起诉讼,则侵犯了其他继承人的诉权。而将全部赔偿均判归提起诉讼的人,也可能侵犯其他继承人的实体权利。一旦产生纠纷,除非将原判决撤销,很难予以公正处理。而将继承人都列为原告人,既能保护全部受损失人的合法诉权和实体权利,也不会影响法院的诉讼效率,实践中由已死亡被害人的近亲属中的一人或数人在取得其他继承人授权后作为诉讼代理人参加诉讼,不会给当事人增加讼累。这种做法也是民事案件中处理被害人死亡的人身伤害赔偿案件时确定原告的通常做法。刑事附带民事诉讼应当采用这一做法。从世界各国立法例来看,德国《刑事诉讼法》亦规定将被害人死亡情形下提起附带于刑事诉讼的财产权方面的请求权赋予被害人的继承人。

三、在逃同案犯的诉讼地位

对于共同犯罪案件的部分同案犯在逃的,对在案被告人提出的刑事附带民事诉讼应当如何处理,一直都是刑事附带民事诉讼制度争议较大的问题之一。在我国目前的民事法律框架下,同一侵权行为的多个共同直接侵权人,或者侵权行为的间接参与实施人,都是承担民事赔偿责任的主体。从相关法律规定中不难看出,我国明确否决了原告人通过刑事附带民事诉讼程序,向共同犯罪中在逃犯罪嫌疑人要求民事赔偿的权利,这就造成现实中许多的被害人只能向到案的被告人提起刑事附带民事诉讼,而一旦这些人没有可供执行的财产,被害人的权益往往不能及时得到保障。对这一问题,实践中也形成多种意见。一种意见认为,共同犯罪同案犯在逃的,被害人提起附带民事诉讼,应当将在逃犯作为附带民事诉讼被告人,适用民事诉讼法以缺席判决的方式判令其承担相应的民事赔偿责任。理由在于:(1)只要有证据证明该犯罪系共同犯罪,共同犯罪其他犯罪嫌疑人或被告人必须对共同犯罪行为造成的损失承担民事责任。(2)共同犯罪人的犯罪活动无法作绝对划分,因此也无法绝对区分他们的民事责任。共同犯罪中的犯罪嫌疑人或被告人对因犯罪行为造成的被害人损失应承担连带赔偿责任。对于到案被告人以外的其他附带民事诉讼被告人,人民法院应按民事诉讼法的有关规定通知其参加诉讼,送达有关法律文书,无法送达的,可采纳公告等方式送达。审理时,经合法传唤拒不到庭,按缺席判决。但是,采用如此方法进行诉讼活动,须有足够证据证明附带民事诉讼被告人确系在逃的共同致害人。根据权利义务一致原则、民事责任承担原则等,因共同致害人在共同犯罪中作用不同,即均应对犯罪行为所造成的损害后果承担责任,但应有所区别。因此在判决时,不能因为同案犯在逃,而将民事责任全部判决由到案被告人承担,应根据同案犯各自作用,分别承担全部民事责任中各自相应的部分,同时应明确由于同案犯共同致害,犯罪行为对损害后果不能决然单独分开,同案犯之间应对损害赔偿承担连带责任。[1]

第二种意见认为,这种情况不应当将在逃犯作为附带民事诉讼被告人,应仅将已到案的被告人作为附带民事诉讼被告人,并判处其承担自己应承担的部分民事赔偿责任。理由在于:(1)刑事诉讼是否成立,是能否提起附带民事诉讼的前提条件,能否承担刑事责任是能否承担民事责任的前提条件。对在逃的共同犯罪中的犯罪嫌疑人或被告人,无法进行刑事诉讼,谈不上对其进行民事诉讼。(2)民事诉讼的起诉状无法送达被诉人,标志民事诉讼的条件不完备。对在逃的犯罪嫌疑人或被告人无法送达民事诉状,无法进入民事诉讼的下一步程序。人民法院只能受理针对到案的共同犯罪中的犯罪嫌疑人或被告人提出的附带民事诉讼请求。

第三种意见认为,应仅将已到案的被告人作为附带民事诉讼被告人,并判处其承担全部的民事赔偿责任,在逃同案犯归案后,被告人可以向同案犯追偿应由同案犯承担的赔偿份额。

---

[1] 王俊民:《附带民事诉讼当事人范围新问题探究》,载《法学》2001年第2期。

笔者同意第三种意见,理由是:(1)由于附带民事诉讼的案件事实以刑事案件事实为基础,对于未到案的被告人,未经审理和被告人辩解,即对其进行事实上的定罪,不符合刑事诉讼基本原则。(2)同案犯在逃,很难确定其应承担责任的大小,实践中难以进行缺席判决,也难以确定已到案被告人承担部分赔偿责任的大小。(3)对于共同侵权,依照民法的规定,共同侵权人应当承担连带责任,因此应由已到案被告人承担全部赔偿责任,并保留其追偿的权利,是有法律依据的。(4)这一做法也有利于保护被害人的利益,有利于实践操作。

四、共同致害人的范围

《最高人民法院关于执行〈中华人民共和国刑事诉讼法〉若干问题的解释》第86条规定,附带民事诉讼中依法负有赔偿责任的人包括刑事被告人及没有被追究刑事责任的其他共同致害人。在2012年《刑事诉讼法》修改之前,对于"没有被追究刑事责任的共同致害人"如何理解曾存在不同意见:一种意见认为,这里的共同致害人仅仅指尚未到案的同案犯罪嫌疑人,不包括不构成犯罪的其他共同侵害人。理由是《刑事诉讼法》规定"被害人由于被告人的犯罪行为而遭受物质损失的,在刑事诉讼过程中,有权提起附带民事诉讼"。共同侵害人本身不是犯罪行为人,也不是对被告人的犯罪行为依法负赔偿责任的人,将他作为附带民事诉讼被告人,对他本身的行为引起的民事责任问题放在刑事诉讼中一并解决是不合适的,在操作上也有许多困难。另一种意见认为,上述解释中的共同致害人,应当包括不构成犯罪的共同侵害人。在附带民事诉讼中应将共同侵害人作为附带民事诉讼被告人,一并解决其赔偿责任问题。

笔者同意第二种意见,理由是:(1)一并解决有利于充分保障被害人的权利。将不构成犯罪的共同侵害人的赔偿责任问题与刑事被告人的赔偿责任问题一并解决,通过共同侵害人与刑事被告人承担连带责任,能够保证被害人获得充分的救济,也能够有效地解决附带民事诉讼执行难的问题。(2)一并解决有利于提高法院的诉讼效率,节约司法资源。如果不一并解决,只能是将不构成犯罪的共同侵害人的赔偿责任问题交由民事诉讼来解决,这样是对司法资源的浪费,而且刑事附带民事诉讼中不将共同侵害人列为被告人,也无法确定刑事被告人应承担的赔偿责任具体份额,如判决刑事被告承担全部责任,则民事诉讼也无法对其他共同侵害人的赔偿问题作出处理。如果对刑事被告人的赔偿问题一并交与民事诉讼解决,由于被告人往往处于被羁押状态,民事诉讼审理难度较大,且对于被害人提起附带民事诉讼,交由民事诉讼处理也于法无据。因此,只有将共同侵害人的赔偿责任放在刑事附带民事诉讼中一并解决才能避免反复诉讼,提高法院整体审判效率。(3)一并解决符合各国和地区立法例和做法。从在《刑事诉讼法》中规定附带民事诉讼的各国和地区来看,均将不构成犯罪的共同侵害人的民事赔偿责任问题与刑事被告的赔偿责任问题放在刑事附带民事诉讼中一并解决。《俄罗斯刑事诉讼法》第55条规定附带民事诉讼被告人包括"凡是依照法律对刑事被告人的犯罪行为所造成的损失应负物质赔偿责任的父母、监护人、保佐人或其他人员"。我国台湾地区学者也提出附带民事诉讼之被告人除为刑事被告人外,及于依民法负赔偿责任之人,例如数人共同不法侵害他人之权利者,连带负损害赔偿责任。(4)一并解决不会造成实践中难以操作的状况。有的观点认为,将不构成犯罪的共同侵害人作为附带民事诉讼被告人,会给刑事附带民事诉讼的审理带来难度。笔者认为,目前之所以一并解决在审理上有难度,是因为附带民事诉讼程序操作环节未予理顺。只要加强附带民事诉讼的立案审查以及庭前准备工作,对于原告人提起的针对刑事被告人以外的共同侵害人的起诉,将没有明确的被告人以及没有事实根据的起诉依法不予受理,并在庭前准备中做好送达工作和对原告的举证指导工作,在审理上就不会难以操作。

这一观点得到了最高人民法院的采纳,2012年《最高人民法院关于适用〈中华人民共和国刑事诉讼法〉的解释》第144条明确规定"被害人或者其法定代理人、近亲属仅对部分共同侵害人提起附带民事诉讼的,人民法院应当告知其可以对其他共同侵害人,包括没有被追究刑事责任的共同侵害人,一并提起附带民事诉讼"。这一规定也被2021年《最高人民法院关于适用〈中华人民共和国刑事诉讼法〉的解释》所延续。

五、民事赔偿责任人的范围

我国的刑事附带民事诉讼中,依法负有赔偿责任的人还包括其他对刑事被告人的犯罪行为依法应当承担民事赔偿责任的单位和个人。也就是说,"民事赔偿责任人"应当作为附带民事诉讼被告人。笔者认为,这里的民事赔偿责任人应当指对刑事被告人因违法执行职务和业务活动而构成犯罪,对其实施的犯罪行为所造成的损害承担赔偿责任的所有国家机关、社会团体、企事业单位或者个人。有的意见认为,对于作为附带民事诉讼被告人的民事赔偿责任人,应当严格限定为国家机关和医疗机构,以及车辆的所有人或雇主。对于其他企事业单位和组织,要求他们对工作人员业务活动中的犯罪行为负赔偿责任,则责之过苛,因为附带民事诉讼案件大都是针对人身的损害,除国家机关、医疗机构等单位外,一般企事业单位的业务活动和职务行为,通常并不要求对他人的人身实施强制,其工作人员实施的犯罪行为,虽是为执行职务业务,但均是背离职务业务活动要求,具有明显的主观恶性和直接故意,企事业单位对工作人员的这种行为往往难以控制,因而由此造成的损害应由实施行为人自己承担。笔者不同意这种意见,因为国家机关、社会团体、企事业单位或者个人对其工作人员和雇佣人员因违法执行职务和业务活动而实施的犯罪行为所造成的损害承担赔偿责任,从归责原则来看,是一种无过错责任,并不要求单位主观上有过错,目的在于强化单位对其工作人员的管理。单位承担赔偿责任后,对有明显过错的行为人,有权进行追偿。附带民事诉讼其实质上仍然是一种民事诉讼,也应当适用无过错责任归责原则。而且附带民事诉讼的原告人往往处于弱势地位,限制民事赔偿责任人范围不利于对原告人的损失予以充分救济。

确定民事赔偿责任人的一个难点就是判断刑事被告人的犯罪行为是否属于执行职务或实施业务活动的行为。笔者认为,只要行为人实施犯罪行为的目的或起因是出于执行职务或实施业务活动,其引起的损失就应当由其单位或雇主承担。但是,行为人在执行职务和实施业务活动过程中并非出于执行职务和实施业务活动目的,或并非由执行职务和实施业务活动引起而实施的犯罪行为,其引起的损失则应由行为人自己承担。例如,被告人作为市场管理人员为驱赶无证小贩而打伤小贩,其造成物质损失引起的附带民事诉讼应由市场作为附带民事诉讼被告人。而被告人在某公司开电梯而乘机强奸并杀害乘电梯的妇女,其造成物质损失引起的附带民事诉讼,则应由其本人作为附带民事诉讼被告人,不应将其公司作为附带民事诉讼被告人。

此外,成年被告人的亲属自愿代为承担赔偿责任成为附带民事诉讼被告的,是否要征得被告人同意?实践中这一问题也存在争议。有人认为,愿意承担赔偿责任的成年被告人的近亲属,不能成为附带民事的被告人。理由是:第一,根据《刑事诉讼法》的规定,附带民事案件的被告人只能是刑事案件的被告人和依法应承担赔偿责任的人。成年被告人的近亲属不是刑事被告人,也并非应承担赔偿责任的人,所以也不是附带民事案件的被告人。第二,附带民事案件的被告人,一般是实施侵权行为的人,即侵犯被害人合法民事权益的人,成年被告人的近亲属不是实施侵权行为人,不能成为被告人。如果把他作为附带民事案件的被告人,那就株连了无辜,也不符合我国的法律规定。第三,从司法实践的情况来看,如果成年刑事被告人的近亲属愿意承担赔偿的责任,法院考虑到有利于补偿被害人损失的实际情况,一般是允许的,但是,不把他作为附带民事案件的被告人,而是通过调解的方法来解决。也有人认为,愿意承担赔偿责任的被告人的近亲属,可以作为附带民事诉讼的被告人。理由是:第一,并非只有实施侵权行为的人才能成为附带民事诉讼被告人,如应负赔偿责任的未成年人的近亲属以及法定代理人,他们都未实施侵权行为,但是也可以成为被告人,愿意承担赔偿责任的成年被告人的近亲属,当然也可成为被告人。第二,如果不承认他是被告人,那么即使他愿意承担民事责任,人民法院也不应准许,因为不是被告人不能承担赔偿责任,既然让其承担赔偿责任,那么,也就实际上承认了他是被告人。第三,适用调解的方式来处理,并不能回避愿意承担赔偿责任的成年被告人的近亲属作为附带民事案件的被告人的问题。因为,调解的前提是原被告双方,调解的结果是由被告人承担民事赔偿责任,调解书也应注明承担民事责任的人。这样做,实际上已把成年被告人的近亲属作为附带民事诉讼的被告人。

笔者认为,根据我国《刑事诉讼法》及民法的有关规定,考虑到司法实践的实际情况,成年被告人的亲属自愿代为承担赔偿责任必须征得被告人同意,但不能成为附带民事诉讼被告。理由在于:(1)附带民事诉讼的被告人必须是实施犯罪行为的人和对实施犯罪行为造成物质损失依法应负有赔偿责任的人,而愿意承担赔偿责任的成年被告人的近亲属不是刑事被告人,也并非依法应负有赔偿责任的人,所以,不能成为附带民事诉讼的被告人。(2)让成年被告的近亲属承担赔偿责任,没有法律依据,同意让其承担民事责任,违背法律规定。(3)如果成年被告人的近亲属提供财产作为赔偿,不应认为仍是近亲属的财产,而应把它视为赠予被告人的财产。只有这样,才符合我国的法律规定和司法实践的实际情况。

第三节 刑事附带民事诉讼赔偿范围和标准

一、刑事附带民事诉讼赔偿范围

根据《刑事诉讼法》规定，刑事附带民事诉讼赔偿范围为附带民事诉讼原告人因犯罪人的犯罪行为所遭受的直接物质损失。所谓直接物质损失，是指因犯罪行为必然造成的物质损失，既包括已经遭受的实际损失，也包括将来必然遭受的物质损失。而因犯罪行为可能带来的物质损失是间接物质损失。间接物质损失不列入附带民事赔偿范围。从法律规定来看，"物质损失"仅包括两类：因人身权利受到侵犯而遭受的物质损失；因财物被犯罪分子毁坏而遭受的物质损失。并且，这两类物质损失仅限于实际损失和必然损失。有关"物质损失"的主要争议焦点也是围绕着这两个方面。在物质损失的具体类别上，有观点认为，最高人民法院司法解释缩小了《刑事诉讼法》的规定，认为理论上应包括所有给被害人造成物质损失的犯罪行为，而不仅仅是人身权利受侵犯或者侵犯财产型案件中财物被毁坏的损害赔偿。并且，在财产侵犯型案件中，最高人民法院在赔偿范围中明确区分财物被"毁坏"与"非法占有、处置"的情形，将犯罪分子非法占有、处置财物的情况排除在附带民事诉讼之外，这种情况造成的损失不属于"物质损失"的范畴，仅通过追缴或责令退赔的方式不能给予被害人充分的保护。[①]

从文本上比较《刑事诉讼法》与司法解释的相关规定，司法解释的确缩小了关于物质损失的范围，但从司法实际运作情况来看，这种范围是比较务实和理性的。这个类别已经涵盖了最主要的两大类案件，即人身损害和财物毁坏的赔偿，能够满足绝大部分受害人的基本赔偿请求。况且，我们不能期望在这个程序里给予民事程序一样的充分救济。这一方面是因为解决民事责任只是附带于解决刑事责任的过程中，即在不明显增加司法资源投入的情况下，在刑事诉讼中实现民事赔偿，这主要是出于诉讼效率的考虑。为了准确地定罪和量刑，必然要查清影响定罪量刑的犯罪事实，这当然会涉及部分损害事实，但并非受害人因此所遭受的全部损害事实都要在刑事诉讼中查清。

[①] 秦瑞基、吴多辰：《我国刑事附带民事诉讼制度的立法改造》，载《政法论坛》2002年第3期。

例如,在抢劫出租车犯罪中,刑事诉讼中必须查明出租车的价值、是否仍被非法占有或已转让,这是影响定罪量刑的基本事实。但对于非法占有期间,受害人因此所遭受的营运损失却并不影响定罪量刑,尽管会影响到民事侵权赔偿的数额。另一方面,则是由于司法系统中专业分工的限制。我国法院系统从最高人民法院到基层人民法院都是按照刑事、民事等不同部门法领域来设置专业法庭的。由于各级法院的刑事法庭为专业性的法庭,刑庭法官为刑事案件的专家,他们对刑事案件的定性和量刑问题十分精专,但是大多缺乏民事审判经验,对附带民事赔偿问题也只能尽量简单处理。① 因此,侵犯财产型案中受害人因非法占有、处置财产而受的损失能通过追缴或退赔的方式得到一定的填补,这也是法庭在审理刑事案件时,全面查清案件事实的前提下可以顺便做到的事。但是这样处理后,是否能完全弥补损失,则需要考量案发前后的实际价值、确定损坏程度、主观过错等多方面的因素,这显然对刑事案件法官提出了过高的要求,如果因此而增加司法资源的投入,则会影响刑事案件的及时审结,进而有损效率。况且,即使不能弥补损失,受害人可以通过另行提起民事诉讼的方式实现更充分、更全面的救济。所以,在赔偿类别上,司法解释保持了清醒的"自我克制",仅限定为容易查清、责任明了的人身损害赔偿和财物被毁坏的情况。

对于被害人应获得物质损失赔偿的范围,争议很大。狭义说认为,《刑事诉讼法》所规定的物质损失,尤其是侵犯人身权利造成的物质损失,应当认为仅包括医疗费、护理费、交通费等为治疗和康复支付的合理费用,以及因误工减少的收入。② 造成被害人残疾的,还应当赔偿残疾生活辅助具费等费用;造成被害人死亡的,还应当赔偿丧葬费等费用。此处的"等"应当作为"等内"理解,③而不包括其他需要赔偿的损失。对于财物损坏而造成的物质损失没有另作说明,但认为财物损坏的物质损失是指被害人因犯罪行为已经遭受的实际损失和必然遭受的损失。④ 广义说则认为,侵犯人身权利的物质损失应当

---

① 肖建华:《刑事附带民事诉讼制度的内在冲突与协调》,载《法学研究》2001 年第 6 期。
② 刘为波:《刑事附带民事诉讼制度修改内容的理解与适用》,载《法律适用》2013 年第 7 期。
③ 胡云腾:《关于适用〈中华人民共和国刑事诉讼法〉的解释理解与适用》,载《刑事审判参考》,法律出版社 2012 年版,第 119—124 页。
④ 刘为波:《刑事附带民事诉讼制度修改内容的理解与适用》,载《法律适用》2013 年第 7 期。

包括残疾赔偿金和死亡赔偿金(含被抚养人生活费)。① 两种观点对于损害财物造成的物质损失均没有争议。狭义说界定物质损失范围不是从刑事案件民事责任理论的应然性出发,而是从判决实际执行的角度论证。狭义说认为物质损失认定过高,犯罪行为人既没有赔偿的积极性,也没有赔偿的能力,可能导致被害人得不到任何赔偿。同时认为刑事案件与民事案件的赔偿适用法律不同,赔偿标准应当有所不同,因为犯罪行为人被处以刑罚,还需要赔偿被害人。因此,也认为民事法律中有关侵权行为的民事赔偿不适用于刑事附带民事诉讼。这种观点是基于对刑事案件犯罪行为人只应当承担限制民事责任而形成。广义说则认为,基于《最高人民法院关于审理人身损害赔偿案件适用法律若干问题的解释》第17条和第18条的规定,残疾赔偿金与死亡赔偿金应当属于物质损失。因为《刑事诉讼法》及相关解释规定人民法院对被害人提起精神赔偿的附带民事诉讼不予受理,这样就会造成法律适用上的矛盾,违反宪法赋予公民的平等权。同时认为赔偿范围的扩大,并不会影响赔偿的执行。该观点虽然认为应当扩大赔偿范围,但也不认为至少没有明确提出刑事案件犯罪行为人应当承担完全民事责任,完全适用民事法律对民事部分进行裁决。对于刑事案件中民事赔偿范围的争议仍是刑事附带民事诉讼中民事法律的适用范围问题。

　　上述物质损失争议的形成还在于不同的观点对其界定的角度不同。刑事案件中被害人的损失究竟是什么?通常认为所谓的损失就是所有因为受到侵犯而减少或者灭失的权益,由物质损失和精神损失构成,但并不是每类案件都会对被害人造成精神损失。德国法对于损失的计算则是通过假定受害人被侵犯权益事件没有发生,受害人应当拥有的所有财产状况与该事件发生后受害人实际的财产状况的差别,该差别的形成应当与加害人行为之间存在因果关系。这一观点有其可借鉴之处,物质损失是被侵犯权益恢复原状的费用及基于该权益受到侵犯而维护原有状态所必须支出的费用。对于财物受到损害的民事责任来说,首先是将被损害的财物恢复原状,然后是因该物不能使用而使受害人产生的必须支出以及受害人为维护自己该权益的必要支出等。对于侵犯人身权利而造成的物质损失应当是为使身体恢复健康状

---

① 田源:《刑事附带民事诉讼"两金"赔偿问题研究》,载《法学论坛》2017年第2期;胡学相、甘莉:《我国刑事被害人民事赔偿权的缺陷与完善——兼评相关司法解释的合理性》,载《法治研究》2016年第4期。

态而必要的支出费用、为维护身体功能而继续产生的费用、因人身权利受到损害而导致收入减少及为维护合法权益的必要支出等。如果该侵犯人身权利事件没有发生,则受害人的财产状况不会出现此差距,因此上述支出属于受害人的物质损失。依照此理论,受害人因人身权利受到侵犯而产生的疼痛、有纪念意义物品被损坏而对受害人产生的精神打击等均不属于物质损失。残疾赔偿金则是指因为受害人身体部分功能丧失而损害其享受生活的乐趣,此部分也不应属于物质损失。被害人生命权受到侵犯,而由此对其家人产生的精神伤害及导致其应当为家庭所尽的义务无法履行,被害人对家庭应尽的义务以其预期收入为基础,其死亡导致该预期收入的减少属于物质损失,而精神上的伤害则不属于物质损失。被抚养人的生活费属于被害人收入的义务支出,无论被害人生命权是否受到侵犯都客观存在,不应当属于物质损失;只是被害人减少的可期待性收入属于物质损失。

　　依照假定侵犯民事权益行为没有发生,现有财产状况与假定财产状况相比较确定物质损失的标准,物质损失的狭义说与广义说均存在不足之处。狭义说的瑕疵在于依照上述《最高人民法院关于执行〈中华人民共和国刑事诉讼法〉若干问题的解释》的不完全列举,侵犯人身权利的赔偿对于可预期收入的减少仅限于误工费,对于人身权利受到侵犯而无法继续从事相关工作而导致的预期收入减少不予赔偿;对于被害人死亡的,被害人家庭的预期收入也没有列举为赔偿范围。如果该侵犯人身权利事件或案件没有发生,则被害人(家庭)的财产状况不会减少,这种减少与犯罪行为人的行为之间存在因果关系时,该损失未能作为侵犯被害人人身权利的物质损失列举出来,导致被害人民事赔偿权得不到保障。广义说的瑕疵则在于对残疾赔偿金与死亡赔偿金的理解,将其均归为物质损失。事实上,残疾赔偿金与死亡赔偿金的构成有一部分属于物质损失,如预期收入的减少等,而抚养生活费则不属于物质损失。在现有法律法规框架下,人民法院不予受理被害人提起精神损失的民事赔偿,就更应当合理确定赔偿物质损失的范围。物质损失的范围应当采取假设理论进行计算,即当犯罪行为人的行为对被害人物质损失的产生构成因果关系时,则物质损失为假定该事件没有发生,被害人的虚拟经济状况与现在实际状况之间的差距。

　　值得注意的是,《刑事诉讼法》并没有规定精神损害赔偿的内容,后来的司法解释也规定精神损害赔偿一般不在刑事附带民事诉讼范围之内[1]。2000年最高人民法院在《关于刑事附带民事诉讼范围问题的规定》中规定,"对于被害人因犯罪行为遭受精神损失而提起附带民事诉讼的,人民法院不予受理。"2002年最高人民法院在《关于人民法院是否受理刑事案件被害人提起精神损害赔偿民事诉讼问题的批复》中专门就此强调,根据《刑法》第36条和《刑事诉讼法》第77条以及《关于刑事附带民事诉讼范围问题的规定》第1条第2款的规定,对于刑事案件被害人由于被告人的犯罪行为而遭受精神损失提起的附带民事诉讼,或者在该刑事案件审结以后,被害人另行提起精神损害赔偿民事诉讼的,人民法院不予受理。因此,精神损害不属于附带民事赔偿的范畴。对于被害人关于精神损害赔偿的诉讼请求,不能予以支持。如果被害人确系精神损害严重的,可以酌情在物质损失赔偿范围内适当增加赔偿数额。同样,对于已死亡被害人的死亡补偿金,虽有以前在实践中确有予以支持的判例,笔者认为,死亡补偿金的性质是一种精神损失的补偿,在有关司法解释明确了精神损害在附带民事诉讼中不予赔偿的前提下,死亡补偿金是没有法律适用依据的。因此,对于原告人提出的死亡补偿金的请求,应当不予支持。

在实际损失和必然损失的理解上,范围上又有争论。实际损失是指已经存在的财产利益的减损,即直接损失,如医疗费、丧葬费、交通费、鉴定费等,这个范围一般争议不大。但对必然遭受的损失,理论和实践中理解不一。必然遭受的损失是否应该包括间接损失呢?间接损失,是指预期能够得到的利益的减损,即失去将来能够增加的利益,又称可得利益的损失。[2] 从理论上分析,可得利益包括被害人将来必然能够得到的物质利益的损失,如因伤残减少的劳动收入,被毁坏的丰收在望的庄稼等;今后可能得到的或通过努力才能挣得的物质利益,如超产奖、发明奖、加班费等。[3] 但后一部分通过努力才能获得的间接利益损失在司法实践中无法计算,也无法衡量,从诉讼效率和裁判公正的角度讲,这部分一般不包括在内。仅考虑已遭受的直接损失和今

---

[1] 2021年《最高人民法院关于适用〈中华人民共和国刑事诉讼法〉的解释》中,对于被害人要求赔偿精神损失的情况下,把人民法院"不予受理"修改为"一般不予受理",但基本态度仍为不支持精神损害赔偿。

[2] 鄢智敏、查小云:《刑事附带民事诉讼若干问题探讨》,载《法律适用》2007年第6期。

[3] 汪建成:《刑事诉讼法学概论》,北京大学出版社2001年版,第237页。

后确定能够得到的收益,不仅范围简单明了,而且技术上容易操作,尽管不一定能给予受害人充分的赔偿,但至少给了看得见的最低限度的赔偿保障,是一种相对合理的预期。

综上,直接物质损失在具体刑事附带民事诉讼案件中主要包括侵犯财产权利造成的损失和侵犯人身权利造成的损失。在确定财产权利侵害的赔偿时,应当遵循按财产损失全部赔偿的原则。财产的全部损失包括财产的实际损失和可得利益的损失。实际损失应当按照财产受损害时的实际价值来计算。可得利益的损失是指被侵害人在正常情况下实际可以得到,但因为被告人的犯罪行为没有得到的利益。被告人一般应当对财产损失予以全部赔偿。在被害人对造成财产损失也有一定过错的情况下,可以部分减轻被告人的赔偿责任。

二、刑事附带民事赔偿标准

确立刑事附带民事诉讼赔偿标准,应当做到必须于法有据,同时要考虑在法律许可的范围内尽可能地补偿被害人的损失。对于国家有规定的,应按国家规定的标准执行;国家没有具体规定的,可按所在省市有关部门规定的标准执行;省市有关部门也没有作出规定的,可参照案发地居民的实际生活水平确定。在赔偿标准确定的数额内,可以考虑案件的实际情况和被告人的经济赔偿能力,相应确定赔偿具体数额。但不能因被告人没有赔偿能力就判决不予赔偿。在判决执行中,被告人确实没有财产可供执行的,可以裁定中止或者终结执行。

对于丧葬费的赔偿,在审判实践中也曾经缺乏统一的标准。实践中,各地的判罚标准也曾不统一。面对这种状况,我们探索结合行政法规及所在市的有关规定,参照适用这些规定来推动判罚标准的统一。2003年,最高人民法院在《关于审理人身损害赔偿案件适用法律若干问题的解释》中明确了"丧葬费按照受诉法院所在地上一年度职工月平均工资标准,以六个月总额计算"。2020年,最高人民法院在修改上述解释时沿用了这一标准,可以说,该标准在结合各地实际的基础上,进一步统一了判罚尺度,具有较高的合理性。

2012年《刑事诉讼法》第101条通过"根据物质损失情况作出判决、裁定"的规定间接明确了附带民事诉讼的赔偿标准不包括精神损失。这是对长期以来审判实践经验的总结,是立足国情、着眼案件裁判实际效果的立法举措,具有重要的现实意义。根据 2012 年《刑事诉讼法》和相关司法解释的规定,理解和适用附带民事诉讼的赔偿标准,需要注意把握以下几点:

第一,对附带民事诉讼作出判决,应当根据犯罪行为造成的物质损失,结合案件具体情况,确定被告人应当赔偿的数额。这里的物质损失,是指被害人因犯罪行为已经遭受的实际损失和必然遭受的损失。具体范围是:犯罪行为造成被害人人身损害的,包括赔偿医疗费、护理费、交通费等为治疗和康复支付的合理费用,以及因误工减少的收入;造成被害人残疾的,还包括赔偿残疾生活辅助费等费用;造成被害人死亡的,还包括赔偿丧葬费等费用。需要特别指出的是,残疾赔偿金、死亡赔偿金(含被抚养人生活费)属于精神抚慰金,不纳入附带民事诉讼的赔偿范围。主要理由是:(1)根据法律、法理以及我国的法文化传统,对附带民事诉讼不应适用与单纯民事诉讼相同的标准。立法对附带民事诉讼与单纯民事诉讼的赔偿责任作出不同规定是与两类不同诉讼的性质和我国的法文化传统相适应的。单纯民事案件,责令被告人作出相应赔偿,是对被害方进行抚慰、救济的唯一手段,故有理由要求被告人承担相应更重的赔偿责任。而附带民事诉讼则不同,被告人不仅要在民事方面承担赔偿责任,还要承担相应的刑事责任。要求其作出与单纯民事案件相同的精神损害赔偿,将不可避免地出现双重处罚的问题。传统上"打了不罚、罚了不打"的观念、做法,正是根源于此。(2)按单纯民事案件的经济赔偿标准判赔导致"空判"现象突出,严重影响案件的裁判效果。如依照民事案件的赔偿标准判赔,则意味着,对命案,被害人是城镇居民的,仅死亡赔偿金一项,一般就要赔 40 万元以上;是农村居民的,一般也要赔 20 万元左右。而刑事案件被告人绝大多数都是经济状况差、赔偿能力弱的农民和无业人员,有的被执行死刑或者其他刑罚后,更无法承担如此高额的赔偿责任,相关判决往往成为"法律白条"。(3)赔偿标准过高,实际上不利于维护被害人的合法权益,不利于矛盾化解。表面上看,设定高额赔偿标准似乎对被害人有利,但实际情况是,由于刑事被告人的实际赔偿能力很低,甚至没有,而被害方的期待、"要价"又过高,远远超过被告人的承受能力,导致不少案件中原本愿意代赔的被告人亲属索性不再代赔,结果导致被害方反而得不到任何赔偿,"人财两空"。赔偿数额虚高,还导致附带民事调解和矛盾化解的工作难度大大增加。套用单纯民事案件的赔偿标准确定附带民事案件的赔偿数额,常常使被害方对巨额赔偿抱有不切实际的期待，一旦被告人不能足额赔偿，就认为其没有悔罪诚意和表现，以致民事调解工作、矛盾化解工作根本无法开展。此外，根据八部委联合印发的《关于开展刑事被害人救助工作的若干意见》，对刑事被害人的救助金额一般至多为3万元。如将死亡赔偿金、残疾赔偿金也纳入附带民事赔偿范围，两者相差悬殊，显然救助工作也无法发挥实际作用。(4)对民法的有关规定应当正确理解。《民法典》第187条规定："民事主体因同一行为应当承担民事责任、行政责任和刑事责任的，承担行政责任或者刑事责任不影响承担民事责任；民事主体的财产不足以支付的，优先用于承担民事责任。"有意见据此认为，对附带民事诉讼应适用与单纯民事诉讼相同的赔偿标准。笔者认为，应当将2012年《刑事诉讼法》第101条的规定和《民法典》的规定结合起来分析。《民法典》第11条规定："其他法律对民事关系有特别规定的，依照其规定。"犯罪是严重的、特殊的侵权行为，《刑法》和《刑事诉讼法》是专门规定这种侵权行为的基本法。显然，处理犯罪行为的赔偿问题，应当优先适用《刑法》和《刑事诉讼法》的相关规定，而不应当适用主要规定民事侵权的相关法律规定，否则，势必还要将精神损害纳入附带民事诉讼的赔偿范围。(5)相关立法也应充分认识到当前附带民事诉讼在实践中所存在的种种突出问题，不应把明显超过被告人赔偿能力、根本无执行可能的死亡赔偿金、残疾赔偿金纳入附带民事的判赔范围。(6)在一些发达国家，由于有相对完善的社会保障制度，被害人国家补偿制度完善，被害方往往无须寄望被告人作出赔偿，国家会给予其生活救济。而我们国家的情况则不同，判决得不到执行又得不到充分的救济，会引发申诉、上访，影响社会和谐稳定。此外，为确保标准把握的统一性，防止同样行为不同处理，被害人或者其法定代理人、近亲属在刑事诉讼过程中未提起附带民事诉讼，另行提起民事诉讼的，人民法院同样应当根据物质损失情况作出判决。

第二，通过调解结案的附带民事诉讼案件，赔偿数额不受上述物质损失范围的限制。调解工作的有效开展，可以避免出现不切实际、没有执行可能的空判现象，切实维护被害人的权益，有效化解社会矛盾。实践中要注意判决和调解的有机结合，加大附带民事诉讼调解的工作力度，既要顾及绝大多数被告人无钱支付巨额赔偿的实际，又要通过调解更好地保护被害人的合法权益，这是多年来附带民事诉讼审判工作的一个重要经验。为了鼓励双方当事人达成赔偿协议，最大限度地维护被害人权益，首先，对于被告人有较高赔偿能力,自愿对被害人作出赔偿的,赔偿方式、数额只要不违反法律规定,人民法院应予支持。其次,被告人经济条件极为有限的,根据《关于开展刑事被害人救助工作的若干意见》的有关规定,对符合条件的被害方,可以给予相应国家救助,以此促成调解协议的达成。比如,被害方要求赔偿人民币 10 万元,被告人倾其所有只能赔偿 7 万元,对于余下的 3 万元缺口,在条件允许的情况下即可考虑通过国家救助予以解决。最后,应当结合被告人赔偿情况认定其悔罪表现,在量刑时予以体现。

第三,因驾驶机动车致人伤亡或者公私财产遭受重大损失的附带民事诉讼案件,依照《道路交通安全法》第 76 条的规定确定赔偿责任:"机动车发生交通事故造成人身伤亡、财产损失的,由保险公司在机动车第三者责任强制保险责任限额范围内予以赔偿。超过责任限额的部分,按照下列方式承担赔偿责任……"在司法解释过程中,有意见提出,交通肇事等犯罪引发的赔偿诉讼,法律关系较为复杂,刑事法官难以把握,建议此类案件另行提起民事诉讼由民庭审理,或者另行确定赔偿标准。经研究,从节约诉讼资源、方便当事人诉讼和有利于审判人员通盘把握案件的处理出发,此类案件仍宜通过附带民事诉讼解决。同时,考虑到保险责任限额有可能高于物质损失的客观事实,且保险公司不存在不能执行的问题,故从有利于被害人权益保护的角度,有必要单独确定赔偿标准,而不受前述物质损失范围的限制。例如,被告人叶某驾驶大货车由东向西行至国道 108 线 28#十字路口左转弯时,一是未靠近中心线转弯,二是未减速让直行车先行,致使大货车与正常行驶在路南机动车道的一辆摩托车发生碰撞,造成摩托车驾驶人和乘坐人两人死亡的重大交通事故。某交警大队认定:叶某负事故的全部责任。某县人民法院作出刑事附带民事判决书,判决被告人叶某犯交通肇事罪,判处有期徒刑 4 年,判令叶某赔偿被害人近亲属各种损失共计 239841 元。一审宣判后,被告人叶某不服提出上诉,某中级人民法院以"死亡补偿金不属于附带民事诉讼赔偿范围"不应支持为由将案件发回重审。某县法院重审后判决被告人叶某犯交通肇事罪,判处有期徒刑 5 年;判令叶某赔偿二被害人近亲属各种损失共计 7 万元,驳回附带民事诉讼原告人其余损失诉讼请求。宣判后,附带民事诉讼原告人不服,提出上诉。本案即为适用单一赔偿标准导致案件久拖不决、审判效果不好的一个适例。此外,一些地方保险公司只认判决书,不认调解书,这种做法是极其错误的,不利于审判效果的最大化,也不利于宽严相济刑事政策的贯彻落实,遇有此种情形的法院应注意加强引导和纠正,凡是在保险责任限额内达成的调解,就必须予以执行。

第四,在正确把握"物质损失"赔偿标准的同时,还要避免走入另一个极端。近年来,有些法院因考虑被告人没有赔偿能力就在附带民事部分判决免予赔偿,这也是不合适的。判决时既考虑被害人的实际损失,又考虑被告人的赔偿能力是正确的,但是如果只考虑被告人的赔偿能力而判免赔,将来被告人又有赔偿能力时,被害人的利益就无法实现。而且,判决免赔难以得到群众的理解,容易造成被害人及其亲属上访、闹访,不利于矛盾化解和维护社会稳定。

第四节 刑事附带民事诉讼审理和调解程序

刑事审判实践中,附带民事诉讼的立案程序、庭前准备程序、调解程序、审理过程均存在适用法律问题,实践中作法不尽一致,本节对刑事附带民事诉讼程序如何适用法律进行了探索,并从法理依据上和实践效果上进行了论证。

一、附带民事诉讼立案程序与庭前准备程序的完善

近年来,法院对刑事案件实体性的立案审查方式逐步转变为程序性审查,目前法院立案部门在收到提起公诉的刑事案件后,法定的程序性审查事实上已演化为"立案登记"。同样,对随案移送的附带民事诉讼是否具备法律规定的条件,立案部门通常也不进行审查工作,而与刑事部分一同立案,并向被告人一并送达刑事起诉书和附带民事诉状。刑事诉讼立案之日当然成为附带民事诉讼程序开始的日期,形成了当前附带民事诉讼由当事人提起后即随刑事诉讼自然生成的状况。法律规定,人民法院收到附带民事诉状后应当进行审查,并在七日内决定是否立案。一旦立案部门不进行审查,案件由立案部门立案后至移送审判庭时往往已超过了法律规定的立案审查期限。此时发现附带民事诉讼原告人所提起的附带民事诉讼不符合法定条件,裁定驳回原告人的起诉显然违反了法律关于七日内决定是否立案的时限规定;且起诉被驳回后,当事人上诉的,还可能影响案件刑事部分的正常审理进度。而通知当事人开庭审理,庭审后判决不支持原告人的诉讼请求的做法,对于显

然不应受理的案件通过开庭审理、判决的方式解决,既浪费了有限的司法资源,也增加了当事人的诉讼耗费,还影响了审判权的正确、顺利行使,也是欠妥当的。

因此,对于随公诉案件移送的附带民事诉讼或者在公诉案件立案过程中提起的附带民事诉讼,应由立案部门在对刑事部分审查的同时,依照《刑事诉讼法》以及司法解释规定的附带民事诉讼起诉条件进行审查,在规定期限内作出受理或者裁定驳回起诉的决定,并告知当事人;对于刑事诉讼案件交审判庭后,当事人再提起附带民事诉讼的,应由审判法官负责依法审查附带民事诉讼的起诉条件,决定受理与否。具体而言,完善刑事附带民事诉讼立案程序有以下几点对策:

(1) 刑事附带民事诉讼案件立案时,立案部门应严格把关。在立案审查上,立案庭的法官的审查工作应做到全面、细致,这样刑事庭的法官就不会在案件的立案审查上耗费时间。在审查刑事附带民事诉讼案件立案时,应把握好以下几点:一是适当限制当事人的程序选择权。在刑事附带民事诉讼中,被告人应为刑事案件的被告人,如果被告人有刑事案件的案外人,应当告知其另行提起民事诉讼。在案件立案审查时,刑事被告人与负责赔偿的责任人应为同一人,没有其他应对受害人负赔偿责任的当事人,如没有被追究刑事责任的共同致害人、应共同承担赔偿责任的在逃犯罪嫌疑人、案件审结前已死亡的共同犯罪被告人的遗产继承人等。如有刑事案件被告人以外的赔偿义务人,告知原告人作为民事案件另行诉讼,不按附带民事诉讼案件审理。二是提出诉讼的时间要合法。提起附带民事诉讼必须与刑事诉讼同步,应当在刑事案件立案之后,法院一审判决之前提出。提起附带民事诉讼的同时,不能单独就民事部分到立案庭请求立案,因为这违反了"一事不再诉的原则",属于重复诉讼。在刑事诉讼阶段没有提起附带民事诉讼,被害人可在刑事案件判决后,单独就民事部分向法院提起民事诉讼。

(2) 做好证据的审查工作,减少审理附带民事部分的时间,降低审理难度。如果立案时很好地把关,那么在案件移送至刑事庭后,刑庭的法官认真审查原告人提供的证据,理清附带民事诉讼部分的赔偿事项,为案件审理的顺利进行提供了保证。这样也节省了因为要对附带民事诉讼部分调解所占用的时间,附带民事诉讼部分的关系整理清楚了,审理案件的难度也会有明显的降低。刑事附带民事诉讼的案件类型相对固定,赔偿范围也相对固定,赔偿标准一般也有明确的规定,特别是残疾赔偿金、死亡赔偿金有明确的计算方法,且有关被告人侵权事实及过错形态等事实,一般均可将公诉机关提供的证据作为参照。法官在接收刑事附带民事诉讼案件后,针对诉讼请求逐项审查原告人提交的证据,对证据不足的、不符的,依据刑事诉讼法解释规定及时通知原告人,告知要提交的证据种类,限期举证,告之逾期不举证的后果。尽可能做到调解前主要的证据充分,尤其是各种费用的票据和计算依据,制作赔偿清单,作为调解时双方的参考数据,这是提升调解率的基础。

(3) 做好刑事附带民事诉讼案件判决前的调解工作。一是将调解作为刑事附带民事诉讼案件判决前的必经程序,不管当事人是否提出调解申请。法官积极地做调解工作也是为了使赔偿款及时到位,这样也为执行工作减少工作量和工作难度。所以,附带民事诉讼案件调解工作的好坏,对被害人请求赔偿权的实现,对被告人量刑的轻重,都具有非常重要的现实意义。二是将尽力赔偿作为法定的量刑情节,有利于尽快促成附带民事诉讼部分调解协议的达成。对于被告人已经赔偿了被害人物质损失的,一方面,从某种程度上减轻了犯罪所造成的后果,对被害人在精神上给予抚慰,社会危害性相对减小;另一方面,也是被告人认罪、悔罪态度的一种表现,因此,可以在对被告人决定刑罚时作为从轻处罚的情节考虑。对此,《最高人民法院关于刑事附带民事诉讼范围问题的规定》第4条也明确:"被告人已经赔偿被害人物质损失的,人民法院可以作为量刑情节予以考虑。"所以,将赔偿作为量刑的情节来考虑,有利于最大限度地降低被害人的损失,免去执行环节。

当事人的起诉被法院立案受理后,附带民事诉讼便真正进入了诉讼程序的轨道。这里所说的附带民事诉讼庭前准备程序即指附带民事诉讼案件被受理后到开庭审理前,法院所进行的一系列准备活动。由于立法对具有民事诉讼特征的附带民事诉讼的庭前准备程序没有具体、明确的规定,审判实践中也常被忽视导致具体操作程序不尽规范,从而影响整个诉讼活动的进行。附带民事诉讼具有民事诉讼活动的一般规律,同时又因其依附于刑事诉讼而存在,还带有其本身的特点和规律。规范和完善附带民事诉讼庭前准备程序,探索符合附带民事诉讼特点的庭前准备工作,对正确处理该类案件大有裨益。

其一,规范附带民事诉讼庭前准备程序有利于庭审的顺利进行,促进诉讼活动效率的提高。它的根本目的在于减少诉讼投入,简化诉讼程序,提高诉讼效率。正是基于此,《刑事诉讼法》规定附带民事诉讼应当同刑事案件一并审理,只有为了防止刑事案件过分迟延,才可以在刑事案件审判后继续审理附带民事诉讼。审判实践中,因缺乏附带民事诉讼庭前准备机制,在案件开庭审理时才发现附带民事部分存在问题,导致重复开庭的情况不在少数,无论对诉讼当事人还是审判机关都产生了额外的诉讼"支出"。通过建立附带民事诉讼开庭前的准备机制,可以帮助法官掌握必要的证据,及时发现附带民事诉讼存在的各种问题,为庭审做好必要的准备。其二,规范附带民事诉讼庭前准备程序有利于保障诉讼当事人的合法权利。附带民事诉讼庭前准备程序的一个重要任务是对当事人进行应诉指导。通过庭审前对当事人进行必要的指导,使其清楚自己的诉讼权利,明确诉讼知识、程序,了解法庭审理的运作规则,也使当事人在心理上、行为上对以后的法庭审理活动有所适应。只有当事人自身正确行使了法定的权利,其合法权益才能够得到充分的保障。为保证审判法官在庭审前不全面接触当事人和案件事实,附带民事诉讼的庭前准备程序,也应当与实体审理程序相分离。实践中的庭前准备大致可包括以下几方面的内容:(1)在法定期限内,向附带民事诉讼被告人及其法定代理人送达附带民事诉状副本。(2)确定被告人及其法定代理人提交民事答辩状的时间。(3)对附带民事诉讼当事人进行应诉指导,让诉讼当事人充分了解刑事附带民事诉讼案件的庭审程序,做到心中有数。(4)对当事人提交的证据进行必要的审查。(5)采取必要的财产保全措施。(6)庭前调解。(7)确定开庭审理日期,向附带民事诉讼当事人及诉讼参与人送达开庭通知书。

二、附带民事诉讼调解程序中的问题

加强刑事附带民事诉讼调解,对于确保刑事案件审判质量和效果,具有重要的实践意义,尤其是在最高人民法院收回死刑案件复核权的制度背景下,附带民事诉讼调解在刑事审判工作中的重要性进一步凸显。刑事附带民事调解与民事调解相比,难度较大,敏感性较强,而相关法律和司法解释的规定也不完善,从而制约了实践中附带民事诉讼调解工作的有效开展。因此,规范附带民事诉讼调解,强化调解工作的可操作性,已成为加强附带民事诉讼调解所必须解决的前提问题。

1. 如何规范被告人亲属参加附带民事诉讼调解

审判实践中，附带民事诉讼调解大多是在被害人方和被告人亲属之间进行，许多案件均系被告人亲属代为赔偿与原告人达成调解协议，而我国《刑事诉讼法》和司法解释均未对被告人亲属参加附带民事诉讼调解的主体资格等问题予以明确规定，导致实践中产生争议，主要有：

一是法院是否应当通知被告人亲属参加庭审。我国《刑事诉讼法》及司法解释均未规定法院应当通知被告人亲属参加刑事附带民事诉讼庭审，在审判实践中一般是被告人亲属作为旁听人员参加诉讼后，才能在庭审后由法官主持调解，如果被告人亲属未参加旁听，则往往是由法官在庭审后通过电话方式与被告人亲属取得联系，并另行安排时间调解。在此情况下，被告人亲属就失去了了解法庭庭审及证据情况以及被告人对于附带民事诉讼的答辩、质证及赔偿愿望情况的机会。

针对这一问题，应当明确在附带民事诉讼案件中，在能够通知的情况下，一般应当通知被告人的亲属到庭旁听庭审，以使其能够充分了解案件情况和被告人关于民事赔偿的态度，促使其作出代被告人参加调解或代为赔偿的决定。同时，通知被告人亲属旁听庭审也方便法院根据案件情况及时在庭后安排调解。当然，在被害人方情绪激动的情况下，应当视情决定是否在庭后即进行调解，以保护被告人亲属的人身安全。通知被告人亲属一般应采用电话或口头通知的方式，这一通知不具有强制其到庭的法律效果。

二是被告人亲属代表被告人进行调解时的资格确认。审判实践中无论被告人是否委托律师作为附带民事诉讼代理人，其亲属往往都是调解的主要参与人，被告人亲属代表被告人进行调解，应当以何种身份参加调解，是否需要办理相关的代理手续，这在审判实践中存在不同的意见。有的意见认为，被告人亲属参与附带民事诉讼调解，无须办理代理手续，其参与的调解行为应当推定为系代表被告人作出的行为，当然由被告人承担相应的法律后果。

笔者认为，对于被告人亲属是否需要接受被告人委托，办理相关的代理手续，不能一概而论，应当区分情况，作不同的处理。对于被告人或被告人的亲属委托了律师作为附带民事诉讼代理人的，被告人亲属参与附带民事诉讼无须办理代理手续，因为律师作为代理人已经征得被告人的同意，签订了相关的代理协议，这时被告人亲属是通过诉讼代理人来参与附带民事诉讼调解。对于没有委托律师作为附带民事诉讼代理人的，在附带民事诉讼庭审中，法官应当庭询问被告人，是否委托其亲属进行附带民事诉讼调解，如果被告人当庭表示愿意委托的，则记入笔录，无须另行办理委托手续，被告人委托的亲属就获得代表被告人参与附带民事诉讼调解的资格，其亲属代表被告人与对方达成调解协议的，应视为得到被告人的同意。但是，如果被告人的亲属与对方达成的协议涉及对被告人所有的不动产的处分及为被告人设定法律义务的，一般应当经被告人同意，由被告人本人在调解笔录或者协议上签字确认，以避免在调解协议履行上产生争议。

三是被告人亲属自愿代被告人承担赔偿责任时的资格确认。2021年《最高人民法院关于适用〈中华人民共和国刑事诉讼法〉的解释》第180条规定："附带民事诉讼被告人的亲友自愿代为赔偿的，可以准许。"这一规定源于1998年《最高人民法院关于执行〈刑事诉讼法〉若干问题的解释》。但是，上述司法解释对于代为承担赔偿责任的亲属的诉讼地位，均未明确规定，实践中对于代为承担赔偿责任的被告人亲属能否作为附带民事诉讼被告以及代为承担赔偿责任是否要征得被告人同意，都存在不同意见。

有的意见认为，成年被告人的亲属自愿代被告人承担赔偿责任的，应当适用民法上债务承担的规定，代为赔偿人承诺承担赔偿责任后，被告人实际上已经退出了民事上的权利义务关系，应由代为赔偿人作为附带民事诉讼被告。笔者认为，将自愿承担赔偿责任的亲属作为附带民事诉讼被告，没有诉讼法上的依据，不利于附带民事诉讼案件的审理以及被告人行使抗辩权利，在实践中来看可能会造成代为赔偿的被告人亲属心理上的压力，影响其承担赔偿责任的积极性，不利于案件的处理和被害人权益的实现；应当仍然将刑事被告人作为附带民事诉讼被告人，在调解协议中将代为承担赔偿责任的亲属单独列为调解的参与人，并在调解协议中明确亲属系代被告人承担赔偿责任，并与对方达成调解。

对于亲属代为赔偿是否需要征得被告人同意的问题，有的意见认为，对于亲属代为赔偿，在法律关系上应当视为亲属与被告人之间的赠与关系，而赠与关系的成立应当经被赠与人同意，如果被告人不同意的，法院不能允许被告人亲属代被告人进行赔偿。笔者认为，应当允许被告人亲属在不征得被告人同意的条件下，出于有利于被告人的目的而代被告人进行赔偿，不应将附带民事诉讼中的代为赔偿行为等同于民法上的赠与行为，从而人为地为亲属代为赔偿设置程序上的障碍。规定亲属代被告人赔偿无须征得被告人同意,在实践中也便于操作,有利于促成附带民事诉讼调解。

2. 如何规范附带民事诉讼调解以调解笔录或调解书方式的结案

对于附带民事诉讼调解的方式,2021年《最高人民法院关于适用〈中华人民共和国刑事诉讼法〉的解释》第190条规定,"人民法院审理附带民事诉讼案件,可以根据自愿、合法的原则进行调解。经调解达成协议的,应当制作调解书。调解书经双方当事人签收后即具有法律效力。调解达成协议并即时履行完毕的,可以不制作调解书,但应当制作笔录,经双方当事人、审判人员、书记员签名后即发生法律效力。"依照上述规定,附带民事诉讼达成调解的,可以制作调解书,也可以以调解笔录方式结案,但上述条款对于调解笔录和调解书结案方式的适用、调解文书的制作等具体问题未作更明确规定,导致实践中作法不尽一致,因此,有必要对这些问题进行探讨,以规范调解结案方式:

(1) 以调解笔录方式或附带民事诉讼调解书方式结案的适用。附带民事诉讼赔偿达成调解协议的,可以即时支付,也可以定期支付,定期支付也包括分期支付的支付方式。笔者认为,在附带民事诉讼调解中,应当原则上适用即时支付的支付方式,这主要是因为附带民事诉讼被告人往往处于被羁押状态,其在服刑期间赔偿能力难以确保,而且被告人亲属承诺代为赔偿的,在被告人的量刑确定以后,其代为赔偿的积极性可能会受到影响。因此,在附带民事诉讼调解中,为了保障当事人的合法权益,尽可能避免在调解协议执行上的纠纷,应当以即时支付作为调解结案赔偿款的主要支付方式。

对于即时支付的,可以不制作刑事附带民事调解书,结案方式一般是由原被告双方达成调解协议,法院制作调解笔录,在赔偿款即时支付后,由当事人双方在调解笔录上签名予以确认。对于被告人及其家属承诺赔偿但不能即时支付的,应当区分两种情况进行处理。在实践中,有的被告人为了取得量刑上的酌情从轻处理,在口头上承诺原告人提出的赔偿请求,但实际上其无支付能力,也没有形成对于如何履行赔偿协议的可行性方案。对此,不应当视为调解成功,应当按照原告人实际损失数额予以判决。对于被告人及其家属有一定的支付能力,并有合理的不能即时支付的理由以及今后分期支付的可行性方案的,在附带民事诉讼原告人同意的条件下,可以允许其定期或者分期支付,并制作刑事附带民事诉讼调解书,将付款方案载入调解书中,作为今后协议履行上的依据。

(2) 调解笔录和附带民事诉讼调解书的制作。对于调解笔录和附带民事诉讼调解书的制作，应当进行规范。对于调解笔录的格式，应按照《法院刑事诉讼文书样式》所确定的《调解笔录》的样式予以制作，从该样式的要求来看，除要求载明参与附带民事诉讼调解的当事人及调解协议结果外，还应告知诉讼权利和义务及载明调解经过，也就是说，应告知双方当事人在调解笔录上签名或者盖章后，该调解笔录上载明的调解协议即发生法律效力，法院将不再另行制作附带民事诉讼调解书。在调解经过中，也应当对案件的民事赔偿责任情况及调解过程的情况予以表述，使调解过程更为明确、规范。

对于附带民事诉讼调解书的格式和内容，最高人民法院1999年4月30日印发的《法院刑事诉讼文书样式》中，没有关于公诉刑事案件附带民事调解书的样式。实践中制作公诉案件附带民事诉讼调解书时，一般均参照《法院刑事诉讼文书样式》中的一审自诉案件刑事附带民事诉讼调解书的样式。本书认为，在最高人民法院的专门文书样式印发前，参照该样式是适当的，但应当注意公诉案件与自诉案件的区别，体现公诉案件刑事附带民事诉讼调解的特点，如应当将已被羁押的被告人的亲属列为其委托代理人，在调解书中予以载明，对于查明的事实，可以视情况不予表述或者予以简单表述，以确保与刑事判决书查明事实的一致性。

(3) 以调解笔录方式结案的，在判决书中如何表述？对于以调解书或调解笔录方式对附带民事诉讼调解的，法院在作出刑事判决时应当制作刑事判决书，而不是刑事附带民事判决书，因为该判决书中已经无须涉及附带民事诉讼的赔偿责任或数额的确定问题。这一点在实践中做法是较为一致的，但对于判决书中应否对附带民事诉讼调解的情况予以表述，实践中存在不一致的做法。有的意见认为，调解书或调解笔录已经具有独立的对附带民事诉讼部分处理的法律效力，判决书中没有必要再表述附带民事诉讼调解的内容。笔者认为，应当在刑事判决审理经过段落中表明附带民事诉讼提起诉讼及达成调解协议的过程，理由主要是两点：一是有利于完整地在判决书中表明案件处理的过程，附带民事诉讼提起后，案件往往经过开庭，附带民事诉讼各方均参加法庭审理，在判决书中不予表述，则不能完整反映案件的处理过程。二是在审理经过段落中作出表述，有利于与量刑时酌情考虑附带民事诉讼调解情况的量刑理由形成呼应，使当事人或者社会公众更为客观地了解到对被告人作出量刑的理由，增加判决的公信力，避免当事人及社会公众对法院在量刑上的一致性和平衡性的怀疑。

3. 如何规范附带民事诉讼以原告人撤诉方式的结案

我国《刑事诉讼法》及其司法解释并没有对附带民事诉讼原告人撤诉进行明确的规范，仅规定附带民事诉讼原告人经传唤，无正当理由拒不到庭，或者未经法庭许可中途退庭的，应当按撤诉处理。在刑事附带民事诉讼案件审判实践中，相当一部分案件是通过调解后以附带民事诉讼原告人撤诉的方式结案的，因此，有必要对撤诉方式适用的情形、适用程序、附带民事诉讼撤诉的法律效果等问题进行探讨，以规范撤诉的结案方式：

（1）对于以撤诉方式结案的适用范围。笔者认为，主要适用于三种情形：第一种是法律规定的附带民事诉讼原告拒不到庭或者未经法庭许可中途退庭的情形；第二种是附带民事诉讼在庭前调解的情形，庭前调解以撤诉方式结案的，庭审时就不用通知附带民事诉讼当事人到庭，可以作为单纯的刑事案件进行审理和判决，比以调解笔录的方式结案更为有利；第三种是附带民事诉讼被告人为多人的，部分附带民事诉讼被告人与原告人达成调解的情形。这种情形下由于以调解笔录的方式或者调解书的方式结案比较难以操作，且判决还是要制作刑事附带民事诉讼判决书，对未达成调解的被告人应当承担的份额进行判决，因此对已调解的被告人可以以撤诉方式处理。对于全案调解的案件，因为撤诉从法律效果上来讲仅仅是对程序权利的处置，并不直接意味着对实体权利的放弃，因此以调解笔录方式结案更为彻底，有利于纠纷的解决。

（2）附带民事诉讼原告人的撤诉申请的审查。对于附带民事诉讼原告人的撤诉申请，是否应当由法院进行审查、如何进行审查的问题，我国《刑事诉讼法》及其司法解释亦没有明确规定。笔者认为，撤诉是当事人对其诉讼权利行使处分权的行为，但当事人对这项诉讼权利的行使，必须在法律规定的范围内进行。我国《民事诉讼法》已对人民法院对原告人撤诉申请的审查权作出规定。在刑事附带民事诉讼中，也应当参照该规定，保留人民法院对撤诉申请进行审查的程序。对撤诉申请审查的内容一般应包括撤诉申请是否是当事人的真实意思表示，是否有损害社会公共利益和他人的合法权益，是否规避法律法规等，在有多名共同诉讼人的场合，还应确定共同诉讼人是否一致同意。

对于准许撤诉的裁定，一般可以以口头或者书面形式作出，口头裁定的，应当记录在案。笔者认为,在附带民事诉讼中,为提高诉讼效率,一般可以以口头方式对撤诉申请作出裁定,除非撤诉申请涉及的当事人情况较为复杂,有可能产生争议的,才以裁定书的方式作出。对于口头裁定,应当予以规范,一般应当制作《准许撤诉笔录》,在笔录中将原告人申请撤诉的内容载入,再由审判员宣布该撤诉申请经审查,系当事人真实意愿表示,符合法律规定,裁定准许撤诉,并由申请撤诉的原告人在笔录上签名确认。此外,对于撤诉申请的内容,也应当区分情况,进行规范,原告人如果是在赔偿权利未得到解决,保留今后诉权或另行提起民事诉讼的情形下,则在申请中仅提出撤回诉讼的请求;如果是在民事赔偿上已经与被撤诉人或其亲属达成调解协议的情形下,应当在申请撤诉时一并提出放弃对被撤诉人民事赔偿请求的权利。撤诉裁定只需要送达原告人,口头裁定笔录只需要原告人签名确认即可发生法律效力,无须征得附带民事诉讼被告人的同意。

(3) 原告人对共同被告人中部分被告人撤诉方式的规范。在审判实践中,对于多名附带民事诉讼被告人应当承担赔偿责任的,其中一名或几名被告人或其家属与原告人达成调解,而其他被告人不能与原告人达成调解的情况较为常见,对此应当如何处理,在实践中的作法不尽一致,甚至出现因为全案不能调解,则对能够达成调解的部分被告人也不予调解,或者要求原告人与部分被告人调解,必须以对全案附带民事诉讼撤诉为前提的做法。这些做法在一定程度上损害了原被告达成调解的积极性,不利于案件纠纷的解决。

为促进附带民事诉讼调解,尽量使刑事案件被害人得到一定的经济补偿,应当对这种调解方式进行规范。具体操作方式应当是,在部分被告人与原告人达成调解后,由部分被告人与原告人签订和解协议,和解协议中应当写明被告人向原告人赔偿的数额、方式以及原告人同意向法院要求撤回对该被告人的附带民事诉讼,并要求法院在对被告人量刑时酌情考虑本和解情况。在双方签订和解协议、交接赔偿款后,原告人应当向法院提交撤诉申请书,要求撤回对已达成和解的被告人的附带民事诉讼,放弃对该被告人应当承担的民事赔偿份额的诉讼请求,并要求法院在对被告人量刑时酌情从轻处罚。法院在收到原告人的撤诉申请后,应当以《准许撤诉笔录》的方式,口头向原告人宣布,经审查,其撤诉申请符合法律规定,裁定准许其撤回对部分被告人的附带民事诉讼。原告人应当在该笔录上签名予以确认。

在对部分被告人撤诉后,法院仍然要制作刑事附带民事判决书,对没有达成调解的被告人作出民事赔偿的判决。在刑事附带民事判决书中,在当事人身份事项中仍然应当将达成调解和未达成调解的附带民事诉讼被告人均列为附带民事诉讼被告人,但在法院审理经过段落中,应当将附带民事诉讼起诉、原告人与部分被告人达成和解协议、原告人撤回对部分被告人的附带民事诉讼、法院口头裁定准许的情况载入审理经过段落中。在控辩双方意见部分,对于已经达成调解被告人对于附带民事诉讼的答辩意见,可以不予表述。在审理查明部分,应当对全案附带民事诉讼损失的事实及数额予以表述。在判决部分,应当仅仅对未达成调解的部分被告人作出附带民事判决,判决其承担应当承担的民事赔偿份额,对于达成调解的部分被告人的赔偿份额,应当从总的赔偿数额中扣除,对于扣除后的总数额,未达成调解的部分被告人仍然依法承担连带赔偿责任。这一处理方式符合《最高人民法院关于人身损害赔偿案件适用法律若干问题的解释》第5条,即"赔偿权利人在诉讼中放弃对部分共同侵权人的诉讼请求的,其他共同侵权人对被放弃诉讼请求的被告应当承担的赔偿份额不承担连带责任"的规定,在没有新的司法解释前,应当在判决书中引用该条款作为处理的法律依据。

综上所述,在刑事附带民事诉讼调解实务中出现的问题,在目前没有立法及司法解释规定的情况下,应当本着注重调解、规范调解的原则进行处理,以确保附带民事诉讼调解工作取得实效。此外,对于附带民事诉讼调解中一些尚有争议的问题,应当尽快通过立法及司法解释的方式予以明确,以确保调解工作操作上的规范。

三、附带民事诉讼审理程序中的问题

目前,司法实践对刑事附带民事诉讼审理的通常做法是先刑后民,即先解决被告人的刑事责任问题,再解决其民事赔偿责任问题。这在大部分情况下是成立的。"先刑后民"模式,是指在"刑事责任优先于民事责任"的价值理念指导下,按照我国现行的附带民事诉讼制度,"法院通过同一审判组织,在对公诉案件审理完毕之后,再来处理民事赔偿问题,并就公诉和民事诉讼问题一并作出裁判"[①]。这种模式的理论基础是"实体关联性理论"以及"程序便利性理论"。一方面,由于造成社会危害结果和私人侵权结果的犯罪行为具

---

① 陈瑞华:《刑事附带民事诉讼的三种模式》,载《法学研究》2009年第1期。

有同一性，因而只有先确定犯罪事实的存在才能认定侵权事实的存在，并据此要求被告人对被害人做出民事赔偿；另一方面，在刑事诉讼的过程中附带地解决民事赔偿诉讼不仅可以避免当事人的讼累，节约司法成本，还可以避免人民法院就同一案件作出相矛盾的刑事和民事判决。这种模式在我国沿用已久，但从历年来的实践效果看，面临着多方窘况，其中最主要的问题包括难以充分保障当事人的诉讼程序利益、难以囊括被害人的全面赔偿需求以及难以保证附带民事判决的有效落实。

在"先刑后民"的价值理念引导之下，现行的附带民事诉讼模式在很大程度上以牺牲当事人的程序利益为代价，而这一缺失的程序利益却是当事人理应享有并至关重要的。一方面，尽管法律明确规定被害人除了可以在刑事诉讼过程中提起附带民事诉讼，还可以在刑事判决生效以后另行提起民事诉讼，但实践中"无论是法院刑庭还是民庭，一般都不会受理被害人单独提起的民事诉讼请求"，因为"单独受理民事案件意味着诉讼成本的增加"，也意味着"附带民事诉讼问题既然在刑事诉讼中都难以解决，允许被害人另行提起民事诉讼也无济于事"[①]，这种情况的存在事实上剥夺了被害人的诉讼程序选择权。

另一方面，受"先刑后民"观念的影响，人民法院在诉讼过程中开展的调查和辩论几乎都围绕被告人的刑事责任展开，对被害人提出的民事赔偿请求则只在刑事部分审理结束之后进行简单、快速的审理，既不进行全面的法庭调查，也不组织充分的法庭辩论，这种粗糙的做法将或有或无地损害当事人的诉讼程序利益。其结果，不仅容易削弱司法权威，导致当事人对于人民法院的附带民事判决是否合法产生怀疑，而且可能会导致被害人"缠诉""缠访"，迫使其走向上诉、申诉、上访的道路，影响社会稳定，从而背离了司法解决纠纷的目的。因此，对于某些案件，也可以在解决刑事责任问题前先解决民事责任，或者在刑事部分审理对被告人确定有罪后，在量刑前解决附带民事赔偿问题。这样做更有利于保护当事人的合法权益，使其能得到更为充分的损失补偿，总体而言，这样做能够为原告带来如下积极效果：

第一，充分保障原告人的诉讼程序利益，增强原告人对于人民法院附带民事诉讼处理结果的心理认同感。"先民后刑"的调解过程有助于在双方之间构筑相对和平的沟通氛围，使双方得以反复磋商直至达成合意，其对于原

---

① 陈瑞华：《刑事附带民事诉讼的三种模式》，载《法学研究》2009年第1期。

告人诉讼程序利益的保护明显优于"先刑后民"模式下人民法院对民事部分内容快速、粗糙的审判过程；且磋商的过程能够避免原被告双方针锋相对的辩论，让被害方得以在与被告人和平协商的过程中增进对被告人家庭财产状况以及其认罪、悔罪态度的了解，从而增强对人民法院工作的认可，也提高对案件处理结果的认同感，因为"当人们的主张和需求不仅被拒绝承认而且还是在非理智的基础上被否认时，他们会感到双重的不满"[①]。

第二，调解协议中的赔偿范围能够在不违反法律规定的情况下将完整意义上的物质损害赔偿以及精神损害赔偿都囊括进去。虽说《最高人民法院关于人民法院是否受理刑事案件被害人提起精神损害赔偿民事诉讼问题的批复》明确表示"对于刑事案件被害人由于被告人的犯罪行为而遭受精神损失提起的附带民事诉讼，或者在该刑事案件审结以后，被害人另行提起精神损害赔偿民事诉讼的，人民法院不予受理"，但这仅仅是针对人民法院作出的规定，不能限制双方当事人在调解过程中的民事权利处分自由，换言之，原被告双方完全可以通过自愿达成调解协议，对完整意义上的物质损害赔偿以及精神损害赔偿进行协调。

第三，通过自愿达成调解协议的方式能够在很大程度上避免"执行落空"的尴尬境地。调解协议的达成少不了被告人一方的积极作用，被告人的这种积极性一般情况下都能够延续到赔偿协议执行完毕，使得协议能够得到有效的落实，甚至这种民事赔偿协议的达成能够促使被告方在法院作出实质判决之前将赔偿履行到位，从而更及时地给予被害人民事救济以解其燃眉之急。

在部分案件中，先解决民事责任还有利于司法。最直接的积极作用往往表现在双方当事人身上，但其带给司法的便利亦是不容忽视的。有学者指出：一则，"先民后刑"模式带给原被告双方的益处能够消减法官感性与理性思维的冲突，减轻法官在公正司法时的心理负担。因为，这种模式在实现对被告人刑事和民事责任追究的同时，大多能够为被告人提供量刑上的便利，即被告人对民事责任的承担一般可以在一定程度上减轻其刑事责任，而不至于加剧被告人的惨况。二则，由于在"先民后刑"的调解模式下被告人往往会为了追求从宽处罚的有利结果而积极与被害人进行调解，其后对被害人做出

---

① 〔美〕罗·庞德：《通过法律的社会控制——法律的任务》，沈宗灵、董世忠译，商务印书馆1984年版，第42页。

的赔偿亦属于"自愿型赔偿",这种自愿性使得被告方能够自觉自律地完成民事赔偿的履行行为,从而节省了法院为调查被告人赔偿能力、采取强制措施而投入的司法资源,提高了司法效益。三则,由于被告人对调解协议的积极履行能够使被害人在最短的时间范围内得到民事赔偿,被害人不必申请人民法院强制执行,自然也不会出现判决执行落空的窘况,被害人也不会因判决执行落空而对司法产生失望感或不信任感,因而"先民后刑"模式对于维护司法权威也能起到一定作用。四则,根据被告人积极赔偿的情节对其酌情从轻处罚能够将我国宽严相济的刑事政策落到实处。正如高铭暄教授所言,"酌定量刑情节一旦受到充分重视,必然对宽严相济刑事政策的实现,起到不可小觑的作用"[①]。虽然积极赔偿只是酌定从轻情节而非法定从轻情节,但任何从轻情节对于被告人而言都是至关重要的;法院只有在个案中对一切量刑情节都充分考虑,才能实现个案处罚的"宽严相济",才能给予每个被告人真正公正的判决。由于我国附带民事诉讼案件数量巨大,"先民后刑"模式对于宽严相济刑事政策的落实必然会产生极大的积极作用。

此外,在微观方面,个人与个人之间的关系是社会关系的基本构成,对这种因犯罪行为而受损的微观社会关系的修复必然有助于整体社会关系网络的健康发展。调解作为"恢复性司法"的一种具体表现形式,能够在刑事附带民事诉讼双方当事人之间建立起对话关系,有利于令被告人获得被害人的谅解,"促使被告人在刑事判决宣告之前与被害人达成赔偿协议,履行赔偿义务,使那些陷入困境的被害人减轻了身心创伤,避免了矛盾的进一步激化"[②]。从整个附带民事诉讼过程来看,被害人能够得到被告人自愿赔偿的承诺乃至承诺的履行,而被告人亦能够因之而获得接受从宽处罚的机会,双方各有所得,使得为犯罪行为所破坏的社会关系得以被及时修复。在宏观方面,所谓"最差的调节要好于最好的判决",由于双方当事人都能够在调解过程中全面地表达各自的需求并在此基础上相互磋商直至达成共识,调解的结果往往能使双方当事人都感到满意,比判决的结果更能够起到让当事人"服判息诉"的作用,在挽回被害人的经济损失的同时有效降低当事人上诉、申诉、上访的概率,从根源上消灭可能的、潜在的不安定因素,构筑社会和谐基础,这也是《最

---

① 高铭暄:《宽严相济刑事政策与酌定量刑情节的适用》,载《法学杂志》2007年第1期。
② 邵世星:《贯彻宽严相济刑事政策应注意民事责任的承担》,载《检察日报》2008年5月30日。

高人民法院关于进一步发挥诉讼调解在构建社会主义和谐社会中积极作用的若干意见》中着重强调"对刑事附带民事诉讼案件,人民法院应当按照民事调解的有关规定加大调解力度"的原因之一。

刑事附带民事诉讼案件中,对全案刑事、民事判决、裁定均提出上诉或抗诉的,二审法院应当按二审程序对全案两种诉讼进行并案审理。如果仅对一审附带民事诉讼中的刑事判决、裁定或民事部分的裁判提出上诉或抗诉的,二审法院应当对全案进行审查后,仅对刑事部分或民事部分作出处理。这是因为,附带民事诉讼是刑事诉讼或民事诉讼因为事实上的牵连关系而引起的诉讼程序的合并,法院是在同一诉讼程序中处理两种不同性质的诉讼。因此,当事人或检察机关仅针对一种裁判提出的上诉、抗诉,不能导致另一种诉讼的裁判结果被改变。如果二审发现另一种诉讼的裁判确有错误,应当依审判监督程序予以解决。

第七章

刑事诉讼制度改革若干前沿问题探索

2019年,为进一步落实新时代人民法院各项司法改革任务,最高人民法院结合审判实践,发布了《人民法院第五个五年改革纲要(2019—2023)》,将深化人民法院司法体制综合配套改革作为司法改革的重要内容,将全面提升司法供给侧改革,有效回应人民群众对司法工作更高、更实的要求,让公平正义更加可感可触确立为此轮改革的主要目标。《中华人民共和国人民陪审员法》(以下简称《人民陪审员法》)的修正以及明确和细化庭前会议、非法证据排除、法庭调查等关键环节、关键事项的《三项规程》①的出台进一步健全了以司法责任制为核心的审判权力运行体系。我们围绕刑事案件的七人合议庭审理、非法证据排除、刑事和解制度的完善以及精准化量刑建议的审查等进行了探索。与此同时,新冠病毒感染疫情的暴发也为刑事案件的审理带来新的挑战,为了确保疫情防控和案件审判两手抓、两促进,我们也率先对刑事案件在线庭审规则进行探索,相关经验被司法文件所吸纳。本章将结合上述探索,围绕如何扩大司法民主和提升庭审实质化,对刑事案件适用七人合议庭审理的具体规则、刑事案件在线庭审的完善、证据收集合法性的审查程序、刑事和解在死刑案件中适用的量刑平衡以及如何正确对待精准化量刑建议等问题展开讨论。

第一节 七人合议庭制度的实践与完善

2018年《人民陪审员法》规定了七人合议庭在刑事审判中的运行规则,

---

① 即最高人民法院印发的《人民法院办理刑事案件庭前会议规程(试行)》《人民法院办理刑事案件排除非法证据规程(试行)》和《人民法院办理刑事案件第一审普通程序法庭调查规程(试行)》,简称为《三项规程》。

该规定通过设立二元化的陪审机制、区分事实审与法律审及增加陪审员在合议庭中的人数等举措，强化了陪审员在刑事案件事实认定上的关键作用，这将有助于推动司法理性与社会一般认知的有机统一，调和司法专业化与大众化之间的矛盾。但是，《人民陪审员法》关于七人合议庭的规定还比较原则，在刑事审判中仍存在改进和完善的空间，比如存在七人合议庭适用范围不明确、陪审员参与程序过于原则、配套机制尚不完善等问题。司法机关需结合实践对七人合议庭在刑事审判中的运行规则进行完善，在既有规定下构建合理有效的陪审员参与机制，实现通过陪审员在刑事庭审中表达社情民意，提高人民法院司法公信力的目标。

一、适用七人合议庭的刑事案件类型

刑事审判中七人合议庭适用案件范围，应结合陪审制度推动司法民主和弥合司法理性与社会一般认知隔阂的价值功能，在平衡适用成本与制度价值的基础上，对重罪案件的社会影响进行司法判断；应进一步完善陪审员参与庭审程序，赋予符合条件被告人对七人合议庭的选择权，根据审判人员回避的法律规定决定陪审员的回避，合理确定陪审员介入案件的时间等。

（一）陪审员参审的刑事案件类型

《人民陪审员法》将适用七人合议庭审理的刑事案件范围规定为"可能判处十年以上有期徒刑、无期徒刑、死刑，社会影响重大的刑事案件"，但对"社会影响重大"的标准未作明确规定。在前期试点、立法论证及后期实践中看，人们对七人合议庭可以适用的刑事案件范围存在较多争议。一种观点认为，对于"可能判处十年以上有期徒刑、无期徒刑、死刑"的案件，只要社会关注度高、涉及面广等情形，原则上均应适用七人合议庭。另一种观点认为，需对社会影响重大进行司法判断。陪审员参与的庭审对司法资源要求较高，在当前案多人少矛盾日益尖锐的情况下，应当对"社会影响重大"进行严格限制，综合考虑犯罪行为的社会危害性、涉及当事人数量、是否体现社会阶层对抗等因素，不能对所有可能判处十年以上有期徒刑的案件均适用七人合议庭。[①]

笔者认同第二种观点，对可能判处十年以上有期徒刑、无期徒刑、死刑的案件是否能适用七人合议庭，仍需结合七人合议庭的制度价值，在平衡适用

---

① 刘峥、刘知行：《论人民陪审员制度中的参审案件范围》，载《法律适用》2018年第9期。

成本与价值效用的基础上,对上述重罪案件的社会影响进行司法判断。即可以将七人合议庭的适用范围限定为可能判处十年以上有期徒刑、无期徒刑、死刑的以下三类案件:被告人拒不认罪且事实认定存在较大争议的案件、规范性要素较少的刑事案件和有一定社会影响的专业性案件。

1. 被告人拒不认罪且事实认定存在较大争议的案件

2018年《刑事诉讼法》第55条规定:"没有被告人供述,证据确实、充分的,可以认定被告人有罪和处以刑罚。"但是,被告人拒不认罪且事实认定存在较大争议时,往往会给法院查明案件事实造成极大困难,采取七人合议庭的审理方式可以强化庭审实质化,更宜查明司法真实,作出正确的判决。

其一,有利于落实庭审实质化的要求。在上述对抗性强、争议性大的案件中适用七人合议庭,会促使控辩双方更加积极地举证、质证、辩论。为了说服多数不具法律专业知识的陪审员,控辩双方会摒弃"老八股"式的发言方式,会更主动引入证人、鉴定人、有专门知识的人员等出庭作证,采用通俗语言进行举证或辩论等,①这会进一步强化庭审中的直接言词原则和辩论原则,有效提升庭审在诉讼流程中的关键作用。同时,陪审员以集体方式参与庭审活动,且陪审员的人数多于法官,这会克服陪审员"陪而不审"的弊端②,不会产生陪审员由于欠缺专业自信而屈从法官意见的现象,切实做到实质化的参审。

其二,有助于对案件事实的查明。上述案件通常在事实认定上存在极大争议,七人合议庭旨在利用没有法律专业知识和司法经验的普通群众参与案件的审理,在庭审中陪审员注重从社会公众的认知角度和一般的社会伦理层面对案件进行分析和判断,这可以避免职业司法人员存在的职业偏执,更利于对案件事实里的矛盾点、争议焦点和模糊点的查明。同时,裁判思维本身具有"发现"与"检测"的双重属性,③通过发现事实与事实检验的思维过程实现裁判结论在合法性与合理性上的统一,七人合议庭中法官与陪审员能够形

---

① 我们适用七人合议庭审理的一起刑事案件中,为了查清关键事实,检方指派有专门知识的人员出庭作证,为争议事实的查明起到了较好的作用。

② 胡云红:《从天津赵春华案谈我国人民陪审员制度中大合议庭陪审机制的构建》,载《河北法学》2017年第5期。实践表明,当合议庭中陪审员的人数多于法官时,陪审员在庭审中及评议中更易发问和坚持自己的意见。

③ 李安:《刑事裁判思维模式研究》,中国法制出版社2007年版,第23页。裁判思维本身既包括发现与检测,也包括将思维的结果予以说明。在事实查明时具有职业经验的法官会注重对有罪事实的认定,具有社会经验的陪审员则会注重对无罪事实进行探究,双方思维可以形成有效互补。

成思维互补,在查明案件事实时,法律逻辑与生活常识两种思维可以对事实共同发现、互相检测,更利于对争议事实的查明与认定。

其三,符合诉讼经济性的要求。七人合议庭的适用会占用较多司法资源,例如扩大庭审时间、选任及培训陪审员、参审制度保障等,因此只有在司法裁判获得的公共效益大于民众参与司法的成本时,才具有适用七人合议庭的必要性。被告人拒不认罪且事实认定存在较大争议的案件,通常体现出辩方无罪辩护与检方有罪指控的强烈对抗性,采用普通公民参与庭审的方式进行审理,不仅可以消解被告人对审判活动的抵触心理,也会增强司法民主与庭审透明度,进而提升司法的公信力。

2. 规范性要素较少的刑事案件

党的十八届三中全会和四中全会决定中都赋予我国陪审员制度"提高司法公信力、拓宽人民群众参与司法渠道"的重要使命。七人合议庭作为陪审员制度的核心机制,其重要制度价值在于促进司法理性与社会情理的有效融合,提升司法裁判的社会认可度和社会公信力。[①] 实现这一制度价值的关键在于,有效发挥七人合议庭中陪审员的社会阅历及公民认知,弥合公众与专职司法人员认知的断层。选取规范性要素较少的刑事案件是实现这一目的的关键路径。

其一,规范性要素的认定标准具有高度专业性。规范性构成要件要素与记述性构成要件要素相比,具有高度专业化的认定标准,需要法官根据规范的价值取向进行综合认定。如果选取规范性要素较多的案件作为七人合议庭的适用对象,势必会在法官与陪审员之间造成新型专业壁垒。审判中对规范性要素的认知程度一直存在争议,虽然既有的共识是不要求行为人对规范要素的认知达到与法律规定完全一致的程度,但对各类规范性要素的认定仍具有不易感知性、价值评判性和标准不稳定性[②],对这些要素的认定最终会影响行为人的罪过形态,陪审员即使在法官的指导下也会在认定中存在诸多困难,这会导致陪审员在这些要素的认定上屈从于法官的专业权威,削弱七人

[①] 胡云红:《从天津赵春华案谈我国人民陪审员制度中大合议庭陪审机制的构建》,载《河北法学》2017 年第 5 期。

[②] 刘艳红:《犯罪构成要件:形式抑或实质类型》,载《政法论坛》2008 年第 5 期。对规范性要素的认定需要考虑法律的规定、法益的衡量、经验法则、违法性量的大小等因素,这些因素高度依赖审判经验,难以通过量化标准予以明确。

合议庭的制度实效。

其二,规范性较少的刑事案件更利于法律逻辑与社会认知的统一。非规范性要素的认定可以通过感官直接感知,不需要进行过多的价值衡量,其评价主要依赖于生活实践和社会经验,陪审员可以依据自己的生活经验进行独立判断。以这类刑事案件作为七人合议庭的适用对象,法官的法律逻辑思维与陪审员的常识逻辑通常具有一致性,二者在审判中采用的裁判标准更易与社会共识相一致。

3. 有一定社会影响的专业性案件

七人合议庭还可以适用于有一定社会影响的专业性案件,这样可以最大限度地实践司法民主,在案件的具体选定中,需要注意以下三点:

其一,选取有一定社会影响的专业性案件。这类案件通常指关涉人数众多、背后隐含社会结构根源的案件。此类案件会涉及不特定主体的个人利益,也会涉及重大社会公共利益,甚至会体现出不同群体的对立诉求。对这类案件适用七人合议庭,可以有效实践司法民主:既能提升陪审员参与审判的代入感,促使其积极有效履职;也能在审判组织上给予公众以公正、透明的印象,塑造良好的司法形象;还能通过裁判文书发挥社会教育功能,实现法律的预防与指引机能。

其二,社会影响重大应进行实质判断。不能将社会影响重大的标准限定为公共舆论、舆情炒作所引起的社会反响重大,应当以案件是否关涉国家安全、公共安全、不特定群体的公众利益、特殊群体的利益等为标准。特定案件是否属于社会影响重大,应当由法院根据上述标准依职权决定。

其三,避免陪审员异化为编外法官。对于具有高度专业性的刑事案件,不应推动陪审员的专业化,这种做法会造成陪审员群体的相对固化,特定的陪审员在长期参与案件审判后,会逐渐偏离既有的社会一般经验和认知,逐步异化为编外法官,无法发挥陪审制度促进司法理性与社会情理融合的制度目标。对有一定社会影响的专业性案件,可以选取具有专业知识的法官与陪审员一起组成合议庭,由法官把握专业事项的认定标准,对陪审员进行适当指导,以此保证案件审判的专业性。

(二)陪审员对死刑适用问题的评议权限

《人民陪审员法》将陪审员的评议范围限定为"对事实认定,独立发表意见,并与法官共同表决;对法律适用,可以发表意见,但不参加表决"。据此,七人合议庭中事实审与法律审分离,陪审员仅对事实认定具有表决权,对法律适用具有发表意见的权利,但没有表决权。实践中,陪审员对于具有较强事实属性的法律适用如死刑适用问题是否具有表决权限,尚存在争议。对此存在两种截然对立的观点:一种观点认为,基于法律适用的高度专业性,凭借一般社会认知进行判断的陪审员难以作出精准判读,因此陪审员不应对死刑适用问题等进行表决。为了避免在死刑适用问题上出现司法理性与公众认知的偏差,有学者建议可以构建量刑意见回应机制,在鼓励陪审员对死刑适用等量刑问题发表意见的基础上,当裁判与任一陪审员意见不一致的,法官在合议时对相关意见进行逐条回应,也可在判决书中将量刑选择理由进行详尽阐述。[①] 另一种观点认为,陪审员参审职权范围可以在事实审的基础上适度扩张,既可以参与认识评价也可以参与规范评价。[②] 在这种观点下,对于涉及社会一般经验和公众认知的死刑适用问题,陪审员也可以进行表决。

笔者倾向于第二种观点,量刑建议是专业性极强的法律适用问题,但同时也是与一般社会认知和经验判断紧密联系的问题,具有极强的事实要素,完全排除陪审员对死刑适用等问题的表决权并不合适。主要原因如下:

其一,赋予陪审员死刑适用决定权符合陪审制度的内在要求。通常认为陪审制是人民主权的载体,赋予陪审员有限的法律适用权,是人民行使民主权利的重要形式,它可以将陪审员所代表的社会价值不断注入刑事司法体系,进而间接地影响刑事司法或未来的立法。即使在严格区分事实审与法律审的美国,法律始终赋予了陪审团在刑事审判中有限的法律适用权。典型表现是,美国的陪审团制度将部分死刑判处权赋予了陪审团,其余量刑权则由法官保留。在美国,无论是在联邦法院还是州法院,死刑之判处只能由陪审团做出;同时目前尚有阿肯色、肯塔基、密苏里、俄克拉何马、得克萨斯和弗吉尼亚共 6 个州将除死刑之外的其他重罪案件的量刑权赋予了陪审团。[③] 除此之外,美国的陪审团制度还赋予了陪审团拒绝适用法官指示的法律适用的权力(有学者将其称为"使法律无效权"),即在有理由相信法官指示适用之法律

[①] 裴振宇、史军锋:《论刑事陪审制度中的法官角色定位——基于事实审与法律审分离的陪审模式》,载贺荣主编:《尊重司法规律与刑事法律适用研究》,人民法院出版社 2016 年版,第 517 页。

[②] 杨鸣:《刑事裁判中人民陪审员的参审范围——基于二元化审判法庭模式的讨论》,载《人民司法》2017 年第 16 期。

[③] Nancy J. King, The Origins of Felony Jury Sentencing in the United States, *Chicago-Kent L. Rev.*, Vol. 78, 2003, p. 937.

违反社会共识时,陪审团可以拒绝适用这一指示而不被追究责任,尽管这一权限在目前是理论意义上存在的权利,但仍有诸多社会团体在推动这一权限的具体实现。①

其二,对死刑适用等需要通过社会公众的一般性认知和经验法则进行判断的规范性要素,需要借助陪审员的社会经验进行判断。从当前诸多引发社会争议的刑事案件可以看出,案件是否适用死刑具有极强的事实属性和社会指引价值,对是否适用死刑的评价离不开社会一般经验法则,完全将其视为纯粹的规范性要素由法官来判断并不合适,引导陪审员对具有事实属性的要素进行价值评判,可以促进司法专业判断与群众朴素认知的融合。在具体操作中,可以将陪审员参与表决的范围限定为是否适用死刑(不含死缓),不应要求其对当事人提出具体的量刑意见。原因在于,根据一般的社会经验完全可以对量刑轻重作出合理的判断,死刑适用的重点并非是具有极强推理的详细量刑意见,而是对特定行为量刑轻重幅度作出的盖然性判断,因此赋予陪审员死刑适用表决权具有极大的实践价值。

对七人合议庭在刑事审判中的运行规则进行完善,不仅需要明确刑事审判中七人合议庭适用案件范围,还需要细化和完善七人合议庭在刑事审判中的庭前参与、庭审参与、庭后评议的程序规则。

二、庭前参与程序的具体内容

《人民陪审员法》规定了第一审刑事案件被告人有权申请陪审员参加合议庭审判,但这一申请权是否涵盖对七人合议庭的申请仍存在疑问。有观点认为符合条件的当事人具有选取七人合议庭的申请权,也有观点否定这一选择权。

笔者认为,《人民陪审员法》并未明文禁止被告人对七人合议庭的选择权,应当赋予符合条件的被告人对七人合议庭的选择权,这是强化庭审中心主义和被告防御权的重要举措。正如学者所言,被告通过选择社会一般公民而非单纯的司法执业者参与对自己的审判,会在一定程度上减轻其对审判机关的畏惧和抵触心理,有利于提高被告人的服判率,减少上诉或上访等行为

---

① 陈学权:《美国刑事审判中陪审团适用法律权述评》,载《比较法研究》2017年第2期。

的发生。① 法院在合议庭组成之前,应当明确告知符合条件的被告人具有选择陪审的诉讼权利,其中对于可能被判处死刑等极端重罪的被告人,在其提出适用七人合议庭进行审判的申请时,法院原则上应当同意。

《人民陪审员法》第 18 条规定:"人民陪审员的回避,适用审判人员回避的法律规定。"在具体实践中对陪审员的回避申请应当何时提出也存在较大争议。一种观点认为,当事人应当具有对陪审员的实质选择权,在陪审员选任时应当告知当事人陪审员相关信息,当事人可以对有关候选人提出回避申请。支持这种观点的人认为,增强当事人在选择陪审员具体人选上的选择权既有利于提升其对陪审员的信服度,更有利于提升裁判的司法公信力。另一种观点认为,陪审员与审判员采用相同的回避程序,在开庭时告知当事人陪审员的相关信息,当事人及其代理人在庭审时有权向法庭提出回避申请,法庭根据法律规定做出是否回避的决定。

我国的陪审制度与传统的陪审制和参审制均有明显区别,七人合议庭中虽然陪审员与法官在事实审与法律审中互相分工,但陪审员在参与案件审理广度和深度上皆高于陪审团制度和参审制度,几乎贯穿案件审理的整个过程(主动性较强),因此采用被动性较强的陪审团式回避规则并不合适。在实践中陪审员的回避严格适用审判人员回避的法律规定,对陪审员提请回避的时间应当在合议庭组成之后,庭审开始之前。同时根据《刑事诉讼法》的规定,在开庭的时候,由审判长宣布合议庭的组成人员(包含陪审员)的名单,同时告知当事人有权对合议庭组成人员申请回避。

七人合议庭中的陪审员应当何时介入案件,是否参加庭前会议和阅卷,也存在争议。目前主要存在三种观点:第一种观点认为,陪审员应当在庭审时介入案件,在此之前不得参加庭前会议和阅卷,以此避免其对案件形成偏见,要充分实现庭审的亲历性,由陪审员根据庭审中的信息对事实问题作出判断。② 第二种观点认为,陪审员应当在庭前会议时参与案件审理,且有阅卷权,只有在对案件进行全面了解,才能实现在庭审中对案件事实的精准把握。有学者主张,陪审员制度完善的关键在于建立陪审员阅卷机制,法官应当积

---

① 胡云红:《从天津赵春华案谈我国人民陪审员制度中大合议庭陪审机制的构建》,载《河北法学》2017 年第 5 期。
② 胡云红:《从于欢案谈探索大合议庭陪审机制》,载《人民法院报》2017 年 7 月 19 日第 8 版。

极帮助陪审员查找想要查证的内容。① 第三种观点认为,陪审员应当在庭前准备程序结束后庭审开始前的这段时间介入案件,即在"争点归纳完毕、证据基本固定后是陪审员进入参审案件审理程序的最佳时间点"②。此时既可以避免陪审员接触被污染的证据形成偏见,也可以避免庭审中难以抓住重点的弊端。

笔者认同第三种观点,认为陪审员应当在争点固定完毕,证据清单制作完整后至庭审开始前的时间介入案件,一般可以要求法官或法官助理在法官的指导下主持庭前会议,集中解决处理回避、展示证据、非法证据排除、归纳争议焦点等事项,并将相关情况予以总结制作庭前会议报告(也可以制作问题清单、证据清单等)供陪审员参考。陪审员如果提出阅卷,合议庭原则上应当同意,并在庭前会议结束后提供阅卷帮助。这样做的主要理由在于:

其一,了解案件事实有助于陪审员更加主动地参与庭审。实践证明,当陪审员提前了解案件后,在庭审中会积极发问、在评议时会积极发言或坚持自己的意见,避免不敢说、不敢坚持意见的情形。笔者在与多名陪审员的访谈中发现,多数陪审员表明只有在阅卷后才会对案情有充分的理解,避免在庭审中忽略庭审重点和不敢作出判断,同时在法官的指引下,会对有罪证据进行重点审查,不会过早形成有罪偏见,在评议时敢于坚持自己的意见。③

其二,可以切断污染信息源对陪审员的影响。庭前会议会对非法证据或误导性证据进行排除,陪审员在庭前会议之后介入案件,不会被这类证据误导。同时,我国的刑事证据规则尚未完善,陪审员需要在法官的指导下进行认证,庭前会议会对相关证据进行分类总结,便于陪审员对证据进行认定和把握。

其三,有利于节约司法资源提升庭审实效。要求陪审员参与庭前准备程序的全部过程,会造成司法资源的浪费,拖延诉讼的进程。由适法经验较为

---

① 李冉毅:《刑事庭审实质化研究》,西南政法大学 2017 年博士学位论文,第 216 页。
② 龚浩鸣、梅宇:《陪审制大合议庭事实审与法律审分离的程序保障——以北京市法院大合议庭陪审机制试点为基础》,载《法律适用》2018 年第 9 期。
③ 我们对 4 名陪审员进行了访谈,4 人均表示在没有阅卷的前提下,庭审中会忽略控辩双方争议焦点,在评议中更倾向于根据法官指示作出决定。4 人在提前阅卷是否会形成有罪偏见的问题上,回答并不一致,其中 2 人表示可能会有偏见,另外 2 人表示不确定是否会形成偏见,但 4 人均表示如果在法官的指导下进行阅卷,会对有罪证据和无罪证据均进行考量。

丰富的法官对相关证据进行整理，形成证据清单和阅卷报告供陪审员参考，可以在节约陪审员参与庭审时间的基础上，使其对案情形成较为充分的理解，便于其在庭审中紧抓庭审重点，提升庭审效率。

三、庭审参与规则的具体分析

（1）贯彻直接言词证据原则。实践中对是否在七人合议庭的审理中完全贯彻直接言词原则，以此推动庭审实质化，也存在不同意见。一种观点认为，目前司法实践中存在的"口供中心主义"、"案卷中心主义"、证人出庭作证难等问题，系长期形成的结构性难题，如果在七人合议庭中彻底贯彻直接言词规则，会存在诸多困难。另一种观点认为，应当在七人合议庭中深入贯彻直接言词规则，倒逼控方与辩方举证和质证的针对性，大力推进庭审实质化。

笔者认为，应当以推进庭审实质化为目标，在七人合议庭审理中逐步推进直接言词规则，但在审理中也应当遵循司法规律，避免狭隘的庭审中心主义。具体要做好三个方面的工作：一是在庭审中要逐步推动侦查人员、证人及其他诉讼参与人到庭参加庭审，稳步提升侦查人员、关键证人等的出庭率。二是推进控方、辩方及其他诉讼参与人以口头的形式展开诉讼中各种诉讼行为和展示证据材料等，没有在法庭以口头形式展现的诉讼行为和证据材料原则上不应成为定罪量刑的根据。三是避免狭隘的庭审中心主义和防止当事人在法庭上对事实进行重塑，善于对前一阶段形成的共识进行固定和继承，在审判中善于通过固定共同点、主审矛盾点、理清模糊点、消除盲点的四点审判法对案件进行审理。[①] 通过上述举措可以降低审判对被告人供述的过分依赖，增强控辩双方实施各种诉讼行为的针对性和有效性，在确保案件审判质量的基础上提升裁判效率。

（2）明确案件评议时间。七人合议庭对刑事案件是否应当立即评议和当庭宣判，在实践中也存在不同观点。第一种观点认为，七人合议庭审理的刑事案件通常为疑难复杂案件，要求立即评议和当庭宣判并不合理，应当给予合议庭充分的评议、宣判时间，在经过充分讨论后择期宣判。第二种观点认为，应当严格贯彻亲历性规则，在审理后立即组织评议，形成评议结论后当

[①] 黄祥青：《深入推进案件繁简分流制度的基本思路与方法》，载《人民法院报》2018年10月17日第8版。

庭宣判。这主要是为了保证陪审员对庭审参与证据调查和言词辩论所形成的心证能够保持鲜活的印象,避免受外界干扰。第三种观点认为在机制建设初期可以参照"中间裁判制度",比如先对事实问题进行立即评议和当庭宣判,对指控事实是否存在进行明确答复,为合议庭闭庭后的法律适用评议提供基础。

案件审理实现当庭宣判是理想状态,也是制度改革的长期目标。但在制度推进初期,笔者倾向于第一种观点,即对七人合议庭审理的案件不实行立即评议和当庭宣判,应当限定合议庭在规定时间内予以评议和宣判。主要原因在于:一是机制建设初期刑事案件固有的专业性是陪审员即刻作出事实裁决的主要障碍,如犯罪构成要件、此罪与彼罪的精细区分、主要犯罪事实的证据证明等专业性问题需要个案释明。二是七人合议庭审理的刑事案件,通常为疑难复杂案件,在事实问题或法律问题上存在较多争议,在法官指引规则、问题清单制度等配套规则尚未建立时,难以当场对所有法律和事实问题作出明确答复,应当给予合议庭充分的评议时间。三是法律问题和事实问题通常并非泾渭分明,采用中间裁判制度单纯对事实问题进行宣判的目标难以实现,如在有罪无罪等关键问题上存在较大分歧时,未充分讨论强行作出有罪或无罪的判决并不合适。在上述客观问题存在且相关配套机制尚未完善时,强行规定当庭宣判,可能会导致合议庭提前准备文书或庭审中忽略当事人当庭提出的答辩或者证据等诸多问题。

四、庭后评议规则的具体完善

通常认为,在合议时,可以由审判长指导,对案件进行评议,对于事实问题根据陪审员—法官—审判长的顺序,分别独立发言,在表决时以多数人的意见作为合议庭结论;对于法律适用问题,根据上述顺序分别发表意见后,在法官内部进行表决,陪审员不具有表决权。但陪审员人数众多的情况下,有可能产生单纯多数的陪审员对事实的认定与相对少数法官不一致的情况,即所谓的陪审员意志"绑架法官意志"[①]。《人民陪审员法》第 23 条规定:"合议庭评议案件,实行少数服从多数的原则……合议庭组成人员意见有重大分歧

---

① 胡云红:《从天津赵春华案谈我国人民陪审员制度中大合议庭陪审机制的构建》,载《河北法学》2017 年第 5 期。

的,人民陪审员或者法官可以要求合议庭将案件提请院长决定是否提交审判委员会讨论决定。"但是,对于上述情形是否属于合议庭组成人员具有重大分歧存在不同理解。一种观点认为对于刑事案件的事实问题需要审慎处理,不能机械地采用简单的多数表决,形成多数意见但存在重大分歧时仍需提交审判委员会讨论;[1]另一种观点认为应当严格实行少数服从多数的原则,只要形成多数意见的,应当依照多数意见处理,否则与司法责任制背景下审判委员会的改革路径相悖。

笔者赞同第一种观点,刑事案件的七人合议庭在评议时,不能机械地适用少数服从多数的评议规则,合议庭中全体法官与全体陪审员的意见完全相左的情况应当认定为合议庭组成人员意见具有重大分歧,对此,如果法官认为陪审员多数意见对事实的认定可能导致适用法律错误或者造成错误裁判的,法官可进一步向陪审员阐明相关法律规定和先决判例,说服陪审员接受法官的意见,若仍然无法化解分歧的,需提交审判委员会讨论。按规定提交审判委员会讨论的案件,可以邀请陪审员参会并说明分歧意见的理由。对于《人民陪审员法》中重大分歧的内涵,可以具体包括以下三种情形:(1)合议庭不能形成多数意见;(2)合议庭虽然形成多数意见,但在事实认定问题上法官意见与陪审员意见存在冲突;(3)对死刑适用问题,全体法官的一致意见和全体陪审员的一致意见存在冲突。

五、七人合议庭其他相关机制的完善

七人合议庭制度除了解决如何选用陪审员、陪审员如何参与等庭审机制外,还设计诸多配套机制,比如相关案件中经陪审员认定的事实部分如何进行上诉和抗诉,在庭审中法官应当如何发挥引导作用,在文书中是否要列明陪审员的意见等,这些问题也关系到七人合议庭制度的顺畅运行,下文将对这些相关机制进行讨论。

(1)上诉及抗诉程序的完善。对于七人合议庭作出的判决是否可以提出上诉或抗诉,各国立法中存在三种模式:一审终审模式、上诉法官裁判模式和上诉平民裁判模式。[2] 由于一审终审模式对实质公正的忽略和上诉平民模

---

[1] 胡云红:《从天津赵春华案谈我国人民陪审员制度中大合议庭陪审机制的构建》,载《河北法学》2017年第5期。

[2] 施鹏鹏:《陪审制研究》,西南政法大学2007年博士学位论文,第190页。

式对审判资源的过度消耗,多数国家采用上诉法官裁判模式。在我国,七人合议庭对事实问题作出决定后,被告人或检察机关是否有权提出上诉或抗诉也存在争议。一种观点认为,由陪审员与法官共同对案件事实作出认定,这种带有司法民主意味的裁决结论理应得到足够的尊重,其结论是不可更改的,因此检察机关对之不具有抗诉权。否则在二审案件全面审查且合议庭由法官组成的规定下,仍旧是将案件的裁决归于法官的职业思维体系中,失去了陪审制推动司法民主的意义。另一种观点认为,检察机关认为本级人民法院第一审的判决、裁定确有错误的时候,均应当向上一级人民法院提出抗诉,据此对七人合议庭针对事实问题作出的决定确有错误时,也应依法提起抗诉。

笔者认可第二种观点。原因如下:一是初审案件不可避免会出现一些错误,所以国家才设置审级制度和抗诉制度,赋予当事人上诉和监督机关抗诉的权利,以便纠正下级法院判决的错误,在相关决定确有错误时,应当依法提起抗诉。二是各国陪审制度均采取不同有效机制尽力矫正适用陪审可能出现的错误,即对陪审团的认定结果并非完全不可更改。例如,通过程序无效或授权上级法院法官确认陪审员作出事实认定"不妥当或不令人满意",或者因为新的证据而再审对于陪审员的错误裁判予以纠正,或者二审法院对一审认定的事实存在合理怀疑而发回重审等。① 因此,对于七人合议庭做出的判决可以提出上诉或抗诉,由上级法院对其进行全面审查。

(2)在案件审理过程中也需进一步明确法官指引与提示陪审员履职的规则。过度的实质指引势必影响陪审员对案件的判断,形式上可有可无的指引则效果不佳。实践中对法官的指引方式存在不同看法:一种观点认为法官的指引具有实质性,应当将影响陪审员对案件判断的一些重要行为归入法官指引的范围,比如除了普通的法律释明外,在必要时还应当说明证据能力和证据调查必要性的判断等实质性问题。另一种观点认为,法官指引应当仅限定于对法律职业伦理、案件所涉及法律规范的内涵及原理进行解释等形式内容。

笔者倾向于第一种观点,法官的指引除了形式性的法律解释外,仍需要

---

① 龚浩鸣、梅宇:《陪审制大合议庭事实审与法律审分离的程序保障——以北京市法院大合议庭陪审机制试点为基础》,载《法律适用》2018年第9期。

对案件事实认定的关键性要素进行指引,指引的方式可以借鉴"事实问题清单制度"。设置问题清单时应以控方指控事实为基础,坚持完整原则、一致原则以及禁止双重指控原则,审判长应将起诉书所涉及的所有犯罪事实完全纳入问题列表,除此之外,合议庭不再有其余事项需要裁判;除法定情形外,审判长必须严格遵循起诉书所载明的犯罪事实和情节,原则上不得随意进行增加或变更。① 在庭前会议阶段审判长向陪审员展示事实问题清单,并询问其对相关问题有无意见以及指引陪审员掌握围绕问题清单进行发问的方式,以便于法庭调查时陪审员的询问具有针对性。在合议阶段,由审判长向陪审员宣读各项事实问题,并围绕问题进行表决。

(3)裁判文书中陪审员意见是否需要表达。在七人合议庭中,法官及陪审员在事实认定或死刑适用等关键问题上会产生争议,在以合议庭多数意见为基础撰写裁判文书时,是否需要列明陪审员的个人意见,也存在争议。一种意见认为,需要构建合理的裁判文书陪审员意见表达机制,当意见存在分歧时,需列明个人意见。另一种意见认为,应当以合议庭多数意见为基础撰写文书,个人意见不宜在文书中列明。在实践中,不同国家也采用了不同的方式,美国采用第一种表达方式,德国采用第二种表达形式。② 笔者主张采用第二种表达方式,即以合议庭多数意见为基础撰写裁判文书,并由法官执笔撰写,不同的意见无须写入文书。主要理由在于,当前文书说理规则尚未完全建立,在文书中写明法官与陪审员的冲突容易导致当事人对裁判结果的质疑,保留合议庭统一意见,并围绕该意见进行说理,则可增强文书的说服力。对于法官一致意见与陪审员一致意见冲突的情形,在经过释法后再次表决和经过审判委员会把关审理的前提下,如果继续维持陪审员的一致意见,由于已经对该意见进行了充分论证说明,由法官围绕该意见和论证进行说理即可。

第二节 刑事案件在线庭审机制的完善与优化

2020年,新冠病毒感染疫情暴发,为了落实疫情防控举措,许多看守所

---

① 施鹏鹏:《刑事问题列表制度研究——以完善人民陪审员事实认定机制为切入点》,载《北方法学》2017年第6期。

② 龚浩鸣、梅宇:《陪审制大合议庭事实审与法律审分离的程序保障——以北京市法院大合议庭陪审机制试点为基础》,载《法律适用》2018年第9期。

都施行了封闭管理,被告人无法被提出审判,刑事案件面临无法顺利审判的困境。为了破解这一难题,我们率先开展刑事案件的在线庭审探索,联合检察机关、看守所等部门搭建专门的刑事案件在线庭审系统,保障刑事案件在疫情防控期间能够及时得到处理。这些探索经验逐步被各地吸纳,2020年2月3日至12月31日,全国法院网上开庭80多万次,较2019年同期增长160%以上。这些探索也得到最高人民法院的认可,并推动形成了《人民法院在线诉讼规则》(以下简称《在线诉讼规则》)。不可否认的是,利用在线技术进行诉讼活动的便捷性是显而易见的,但其也存在诸多法律风险和技术风险,刑事案件在线庭审的确给既有的诉讼法原理带来挑战,有必要对其合理性及具体适用规则进行讨论。

正是由于上述风险的存在,最高人民法院制定的《在线诉讼规则》对刑事在线诉讼的适用范围、诉讼环节进行了较为严格的规定,同时也为实践留出了探索的空间。刑事在线庭审的价值主要在于提高审判效率和保障庭审安全,同时也要正视在线庭审对刑事诉讼参与各方的权利减损、对直接言词等正当程序的挑战、庭审仪式感和庭审教化功能的弱化等方面的质疑。有鉴于此,需要对刑事在线庭审的实践探索进行总结,找寻刑事在线庭审的价值意蕴和合法性基础,通过反复检视在线庭审的诉讼效率与刑事审判的诉讼正义之间的价值追求,进一步探究和完善刑事在线庭审的适用范围及庭审规则。

一、刑事案件在线庭审的适用情况

当前,刑事案件在线庭审主要是依托"移动微法院"等电子诉讼平台,通过互联网或专用网络,以远程视频方式实现审判人员、检察人员、辩护人、被告人以及其他诉讼参与人异地同步开庭审理。作为全国首例远程视频审判案件的诞生地,上海法院始终在积极推进和有序规范刑事案件在线庭审工作。2020年新冠病毒感染疫情暴发后,上海法院积极作为,变被动为主动,2020年2月10日,上海市高级人民法院发布《关于积极推广并严格规范在线庭审的通知》,要求在有效防控疫情的基础上,坚持"在线庭审应上尽上",积极采取在线视频方式开庭审理案件。2020年2月14日,最高人民法院发布《关于新冠肺炎疫情防控期间加强和规范在线诉讼工作的通知》,对刑事案件在线庭审的适用范围予以明确。此后,全国各级法院在最高人民法院的指导下,积极探索并有序推进在线庭审工作。以上海法院为例,2020年,全市法院支持在线庭审的法庭由 26 个迅速增至 274 个,占全部法庭数的 28.8%;完成在线庭审 40859 场,占全部庭审的 8.9%。[①] 其中,在线开庭审理刑事案件 8883 件(不含在线提讯、谈话、庭前会议、宣判等),占刑事案件总数的 30.63%,刑事案件在线庭审已然成为上海法院庭审新常态,并获得快速、广泛的适用。

(1) 从案件类型看,普遍适用于被告人较少且在押的案件。经统计,2020 年,上海法院在线开庭审理一审刑事案件 8142 件,二审案件 652 件,减刑、假释案件 89 件;在线讯问被告人、谈话、庭前会议等 828 场,宣告判决 1648 件。在线庭审中被告人、罪犯人数为 1 至 2 人的案件占 84.6%,且多处于羁押状态;涉众型的非法集资、组织传销活动、组织卖淫等案件极少进行在线庭审。究其原因:一是受羁押场所远程视频讯问室的数量限制,导致涉众型案件多名被告人无法同时参加法庭审理;二是受在线诉讼平台的端口和网络限制,无法承载众多诉讼参与人同时在线;三是基于诉讼安全和技术条件考虑,取保在外的被告人一般传唤至法院开庭审理。被告人人数、是否处于羁押状态直接影响案件能否适用远程视频方式在线庭审,其背后体现的诉讼价值是效率和安全。而涉众型案件往往在一定地区具有比较大的影响、事实和证据比较复杂,不适用在线庭审是为了更好地查明案件事实,实现诉讼正义,此时诉讼效率让位于诉讼正义。

(2) 从适用程序看,实现速裁、简易和普通程序全覆盖。《在线诉讼规则》规定,人民法院综合考虑案件情况、当事人意愿和技术条件因素,对"刑事速裁程序案件,减刑、假释案件,以及因其他特殊原因不宜线下审理的刑事案件"可以适用在线诉讼,刑事简易程序、普通程序案件只能归于"其他特殊原因不宜线下审理"的案件范围当中。经统计,仅 2020 年上半年,上海法院在线审理的一审刑事案件中,适用速裁程序审理的仅 398 件,占比 8.34%;适用简易程序审理的共 2732 件,占比 57.25%;而适用普通程序审理的共 1642 件,占比 34.41%。上海法院的实践探索至少可以表明,在线庭审与诉讼程序类型不具有直接相关性。根据我国《刑事诉讼法》的规定,刑事速裁程序案件一般不进行法庭调查和法庭辩论,但应当听取辩护人的意见和被告人的最后陈述,其适用在线诉讼的背后价值体现为诉讼效率与诉讼权利的平衡。相较

[①] 《上海市高级人民法院工作报告》,上海市高级人民法院网 http://snsfbh.hshfy.sh.cn/shfy/web/xxnr.jsp?pa=aaWQ9MjAyMDU2NDEmeGg9MSZsbWRtPWxtNTgzz,最后访问日期:2022 年 4 月 1 日。

于刑事速裁程序案件,刑事简易程序、普通程序案件的庭审必须进行法庭调查和法庭辩论,但对于案件事实清楚、证据确实充分的,被告人对指控犯罪事实没有异议或异议不大的案件,适用在线庭审并不会影响当事人质证权、辩护权的行使。此外,对依法可以不开庭审理的二审刑事案件,适用普通程序在线开庭审理可以更好地保障上诉人的诉讼权利;对于具有现实紧迫需求的一审刑事案件,也可以适用普通程序在线开庭审理。

(3)从庭审效率看,二审刑事案件的审判效率显著提升。相较于传统线下庭审,在线庭审的优势集中体现在庭审效率和押解安全两个方面。在线庭审节约了法警提押被告人的在途时间,法官也可提早开始庭审的时间,同一法庭的使用率上升了,被告人脱逃的风险也下降了。以上海的法院为例,各个中院辖区内看守所与法院的距离均在10公里之外,郊区几家看守所甚至在30公里之外,若是传统线下庭审,法警要在上班高峰期将被告人提押至法院,来回途中少则1.5小时,多则2至3小时,上午10点前几乎不可能开始庭审;而适用远程视频方式在线庭审,法警只需前往看守所办理押解手续,并将被告人提押至看守所内的远程视频讯问室与法庭连线即可开庭审理,大大缩短了提押途中的时间。经统计,同一法庭的使用率从以往2.1件/天,提高到5.3件/天。当前,法院案多人少的形势依然严峻,司法警察的配备并不充足,在保障辩护人、被告人及其他诉讼参与人的诉讼权利和案件得到公正审理的前提下,在线庭审能够有效提升法院的审判效率。在充分考量诉讼效率、诉讼正义与权利保障三重价值的基础上,中、高级人民法院审理的普通二审刑事案件,应当鼓励使用远程视频方式进行在线庭审。

(4)从庭审效果看,在线庭审的规范性和权威性仍需加强。在线庭审探索初期,由于各方场所、设备、技术等条件保障不到位,各方诉讼参与人还不熟悉在线平台的使用,庭审中难免出现网络延迟、中途掉线、画面蓝屏等情况,技术故障不能及时排除直接影响在线庭审的质量和效率。但是,随着在线庭审的不断深入,技术保障不断跟进、诉讼参与各方积极配合,技术因素不再是影响在线庭审效果的主要因素,在线庭审的隔空性、仪式感的缺失或将成为刑事在线庭审严肃规范的软肋。因缺乏在法庭上面对面的交流和司法警察的值庭(对羁押在看守所的被告人参加在线庭审的,人民法院司法警察到看守所值庭;对取保在外的被告人参加在线庭审的,一般没有司法警察值庭),"屏对屏"的辩护人、被告人难免会有随意松懈之态,如有些辩护人、取保候审的被告人,在庭审过程中容许他人在场、随意走动、与案外人交流和脱离庭审屏幕等影响庭审严肃性的行为。为保障在线庭审规范有序,《在线诉讼规则》专门对在线庭审环境、纪律、举证质证进行了规范。考虑到刑事审判的特殊性,还须从出庭场所、出庭着装、实物证据转化、多媒体示证等方面进一步规范。

从2007年上海法院首次使用远程视频方式审理二审刑事案件,到2020年全国法院全面使用"移动微法院"平台探索刑事案件在线审理,十余年的实践探索已形成相对固定成熟的做法,在线庭审的正向效能不断释放。常态化推进刑事在线庭审,还应进一步追问在线庭审的正当性以及回应在线庭审的现实担忧。

二、刑事案件在线庭审的正当性分析

严复在《宪法大义》中写道:"制无美恶,期于适时,变无迟速,要在当可。"制度创新必须因时而变、因地制宜、因势利导,才具有旺盛的生命力。[①] 疫情期间,人民法院依托"移动微法院"在线诉讼平台对刑事案件在线庭审是情势所需,也是理性选择,具有理论层面的正当性和实践层面的科学性。后疫情时代,随着信息化技术在人民法院司法工作中的深入运用,有序推进部分刑事案件在线庭审更是大势所趋,具有合法性基础,不背离程序正当原则,还能够充分保障当事人诉讼权利的行使。

检视刑事在线庭审的正当性,要结合疫情防控常态化、智慧法院建设以及案多人少的审判态势综合分析。在线庭审作为庭审方式的革新,不能仅从形式正当性进行分析,更应当从实质正当性的角度,检视其背后的价值追求与传统庭审的价值追求之间的契合度。

(1) 契合比例原则的实质内涵。在疫情防控常态化的背景下,部分刑事案件采用远程视频方式在线庭审,契合比例原则的实质内涵。比例原则是行政法的重要原则,其要求目的本身适当,手段有助于目的的实现,且实现目的的手段带来的侵害最小。疫情期间,既要考虑审判方式与社会公共利益之间的平衡,又要考虑传统庭审与疫情传播风险、诉讼权利保障之间的平衡。[②] 对于

[①] 胡仕浩、何帆:《司改2019:更高起点,更进一步》,载《人民法院报》2020年1月2日第1版。

[②] 庄绪龙、田然:《疫情期间刑事案件"视频庭审"的正当性》,载《法律适用》2020年第5期。

疫情防控期间仍处于审理阶段的刑事案件,或者在疫情防控期间发生的刑事案件,不能一味地以疫情防控要求为由将案件延期审理、中止审理,否则将造成案件久拖不决、被告人超期羁押,也会进一步加剧人民法院的人案矛盾。在线庭审只是对传统审判方式的一种变通,相较于传统庭审背后的诉讼价值,在不过多减损被告人诉讼权利的基础上,诉讼效率可以让司法公正更加及时地实现。

(2)体现司法为民的根本宗旨。践行司法为民、服务人民群众,是人民法院的工作宗旨,也是互联网时代司法实务与信息技术探索的出发点。人民法院推动刑事案件在线庭审,让刑事诉讼参与各方实现异地同步参与法庭审理,既符合智慧法院建设的内在要求,更体现司法为民的工作宗旨。2014年12月4日,最高人民法院发布《关于进一步做好司法便民利民工作的意见》,明确提出要全面加强信息化建设,发挥现代信息科技手段在司法便民中的作用,推动网上办案等便民措施。人民法院依托"移动微法院"平台开展在线审判工作,让处于不同地方的诉讼参与人参与到诉讼当中,不仅符合疫情防控的特殊要求,也让司法便民落到实处。后疫情时代,将被告人患病、残疾以及其他不适合提押至法院审理的刑事案件以及对事实争议不大的二审刑事案件进行在线庭审,不仅符合诉讼效率、司法公正的价值追求,还能进一步扩大智慧法院的运用场景,践行司法便民的根本宗旨。

(3)提高审判效率的现实必要。刑事案件居高不下,案多人少矛盾依旧凸出。相较于传统庭审,有技术赋能的在线庭审大大提升了审判效率,具有更为明显的实践价值。一是打破诉讼参与各方的物理空间障碍,被告人在看守所远程出庭受审,也大大降低了押解途中被告人逃逸的风险;二是减少法警的调用人数和次数,有效缓解了法院押解警力的不足,降低庭审中的人力、物力及经费等成本的耗费;三是在线法庭的集中使用,不仅节省了法警来回押解时间,还有效缩短了案件审理周期,有利于简单刑事案件快审快结。

综上所述,从价值层面看,刑事案件在线庭审符合比例原则的法理要求,也是智慧法院、司法便民的实践体现;从实践层面上,充分利用现代化信息技术手段,规范有序进行刑事诉讼活动,不仅符合疫情防控的要求,还极大地提高了审判效能。

目前,理论和实务界对刑事在线庭审的主要质疑有以下三点:一是缺乏稳固的法律基础,其合法性受到质疑;二是有违直接言词原则,弱化庭审仪式感,其正当性有待商榷;三是即使赋予被告人及辩护人庭审方式选择权,依然会减损其诉讼权利。

笔者认为,在线诉讼是进入互联网时代以来,我国司法领域的一项重要司法政策和改革举措,应当鼓励先行先试,在适当的时候通过立法或司法解释的形式予以确认。

第一,法律的滞后性是客观存在的,但是法律必须服从进步所提出的正当要求。① 对新兴事物是否合乎法律规范,不能仅仅局限于某一特定的法律规范,还要考察国家政策和改革动态。2016 年,最高人民法院发布《人民法院信息化建设五年发展规划(2016—2020)》,对智慧法院建设作出了整体规划,并提出"普及网上开庭功能";随后《最高人民法院关于进一步推进案件繁简分流优化司法资源配置的若干意见》第 10 条明确规定,"对于适用简易程序审理的民事、刑事案件,经当事人同意,可以采用远程视频方式开庭";2020 年,最高人民法院将"探索互联网审判机制和审判规则,推动建立健全在线诉讼规则"作为司法改革工作的重点工作之一;2021 年 6 月《在线诉讼规则》诞生,最高人民法院以司法解释的形式确立了在线诉讼的合法性。

第二,刑事在线庭审并非毫无依据可循。《最高人民法院关于适用〈中华人民共和国刑事诉讼法〉的解释》第 650 条规定,"人民法院讯问被告人,宣告判决,审理减刑、假释案件等,可以根据情况采取视频方式";第 253 条规定证人不能出庭作证的及第 558 条规定未成年被害人、证人出庭时可以采用视频的方式。最高人民法院和公安部联合发布的《关于在看守所建设远程视频讯问室的通知》第 3 条规定:"远程视频讯问室主要用于人民法院审讯,亦可用于人民法院开庭。"

第三,在线庭审并未创设新的诉讼模式,其本质只是将剧场性的现实空间法庭变更为同步异地的网络空间法庭,只是庭审形式的不同选择。虽然法律没有直接规定这一新的庭审形式,但刑事在线庭审符合疫情防控需要、符合当前刑事案件居高不下的实际情况,就不能受制于传统模式和思维定式,推定在线庭审不符合法律规定。

不少学者认为,在线庭审不具备传统审判的仪式感和在场性,一定程度

---

① 〔美〕博登海默:《法理学:法律哲学与法律方法》,邓正来译,中国政法大学出版社 1999 年版,第 326 页。

上消解了法庭的剧场效应,也突破了刑事诉讼直接言词原则,不利于案件的公正审理。① 笔者认为,应当正确看待诉讼程序法定性与程序正义灵活性的关系,在线庭审符合直接言词的实质内涵,在线庭审的仪式感弱化和在场性欠缺不会消减庭审的权威性,也不会否定程序的正当性。

第一,在线庭审并未突破直接言词原则。直接言词原则的本质不是被告人、证人等亲自到法庭,而是被告人、证人亲自向法官以言词的方式陈述,所强调的是当面陈述和口头陈述。质言之,在线庭审符合直接言词原则的实质内涵。司法实践中,对于需要高度依赖现场辨识证据,且对证据存在较大争议,影响案件事实查明的,如果一律通过远程视频方式开庭审理,确有背离程序正当之虞。法官通过远程视频方式难以判断证据真实性,或者任一诉讼参与人对证据真实性提出异议的,可以视情形转为线下开庭或庭后另行组织质证。

第二,在线庭审欠缺在场性、仪式感不强不会减损或者否定程序的正当性。庭审的权威性可以通过在线诉讼平台的技术升级和在线庭审的规范运作进行补强。例如,要求在线庭审的诉讼参与各方必须规范着装,法官必须穿法袍,公诉人必须依照《人民检察院检察制服着装管理规定》规范着装,辩护人需穿律师袍或正装,以强化庭审的仪式感;又如,对在线庭审的线下场所进行规范,法官应当在法庭内进行在线庭审,法台后上方正中处悬挂国徽,法台上应有审判人员席位牌,公诉人所在的场所应当在其身后上方正中处悬挂国徽,等等。

第三,在线庭审作为新兴的审判方式,不能仅仅从形式上去观察程序的正当性,还应当去寻找超越诉讼程序之形式正当性的更为实质的正当性。② 所谓"世异则事异,事异则备变"③,最早形成的庭审程序在场性是因为人类尚未发明远程即时信息传输手段,只有面对面的沟通交流才能将信息有效传输给对方。但是,随着社会的进步和信息技术的发展,屏对屏的沟通交流早已成为人们的日常交往方式之一,语音视频会议技术为在线庭审提供了技术条

---

① 龙宗智:《刑事庭审制度研究》,中国政法大学出版社2001年版,第54页;熊秋红:《远程在线庭审有哪些优势与不足》,载《人民论坛》2016年第18期。

② 段厚省:《远程审判的程序正当性考察——以交往行为理论为视角》,载《政法论丛》2020年第2期。

③ 《韩非子·五蠹》。

件,可视化的庭审视频更为司法公正提供了便捷的监督途径,此为在线庭审的实质正当性所在。

有人担忧,在线庭审一定程度上限制了辩护人的辩护权,妨碍被告人及辩护人的质证权。笔者认为,现阶段在线诉讼平台的功能还未全部得到开发,难免出现网络延迟、沟通不畅、举证形式单一等问题,但这并不实质影响被告人及辩护人的诉讼权利。

第一,在线庭审充分尊重被告人(上诉人)及其辩护人等诉讼参与各方对庭审方式的选择权,并告知在线庭审的相关权利义务以及在线庭审与线下庭审具有同等法律效力。在线庭审并未改变传统庭审的庭审流程,被告人及辩护人仍享有申请回避、举证、质证、陈述、辩论权利,这些诉讼权利的行使与是否以远程视频方式庭审并不存在必然关联。

第二,在线庭审并不必然减损被告人(上诉人)及辩护人的质证权,反而有利于促进庭审实质化。传统庭审中,实物证据一般通过现场展示和特征描述相结合的方式进行出示,视听资料、电子数据等一般通过现场播放的方式进行举证,证人证言、被告人供述、被害人陈述等言词证据一般通过概述的方式进行宣读,而后对出示的证据进行质证;在线庭审中,控辩双方首先要通过拍照、扫描、录像等方式将物证、书证、证人证言等证据进行转换,然后上传至"移动微法院"平台进行多媒体示证,证据的外观、形状、内容等一目了然,视听资料、电子数据等证据只需要直接导入"移动微法院"平台即可完成出示,丝毫不影响证据的真实性。可见,在线庭审的多媒体示证方式更有利于保障被告人及辩护人的质证权。

第三,通过在线庭审平台技术升级和庭审规范完善,诉讼参与各方能更加顺畅地行使诉讼权利。在实践中不断升级运用软件,解决在线庭审过程中的网络延迟、视频卡顿、证据展示等问题,保障诉讼参与各方权利的顺畅行使;协同推进庭审记录、电子卷宗等配套改革措施,在确保安全的基础上,衔接法院内外网信息系统,将随案生成的电子卷宗搬到"移动微法院"在线诉讼平台上,便于辩护人庭前阅卷以及在线庭审过程中随案证据的及时调阅和质询;将可能对被告人、辩护人诉讼权利行使产生实质不利影响的案件排除在在线庭审的范围之外,如重大疑难案件、涉众型经济犯罪案件、可能判处死刑的案件、被告人不认罪或作无罪辩护的案件。

此外,还有学者担心庭审教化功能弱化、在线理念不深入、实践做法不成熟、配套机制不完善、技术设备不到位等。笔者认为，随着在线诉讼的规范运作、信息技术的有效支撑、网络安全的不断完善，上述担忧都可得到妥善应对。

三、刑事案件在线庭审的适用范围和庭审规范

在当前刑事案件居高不下、案多人少矛盾突出的背景下，刑事案件在线庭审具有明显优势且难以被替代，其具有理论层面的正当性和实践层面的科学性，常态化推进刑事案件在线庭审工作，应符合公正高效、合法自愿、权利保障、便民利民、安全可靠的原则，不可过度追求诉讼效率而减损诉讼正义。处理好庭审有效性与在线便捷性、庭审亲历性与在线隔空性、庭审严肃性与网络自由性、提高诉讼效率与保障诉讼权利的关系，做到在线庭审规范有序，效率提高但公正不减。

（1）科学划定适用范围，确保在线庭审正当性。刑事案件在线庭审必须以实现司法公正、程序正当、高效便捷等多重价值追求为导向。对庭审效率的追求应当建立在最低限度公正的基础上，既要有利于法院依法独立公正行使审判权，也要实现诉讼参与各方诉讼高效便捷。根据不同案件在查清事实上的难易程度和特点进行类型化分析，并从公正和效率两个维度进行价值衡量，科学划定刑事案件在线庭审的适用范围。

第一，要适当扩大在线庭审的案件范围。在《在线诉讼规则》明确可以适用的三类刑事案件之外，根据实践需要可以适当扩大案件的适用范围。一是适用简易程序审理的简单刑事案件。此类案件大多事实清楚、证据确实充分，被告人对起诉事实没有异议，控辩双方仅对法律适用进行辩论，传统线下庭审就可以简化法庭调查环节，线上庭审不会对被告人的权利产生实质性的影响，且能够保证案件的公正审理。二是对事实、证据没有异议或者争议不大的二审刑事案件。不因为是刑事案件的二审程序而一律排除在线庭审适用，应当根据上诉人的上诉理由对案件进行繁简区分，对依法可以书面审理的二审刑事案件以远程视频方式在线庭审，既可以提高二审案件的审判质量，又能充分保障上诉人的诉讼权利。三是被告人患病、残疾以及其他不适合提押至法院审理的刑事案件。该类案件主要从高效便捷角度出发，以远程视频方式在线庭审可以有效提高诉讼效率、体现司法便民。四是证明案件主要事实的证据留存在网络空间的刑事案件。如涉及网络黑灰产的刑事犯罪

(非法利用信息网络罪、帮助信息网络犯罪活动罪等),侦查机关可以直接采用区块链技术进行网上固证,公诉机关无须进行证据形式转换亦可在线示证,从诉讼效率和举证、质证便利角度出发,也可以适用在线庭审。需要说明的是,上述案件可以适用而非一律适用在线庭审,人民法院启动在线庭审方式前,仍要征求诉讼参与各方的意见。如诉讼参与人明确表示拒绝,且有正当理由的,应当转为线下庭审。

第二,要禁止适用在线庭审的案件范围。对可能影响案件公正审理,不能充分保障被告人、辩护人诉讼权利行使的案件,应当严格限制适用在线庭审。主要有:依法不公开开庭审理的案件,可能判处死刑的案件,涉众型经济犯罪案件,疑难、复杂或者有重大社会影响的案件,被告人、辩护人或公诉人明确不同意在线庭审的案件,被告人不认罪或作无罪辩护的案件,被告人是盲、聋、哑人的案件。以上案件要么涉及敏感信息,要么案情复杂事实难以查明,要么对事实、证据、定性具有重大争议,要么诉讼权利本身难以保障,在目前条件下,尚不适宜在线庭审,应当采用传统庭审方式进行审理。

(2)严明法庭纪律规范,维护在线庭审权威性。网络空间自由是对在线庭审权威性的最大挑战,因此,《在线诉讼规则》对在线庭审的纪律和环境作了专门规定。实践中,还应当结合刑事审判的特点,严明法庭纪律、细化庭审规范、普及在线规则,确保在线庭审的严肃性,维护在线庭审的权威性。

第一,人民法院应当结合在线庭审的特征,在庭审开始前告知诉讼参与各方在线庭审应当遵循的庭审纪律,增强庭审严肃性。一是庭前核验在线庭审参与各方的身份,并告知身份虚假、冒用或顶替的法律责任;二是不得故意脱离视频画面,庭审过程中需要确保上半身完全显示在视频画面的合理区域;三是不得允许他人在庭审现场旁听、讨论和提供庭审建议;四是不得随意切断、离开视频画面,除非经查明确系网络故障、设备毁坏等客观原因,当事人擅自离庭应承担法律后果;五是告知庭审全程录音录像,如违反法庭纪律可依据庭审录音录像追究法律责任。

第二,人民法院应当增强庭审规范。庭审规范主要从出庭着装、庭审场所两个方面予以明确,以增强庭审仪式感。一是在线庭审参与各方应当仪表整洁,规范、文明着装。出庭履行职务的人员按照职业规定着装,辩护人应当着律师袍或正装,其他诉讼参与人应当文明着装,不得穿着背心、睡衣等有损法庭严肃性的服饰参加庭审。二是在线庭审的场所应当庄严、安全、文明、规范。法院要加快在线法庭的建设,确保在线法庭的各要素齐全,法官在在线法庭内主持庭审;被羁押的被告人在看守所远程视频讯问室出庭受审,远程视频讯问室的建设标准依照最高人民法院和公安部联合发布的《关于在看守所建设远程视频讯问室的通知》的要求;公诉人应当在检察院的会议室在线履行职务,其后上方正中处悬挂国徽;律师事务所可以仿照法院设置专门用于在线审理的安静无扰、光线适宜、网络信号良好的开庭室,辩护人在开庭室出庭进行辩护;其他诉讼参与人应当选择安静、无干扰、光线适宜、网络信号良好、相对封闭的场所参加庭审,不得在网吧、商场、广场等影响庭审音视频效果或有损庭审严肃性的场所参加庭审。

(3) 规范举证示证规则,保障在线庭审有效性。庭审的隔空性必然要求举证、质证的在线性,控辩双方均应通过多媒体示证系统全面、客观、准确出示证据材料。实践中,应当进一步明确证据的转化适用规范,以确保庭审质证的有效性。一是视听资料、电子数据等电子化证据可以直接上传到在线庭审平台进行质证,传输过程不会改变证据性质。二是书证、证人证言、被告人供述等书面化证据可以通过拍照、扫描、录像等方式转化证据形式,但不得改变证据真实性。如果未来将电子卷宗系统嵌入"移动微法院"平台,衔接好法院内外网系统,那么法官可在庭审中直接调取相关卷宗材料。三是对实物证据应当结合实物的形状、特征、属性、质地以及证明目的等方面综合分析再决定举证的方式,如果该物证能够通过照片、视频反映其真实性的,则可以通过转换证据形式的方式进行举证;如果对实物证据是否系原物、原件提出异议的,应当在庭后进行核实,必要时另行组织质证。四是对于证人、鉴定人、有专门知识的人需要在线作证或说明鉴定意见的,应当在法院认可的场所登录在线庭审系统等待出庭作证或说明鉴定意见,经法庭核实身份、告知权利义务和法律责任后进行在线作证或说明鉴定意见。

(4) 加强信息技术保障,提升在线庭审安全性。信息技术的深度运用是在线庭审安全有序的后盾与保障,为了提供稳定、安全、顺畅的在线庭审环境,必须加强在线庭审平台的功能开发和技术升级。一是嵌入身份认证功能,确保诉讼参与人身份真实准确。将公安部居民身份认证系统和人脸识别系统嵌入"移动微法院"平台,诉讼参与人登录后即可进行身份认证和人脸识别。二是开设证人在线作证端口,通过技术屏蔽确保证人无法旁听庭审。证人端口由法官控制其进入或退出庭审,防止证人擅自点击进入庭审。证人未进入庭审时,证人端口与法官端口是单向的,法官端可以看到证人端的音视频画面,但证人端无法看到整个庭审画面。三是嵌入电子卷宗调阅功能,提高举证、质证效率。电子卷宗随案生成改革已逐步推进,部分刑事案件的卷宗材料均有扫描留存,在安全技术到位的前提下,畅通内外网信息、电子卷宗共享,庭审时诉讼参与各方可在客户端完成举证质证工作。四是建立与互联网物理隔离的远程视频审判网络专线,部署防火墙和杀毒软件,最大限度防止病毒和黑客的影响,确保在线审判网络环境的安全性。

第三节 证据收集合法性调查程序的完善

一直以来,我国刑事审判实践在一定程度上存在"重实体、轻程序"的价值取向,在事实认定及证据采信上也或多或少存在依赖口供的情况,这就为非法取证的滋生提供了土壤。近几年,随着个别影响性案件的出现,非法取证的危害性逐渐被社会公众认知。在此背景下,我国在2010年出台两个证据规定,又在2012年对《刑事诉讼法》作出修改,在立法层面细化了非法证据排除规则。非法证据排除规则的确立对于实体上保证办案质量、正确定罪量刑[1],程序上遏制刑讯逼供及其他非法取证活动,维护诉讼参与人的合法权益均具有重要价值。但是,非法证据排除规则尚处于起步阶段,制度设计不够具体,实践中的执行情况亦不太理想,尤其是对于证据收集合法性调查程序的规定仍然较为原则,需要在实践中予以细化和完善。

一、证据收集合法性调查程序的相关规定

2010年,"两高三部"《关于办理刑事案件排除非法证据若干问题的规定》(以下简称"2010年《排非若干规定》")首次确立了"先行当庭调查"的原则。根据该原则,对被告人及辩护人提出的排除非法证据申请,不仅应当在庭审中进行调查,而且应当在对起诉指控的犯罪构成事实调查前,采用专门

---

[1] 2012年《刑事诉讼法》设立非法证据排除规则的制度框架后,2018年《刑事诉讼法》未对相关条文作出修改。2021年《最高人民法院关于适用〈中华人民共和国刑事诉讼法〉的解释》与2012年《最高人民法院关于适用〈中华人民共和国刑事诉讼法〉的解释》相比,虽对相关规定进行了细化,但二者在非法证据排除的理念、方式、程序等方面具有延续性,新旧规定在实践中遇到的问题也具有相似性。为论述方便,本节将讨论对象限定为确立非法证据排除制度基本框架的2012年《刑事诉讼法》。

的程序予以调查。应当说,在当时立法未确立庭前会议制度的前提下,"先行当庭调查"原则的确立,是符合诉讼程序原理的,也与国外证据收集合法性调查程序的实践相契合,对于改变过去审判实践中对被告人、辩护人提出的证据收集合法性的争议在程序上被忽视或与争议证据的质证程序相混同的做法,凸显非法证据排除规则的程序价值,具有重要的意义。

2010年《排非若干规定》确立的"先行当庭调查"原则实施后,总体效果是积极的,但实践中也出现了一些问题,主要体现在:一是在庭审中进行证据收集合法性调查,可能会导致庭审的重心偏离起诉指控的与定罪量刑相关的事实,甚至出现庭审不像在审被告人,而是在审侦查人员或公诉人的极端现象;二是在个别多被告人、多起犯罪事实的案件中,辩护人利用该规定多次提出排除非法证据申请,拖延庭审时间,使庭审难以正常进行;三是对证据合法性调查程序是否启动、合法性存在争议的证据是否排除的裁决作出方式、时间节点、救济渠道等均未作出明确规定,从而影响调查程序的效果。

鉴此,2012年《最高人民法院关于适用〈中华人民共和国刑事诉讼法〉的解释》(以下简称"2012年《刑诉法解释》")对证据收集合法性调查程序进行了完善,主要包括:一是明确了被告人、辩护人应当在开庭审理前提出排除非法证据申请,法庭可以通过召开庭前会议,对证据收集合法性进行调查;二是规定证据收集合法性调查可以在被告人、辩护人提出排除非法证据申请后先行调查,也可以在法庭调查结束前一并调查;三是规定法庭对证据收集合法性没有疑问,决定不启动调查程序的,应当当庭说明情况和理由,并规定对证据收集合法性进行调查后,应当将调查结论告知公诉人、当事人和辩护人、诉讼代理人;四是规定人民检察院或者当事人不服一审法院作出的有关证据集合法性的调查结论,提出抗诉、上诉的,二审法院应当对证据收集的合法性进行审查。

2012年《刑诉法解释》的规定对2010年《排非若干规定》中确立的证据收集合法性调查程序进行了修改和完善,进一步强化了调查程序的可操作性,但从2012年《刑诉法解释》确立的调查程序在审判实践中适用的具体情况来看,2010年《排非若干规定》在实践运作中存在的问题并未从根本上得到解决,主要体现在:一是2012年《刑诉法解释》的规定强调利用庭前会议进行证据收集合法性调查,但对于通过庭前会议调查,双方仍存在争议的情形,仍然要求在庭审中启动证据收集合法性调查程序。证据收集合法性争议仍然无法在庭前有效解决,甚至会出现庭前会议调查和庭审调查重复进行的情况。二是在法庭调查结束前一并进行证据收集合法性调查的规定在实践中未取得制度设计的效果,反而出现被滥用的情况。如果辩方在庭前提出非法证据排除申请的,在庭审开始后即先行调查证据收集合法性争议,无疑是更符合诉讼原理的。如果辩方在庭审中突然提出非法证据排除申请,即使法庭决定在法庭调查结束前一并调查,由于案件证据体系具有相关性,也无法阻止辩方在其他证据的质证中反复提出非法证据排除的问题。况且,即使决定在法庭调查结束前一并调查,公诉人也难以在较短的时间内做好证明证据收集合法性的准备,还是会造成庭审时间的拖延。三是庭审中证据收集合法性调查造成庭审重点偏离,影响庭审效率和效果的情况仍然未能解决。在庭审中进行证据收集合法性调查造成庭审持续时间冗长,多次休庭,影响庭审效果的情况,仍然给审判实践造成较大的困扰。四是2012年《刑诉法解释》虽然规定了法庭在对证据收集合法性进行调查后,应当将调查结论告知控辩双方,但并未规定具体的时限,也未具体规定法庭作出裁决结论的形式、告知方式和控辩双方提出异议的救济方式,导致实践中出现在调查程序结束后对证据收集合法性争议不作裁判、在对案件作出实体判决时一并宣布调查结论的情况。

在推进"以审判为中心"的诉讼制度改革背景下,基于上述对我国目前证据收集合法性调查程序的制度渊源的审视和实践效果的考察,笔者认为,有必要对我国证据收集合法性调查程序进行改革和完善,构建针对证据收集合法性问题更为完备有效的程序性争议裁决机制。

二、证据收集合法性调查程序宜相对独立于庭审程序

证据收集合法性调查不宜在庭审程序中进行。这是因为,庭审的主要功能是解决被告人的定罪量刑问题,而证据收集合法性调查程序,要解决的是特定证据的收集程序和方式是否合法,从而确定该证据是否能被允许在庭审中进行宣读和出示的问题。只要认定或不能排除该证据系以非法方法收集,则不论其是否真实,是否能够证明案件事实,均应当予以排除,即否定其证据资格。如果认定该证据系以合法方法收集,则应当在庭审中予以宣读和出示,并结合其他证据情况,综合判断是否采纳为定案依据。证据收集合法性调查应当有专门的调查程序,且应当前置于庭审调查程序。

从审判实践来看,证据收集合法性调查在庭审中进行,不论是在法庭调查前先行调查,还是在法庭调查结束前一并调查,均无法解决庭审重心偏离、庭审效率受影响的问题。尤其是在重大案件的审理中,启动证据收集合法性调查程序,控方无论是采用播放讯问录像的方式,还是传唤侦查人员出庭作证的方式举证,均会导致庭审时间冗长,影响到庭审的效率和效果。在法庭调查结束前一并调查的做法,不仅起不到提高庭审效率的作用,还往往会导致在其他相关证据的举证、质证中辩方反复提出证据收集合法性争议的情况,影响对其他证据的质证和案件事实调查的效果。

在现行刑事诉讼法的立法框架下,应当确立在庭前会议中进行证据收集合法性调查的程序规则。庭前会议制度的主要诉讼功能,就是通过庭前对程序性争议问题的及时处理和对辩护方提出的程序性申请的及时回应,充分保障辩护方的诉讼权利,实现控辩平衡,保障程序公正。2012年《刑诉法解释》已经确立了辩护方在庭审前提出排除非法证据申请的原则性要求,为通过庭前会议进行证据收集合法性调查提供了制度条件。在庭前会议中展开证据收集合法性调查程序,也没有制度上的障碍。当前在制度设计上存在的问题是,立法没有赋予庭前会议对程序性争议问题作出裁决的功能。笔者认为,庭前会议不能作出裁决的立法规定与程序性争议问题在庭前解决的现实需要之间,并不存在矛盾。庭前会议不能作出裁决,并不等于庭前不能作出裁决。在庭前会议中对证据收集合法性进行调查后,应当在庭前及时作出裁决,以保障庭审的顺利进行。

对于庭审中辩护方提出排除非法证据申请的,也不宜在庭审中启动证据收集合法性调查。由于司法解释确立了庭前提出申请的原则要求,庭审中提出申请的,一般均属于特殊情形。对于庭审中提出的排除非法证据的申请,如果辩护方未提出相应的线索和证据,使法庭对证据收集合法性产生疑问的,应当当庭驳回其申请。如果需要启动证据收集合法性调查程序的,可以宣布休庭,利用2018年《刑事诉讼法》第196条关于庭外调查核实证据的程序规定,启动独立的证据收集合法性调查程序,在解决证据收集合法性问题后,再恢复进行庭审。

三、证据收集合法性调查应当采用听证程序模式

证据收集合法性调查的具体程序如何展开,2010年《排非若干规定》及

2012年《刑诉法解释》均没有明确规定。2012年《刑诉法解释》仅对公诉方证明证据收集合法性的方式进行了规定,2010年《排非若干规定》也仅规定控辩双方可以就证据收集合法性问题进行质证、辩论。审判实践中,证据收集合法性调查程序一般均沿用对犯罪构成事实进行法庭调查的控辩对抗程序模式,即由控辩双方分别举证、互相质证和辩论,其控辩对抗的激烈程度往往不亚于起诉指控犯罪事实的调查程序。

证据收集合法性调查应当按照何种程序模式进行构建,应基于对其程序构造特征的科学的、规律性的认识。所谓程序构造,是指基于一定的程序目的所决定的由主要程序和证据规则中的诉讼基本方式所体现的程序参与主体的法律地位和相互关系。证据收集合法性调查程序的程序构造具有区别于犯罪构成事实调查程序的特征。证据收集合法性调查程序的主要目的是对侦查人员收集证据的侦查行为的合法性进行审查,以决定争议证据是否具有证据资格,而并非查明特定侦查人员收集特定证据侦查行为的客观事实过程。法官在调查程序中并非消极、中立,而是依职权积极主动,对证据收集的合法性进行审查并作出裁断。控辩双方在调查程序中虽有对抗,但主要是通过共同参与,使法庭对证据收集的合法性问题形成准确的判断。由此可见,证据收集合法性调查程序不应按照控辩对抗程序模式展开,而应当按照听证程序模式予以设计。

具体来说,在庭前会议或庭外核实证据中启动证据收集合法性调查程序的,应当首先由排除非法证据的申请方向法庭陈述其申请,并宣读或出示相关的线索和材料,然后由公诉方宣读或出示其就证据收集合法性问题进行调查后所取得的证明证据收集合法性的证据。辩护方可以对公诉方宣读或出示的证据进行逐项质证,也可以一并质证。公诉方传唤侦查人员及其他人员出庭作证的,不应由控辩双方进行交叉询问,而应当由出庭的侦查人员及其他人员先就证据收集情况进行说明,再由控辩双方及法庭针对其说明的相关情况进行发问。公诉方和辩护方在举证、质证完毕后,应当分别就公诉方提供的证据是否能够证明证据收集的合法性陈述意见,如果双方意见能够达成一致的,则由公诉方撤回相应的证据或辩护方撤回排除申请。如果双方意见不能达成一致的,则由法庭作出裁断。由于庭前会议和庭外核实证据中启动的证据收集合法性调查程序只涉及排除非法证据的申请方,承担证据收集合法性证明的公诉方及与出庭说明情况的与侦查行为相关的侦查人员或其他人员,因此,一般没有必要允许其他人参与或旁听。

四、证据收集合法性调查应当建立完善的裁决机制

如上所述,我国刑事诉讼尚未确立完善的程序性争议裁决机制。这些程序性裁决机制的缺失,尤其是庭前不能及时作出程序性裁决,往往导致辩护方的相关申请被忽视,或在庭审中由审判长在未经充分听取意见和说明理由即予以强制性驳回,这也是造成目前刑事案件庭审中出现的辩护方与法庭直接形成冲突对抗的非正常现象的重要原因之一。

基于正当程序的要求,对程序性争议完备的裁决机制,应当包括独立、公正的裁决主体、争议相关方参与下的听证程序、对争议问题的及时裁决并充分说明理由,对裁决不服的有效救济渠道。按照上述要求审视我国目前的证据收集合法性调查程序,不难发现在及时有效的裁决、裁决的理由展示以及对裁决不服的有效救济渠道等方面,还存在制度设计不够完善的情况。2012年《刑诉法解释》规定法庭在启动证据收集合法性调查程序后,对调查结果应当给出确定的意见,并将调查结论告知控辩双方,但对调查结论作出的方式、作出结论的时限、裁断的具体理由的说明均未作出明确的规定。控辩双方对法庭的调查结论存在异议的,也没有设计独立的救济渠道。

笔者认为,针对证据收集合法性调查程序中的程序性争议,应当构建完备的程序性裁决机制。具体来说,证据收集合法性调查程序中,对于需要法庭行使裁量权作出的裁决,包括不启动证据收集合法性调查程序的裁决、确认或不能排除以非法方法收集证据的裁决、确认证据收集方式合法的裁决,均应当以书面方式作出决定或裁定,并在书面决定或裁定中阐明作出裁决的理由和依据。对于法庭作出的裁决,应当赋予当事人必要的司法救济手段。鉴于不启动调查程序的决定针对的是法庭对证据收集的合法性没有疑问的情形,即辩护方没有提出相关的线索或材料,或者提出的线索和材料不能使法庭对证据收集的合法性产生疑问的情形,故出于诉讼效率及防止辩护方滥用诉权方面的考虑,不宜允许辩护方针对该决定提出独立的上诉。当然,辩护方对一审法院不启动调查程序的决定存在异议的,可以在案件上诉中一并提出,二审法院认为确有必要启动的,可以将案件发回重审或者直接在二审中启动调查程序。对于确认或不能排除以非法方法收集证据,或确认证据收集方式合法的裁决,则因该裁决结果对于案件实体处理及对于保障被告人权利具有相当的重要性,应当允许对裁决不服的当事人提出独立的上诉,使二审法院能够及时对该裁决的合法性和合理性作出审查和决定,以确保裁决的有效性,保障非法证据排除规则防止非法证据进入庭审调查功能的有效实现。当然,我国现行刑事诉讼法并未设计就程序性争议裁决的独立上诉机制,在现行规定的框架内,对于上述裁决,仍然可以采用在上诉、抗诉程序中一并提出,由二审法院审查一审程序性裁决合法性和合理性的做法。

第四节 刑事和解在死刑案件中运用的裁判平衡

刑事和解的理念和制度在刑事案件审判阶段的运用,已成为当前我国各地法院的现实实践。目前对于刑事和解在轻刑案件中的运用,已经很少有争议,但对于重刑案件尤其是死刑案件中的运用,因其集中反映了刑事和解内在蕴涵的刑法和诉讼法价值理念上的冲突,在理论上和实践中仍存在不少的争议,也需要在实践中进行探索。

一、价值冲突与选择

近年来,在世界范围内的刑事司法中蓬勃兴起的刑事和解的理念和制度,[①]由于契合了我国刑事司法维护社会和谐的时代任务和宽严相济的刑事政策,被广泛地在学术界和实务界传播和运用。西方的刑事和解制度,是建立在对恢复性正义(restorative justice)这一新的刑事司法价值的提倡和认同的基础上的。传统的刑事司法价值是立足于报应性正义(retributive justice),强调刑罚在恢复社会秩序上的功能,而忽视被害人的保护和对其个体意志和利益的关注。随着对刑事正义的价值内涵的全面、深刻理解,西方学者提出刑法上的正义应当包括恢复性正义,从而以此为理论基础在刑事司法中设计出种种刑事和解的制度。[②] 这种制度强调在被害人与犯罪人之间进

[①] 2002年4月,联合国预防犯罪和刑事司法委员会第十一届会议在维也纳通过《关于在刑事事项中采用恢复性司法方案的基本原则》的决议草案,鼓励会员国制定和实施恢复性司法程序。

[②] Carolyn Hoyle and Richard Young, Restorative Justice—Assessing the Prospects and Pitfalls, in Mike McConville and Geoffrey Wilson (ed.), *The Criminal Justice Process*, Oxford: OUP, 2002, pp. 525-547.

行沟通和协商,通过使被害人获得一定的经济补偿和精神补偿,从而使犯罪人得到被害人的谅解,并得到相应的免除和减轻处罚。

刑事和解在重刑案件包括死刑案件中的运用,在我国现阶段具有现实必要性,各地法院也已纷纷对此进行了探索和实践,并得到了最高人民法院的肯定。死刑案件中刑事和解的运用,在实践中对于限制死刑的适用、体现宽严相济的刑事政策、充分保障被害人的利益、最大限度地减少矛盾对立、促进和谐社会目标的实现,均具有重要的价值和意义。然而,刑事和解在死刑案件中的运用,也引发了理论上的争议和舆论上的负面评价,主要是认为该种运用违反了法律面前人人平等的原则,造成同罪不同罚现象,削弱了刑罚的特殊预防功能,容易引起社会的不公平现象,损害社会公共利益,造成对传统刑事司法正义的冲击等。[①]

笔者认为,上述争议集中体现了刑事和解制度内在蕴涵的价值冲突,而这种价值冲突在刑事和解运用到死刑案件中时被极端化地放大。突出强调某方面价值的重要性,从而绝对禁止刑事和解在死刑案件中的运用,或者在死刑案件中不区分情况一律允许和解,均不是正确的选择。正确的做法应当是也只能是在法院的审判实践中,通过把握裁判上的平衡,以兼顾两种冲突的价值,将刑事和解在死刑案件中的运用掌握在合理的限度内,使刑事和解在死刑案件中的运用取得良好的效果。为此,本书将首先就死刑案件刑事和解运用的裁判平衡的概念及其理解进行阐述,再结合审判实践,对如何实现死刑案件中刑事和解运用的裁判平衡,从正确把握其合理范围和适用条件、区分适用的操作层次及规范适用的操作程序等几个方面进行探讨。

二、刑事和解在死刑案件运用中的裁判平衡

刑事和解在死刑案件运用中的裁判平衡,是指法官在具体案件处理的审判实践中,通过合理地把握死刑案件中刑事和解运用的限度,兼顾相冲突的价值目标,从而最大限度地避免刑事和解在死刑案件运用中可能产生的负面影响,发挥其积极作用,确保案件处理的良好效果。实践中,准确把握死刑案

[①] 杨涛:《拷问"赔钱减刑"》,载《中国青年报》2007 年 2 月 1 日;张建伟:《"赔钱减刑"有损公平正义》,载《人民法院报》2007 年 6 月 19 日第 5 版。

件中刑事和解运用的裁判平衡,应当对裁判平衡的内涵有正确的理解。笔者认为,应当重点把握以下几个方面:

(1)裁判平衡的前提是难以通过立法方式平衡价值冲突。美国学者萨马哈指出:"平衡乃刑事诉讼程序的核心问题,刑事诉讼程序是按照平衡相互冲突的利益的中心议题而组织的。"[1]对于刑事和解在死刑案件中运用带来的价值冲突,有通过立法的方式平衡和通过具体裁判的方式平衡两种规制的路径。如果能够通过立法的明确规定,对刑事和解在死刑案件中的运用进行明确的规制,以解决该种运用实践中体现的价值冲突问题,则法官在具体案件裁判中,只需按照立法明确规定操作,就可以避免价值冲突产生的争议,而无须裁判中进行平衡。然而,从我国目前的实践情况来看,将刑事和解在死刑案件中的运用通过立法的方式予以规制,既不具有现实性,也不具有可行性。目前,刑事和解在轻罪案件中运用的制度,尚处在探索和完善阶段,而在死刑案件中的运用,更未上升到应立法和探索的阶段。即使有立法的意图,对哪些死刑案件能够适用刑事和解、刑事和解在死刑案件中的操作方式等问题,由于实践中案件情况的复杂多变,也很难在立法中用高度概括性的语言来予以明确的规制。因此,现阶段现实的做法只能是在裁判实践中,根据案件的具体情况,综合一定的规则和价值判断来进行平衡,最大限度地兼顾冲突的价值,确保良好的裁判效果。

(2)裁判平衡的实质是对法官自由裁量权的赋予和限制。陈兴良教授曾指出:"就其实质而言,衡平就是自由裁量,法官的衡平权就是一种自由裁量权。"[2]在死刑案件中把握刑事和解运用的裁判平衡,其实质也就是赋予法官在具体案件中的自由裁量权,根据案件的具体情况,对能否运用刑事和解和如何运用刑事和解进行判断。裁判平衡同时也意味着对这种自由裁量权的有效控制,通过在实践中总结一定的规则和程序规范,来防止法官的任意擅断,以实现平衡价值冲突的目标。法官在死刑案件刑事和解运用中的刑事裁量权,不是事实认定和证据采信上的裁量权,也不是定罪的裁量权,而是程序的裁量权和量刑的裁量权。程序上主要表现为法官在死刑案件中是否主动做工作,促成刑事和解,其控制主要体现在对适用层次和操作方式上的规

---

[1] Joel Samaha, *Criminal Procedure*, West Wadsworth Publishing Company, 1999, p. 22.
[2] 陈兴良主编:《刑事司法研究》,中国方正出版社 2000 年版,第 423 页

范。量刑上主要表现为对哪些案件在刑事和解后可以不判处死刑,哪些案件即使当事人愿意和解,也不能据此不判处死刑,其控制主要体现在对刑事和解适用范围和适用条件上的规范。只有将裁判平衡理解为法官刑事自由裁量权的赋予与规制,才能将其把握在依法裁量和充分体现利益衡平的范畴之内。

(3) 裁判平衡的关键是对刑事和解运用的合理限度的把握。裁判平衡对冲突的价值进行合理调节的功能作用,主要体现在对比例原则的把握上。比例原则被广泛地运用在西方国家裁判实践中,在公法领域被奉为"帝王条款"①,其核心是在案件中存在价值冲突的情况下,在裁判中按照妥当性、必要性和比例性原则的要求,准确把握冲突价值取舍的合理限度。② 简而言之,也就是找出容许背离某种价值的情况的度在哪里,在这个合理限度内,则两种冲突的价值能够得到兼顾,实现公平正义,而超过这个度,两种冲突的价值就失去平衡,从而使得裁判结果不具有合理性和可接受性。法官正是在裁判中通过这种比例原则的把握来找出适用于案件的公平正义的规则,从而以这种规则来影响现实生活,调节现实生活中相互冲突的价值和利益。因此,在死刑案件中把握刑事和解运用的裁判平衡,就是要充分体现比例原则,将运用中的负面影响通过对其适用范围、层次、条件和程序的合理规范,控制在一定的限度之内,使裁判结果即使一定程度上背离了某种价值目标,也能够因其对冲突价值的最大化兼顾和对另一种价值目标的充分实现和关注,而能为社会公众所接受。

综上所述,实现刑事和解在死刑案件中运用的裁判平衡,就必须在对死刑案件中运用刑事和解的做法予以肯定的同时,对其运用的合理限度根据比例原则予以把握,下文将结合审判实践中的具体案例,从适用范围、操作层次、适用条件和操作程序等方面,对具体裁判平衡的实现方式进行探讨。

三、刑事和解在死刑案件运用中的合理范围

刑事和解在死刑案件适用中并非无限制的,不是每起死刑案件均允许在

---

① 王书成:《论比例原则中的利益衡量》,载《甘肃政法学院学报》2008 年第 2 期。
② 周长军:《刑事裁量权论——在划一性和个别化之间》,中国人民公安大学出版社 2006 年版,第 213 页。

当事人之间进行和解后，对被告人从轻处罚，或不判处死刑立即执行，这一点无疑已经成为共识。然而，在实践中对于究竟哪些案件不允许当事人之间和解，仍然没有明确的界定。从目前的情况来看，对于即使积极赔偿取得被害方谅解，也不能从宽处罚的案件，有"犯罪手段极其恶劣，犯罪后果极其严重，社会危害性大的恶性案件"①"社会影响恶劣的犯罪"②"无特定目标的杀人、抢劫犯罪，危害公共安全犯罪"等种种提法。上述提法在政策把握上具有一定的指导意义，但在实践中其操作性仍有待商榷。应当说，可能判处死刑的案件都是罪行极其严重的刑事案件，都会严重危害社会治安、影响群众安全感，允许刑事和解和不允许刑事和解的案件在严重程度上肯定是有区别的，但到底严重到何种程度才不允许刑事和解，仍然需要进一步界定。对于以作案是否针对特定目标为区分标准，有一定的可操作性，但仅以此为依据，仍显得比较片面。因此，对于刑事和解在死刑案件适用中的合理范围，很难以高度概括性的语言来予以界定，应当是通过审判实践，通过在实践中总结出一定的规则来具体把握。

笔者认为，在审判实践中具体把握刑事和解在死刑案件运用中的合理范围，应当主要看以下三方面的因素：

一是看案件的性质。刑事和解一般应当运用于因恋爱、家庭、邻里纠纷引发或者被害人有一定过错的故意杀人、故意伤害致人死亡的案件，而不宜运用于针对不特定对象的严重暴力性犯罪，如抢劫、绑架、危害公共安全、黑社会性质及流氓恶势力性质等类型的犯罪。

二是看案件的具体情节。如果被告人具有自首、立功等法定从轻、减轻处罚情节，或者具有多项酌定从轻处罚情节的，一般应当允许刑事和解的运用，而对于被告人作案手段特别残忍，如杀人分尸，或者作案后果特别严重，如造成多人死亡后果等的案件，则不宜运用刑事和解。

三是看被害人和被告人的具体情况。如果被害人家属经济上陷入困难，急需得到经济赔偿解决生活问题，被害人家属出于真实意愿表示对被告人一定程度上谅解，或者被告人及其家属积极主动向被害人家属表示道歉，并尽其所能予以赔偿的，一般应当允许和解，而对于被告人及其家属自

---

① 《最高法院回应四大"敏感"话题》，载央视网，http://news.cctv.com/china/20080310/109088.shtml，最后访问日期：2022年12月28日。
② 左卫民：《"赔钱减刑"无碍于司法公正》，载《人民法院报》2007年6月19日第5版。

恃经济条件较好，与被害人家属或者法院讲条件，被告人并非真心悔罪，并无道歉取得被害人谅解的诚意的，则应当不允许单纯建立在赔偿基础上的和解。

应当注意的是，以上三个方面的因素是有机统一的，不能割裂开来，作简单化的处理，而是应当在具体案件中结合以上因素，综合予以评价，从而对是否适用刑事和解作出判断。

四、刑事和解在死刑案件中运用的操作层次

准确把握死刑案件刑事和解运用的裁判平衡，还应当注意法官在审判实践中应针对不同的案件，区分一定的层次来运用刑事和解。具体来说，应当区分为积极引导刑事和解、允许刑事和解、不允许刑事和解三个层次：

（1）积极引导刑事和解的层次。对于死刑案件中因婚姻家庭、邻里纠纷等民间矛盾激化引起的，被害人有明显过错的，被告人有自首、立功等法定从轻、减轻处罚情节的案件，法官应当在案件审理中积极做工作，通过调解、安排被告人及其家属向被害人家属道歉、为被害人家属争取赔偿等种种方式，尽量促成被告人与被害人双方的和解。如我院判决的被告人王某故意杀人一案，王某因给孙子报户口时报回族还是汉族等琐事，与其亲家母及儿媳产生矛盾，遂一时冲动，持刀将亲家母杀害，将儿媳捅刺成重伤，王某在作案后滞留现场并向前来处理的民警投案自首。本案被告人作案手段恶劣，危害后果严重，但系家庭纠纷引起，被告人具有自首情节，故本案在处理中，法官主动做了调解工作，积极引导当事人之间和解。经过大量的工作，被告人的妻子和儿子同意将现有住房出卖，并将所得款中扣除房屋贷款的部分，进行了份额上的分配，将被告人的份额中的大部分作为给被害人及其家属的赔偿，被害人家属在得到赔偿后，表示了一定的谅解。本案遂依法判处被告人无期徒刑，被告人和被害人双方均表示服判息诉，该案的处理取得了较好的效果。

（2）允许刑事和解的层次。对于没有上述情况，但系情节、性质一般的故意杀人、故意伤害致人死亡案件，并非针对不特定人实施的严重危害社会和公众安全的案件以及案件中被告人既有法定、酌定从轻情节，又有法定、酌定从重情节的案件，法官则不宜主动做和解工作，如果被告人及其家属主动努力争取被害人家属的谅解，双方真实意愿达成和解的，可以予以允许，并在

对被告人量刑时酌情予以考虑。如我院判决的被告人汪某故意杀人一案,汪某窜入被害人住处,将被害人杀害,作案手段较为残忍,危害后果严重,且汪某的作案动机不明,结合案情分析,不排除汪某有入室实施盗窃或抢劫的可能。但从本案证据来看,现场财物并未丢失,被害人随身的首饰亦未被窃走,且被告人汪某到案后始终供称系因欲租房,而与被害人在商谈中言语不合,一时冲动而实施故意杀人行为,故本案尚不能认定汪某的行为系针对不特定人实施的抢劫杀人行为,综合本案情况来看,本案属于可以允许当事人和解的案件范围层次。因此,本案合议庭并未主动做和解工作,而是在被告人家属积极努力,通过被害人的诉讼代理人多次向被害人家属赔罪,并积极赔偿,取得被害人家属一定程度上的谅解后,对当事人之间的和解予以认可,并据此对被告人判处死刑,缓期二年执行。

(3) 不允许刑事和解的层次。对于有法定、酌定从重情节的死刑案件,针对不特定人,严重危害社会和公共安全及带有黑社会性质、流氓恶势力性质的死刑案件,以及作案动机极其卑劣,犯罪人主观恶性极深的案件,即使当事人之间有和解的意愿,法官也不应允许,而应当依照事实和法律,对该判死刑立即执行的坚决予以判决。只有区分不同层次,才能在实践中更好地把握裁判上的平衡,避免引发社会舆论对于法院死刑案件刑事和解工作的负面评价。如我院判决的被告人陆某故意杀人一案,陆某经人介绍后将被害人蹇某带出嫖娼。后蹇某得到好友王某同意后,将陆某带至王某的暂住处,王某外出回避。陆某与蹇某发生性关系后,因双方言语不和发生争执,陆某即采用扼颈、胶带缠头面部等手段杀害蹇某。后陆某想到与王某见过面,为掩盖杀人罪行,起意杀害王某,遂用蹇某的手机给王某发短消息让其回来,并趁王某进门不备之机,采用扼颈、胶带缠头面部等手段杀害王某。本案审理过程中,被告人陆某的父母与两名被害人的家属分别达成赔偿意向,如果法院判处陆某死缓,愿意赔偿给两名被害人家属共90万元人民币,两名被害人家属均表示谅解,并出具书面申请请求法院对陆某判处死缓。我院经审理后认为,被告人陆某连杀两人,危害后果极其严重,且杀害第二名被害人系为逃避惩罚,有预谋杀人灭口,其主观恶性极深,人身危险性极大,又没有法定从轻处罚情节,虽然其家属愿意超额赔偿,且被害人家属愿意接受并表示谅解,亦不能允许以要求法院不判处死刑立即执行的前提下的当事人之间的和解,故依法对被告人陆某判处死刑。

五、刑事和解在死刑案件中运用的适用条件

准确把握刑事和解在死刑案件中运用的裁判平衡,除合理确定其运用范围外,还应当正确把握其适用条件,也就是说,对于属于可以适用刑事和解范围的死刑案件,在刑事和解具体运用中,仍需要把握一定的条件限制。笔者认为,从实践中来看,主要应包括以下几个方面条件:

(1)案件基本事实清楚,证据确实充分。刑事和解适用是否应以事实清楚、证据确实充分为前提,国内外实践中均存在不同的做法。尤其是国外一些和解制度的设计吸收了辩诉交易的成分,往往降低了事实和证据的证明要求。[1] 刑事和解不同于辩诉交易,其前提应当建立在案件事实能够确定的基础上。尤其是对于死刑案件中适用刑事和解,必须坚持以事实清楚、证据确实充分为前提。实践中的问题是,刑事和解过程一般均在判决之前,这就要求法官在庭审后,应当对基本事实和证据作出准确判断,对于事实不清、证据不足的案件或者证据存在重大疑点的案件,应当在先查明案件事实的基础上,再做和解工作。当然,这并不意味着案件中不能出现客观上的证据瑕疵和部分不影响定罪的事实存疑的情况,尤其是对于因证据瑕疵而不宜判处死刑立即执行,但基本事实清楚的案件,应当可以适用刑事和解。

(2)被告人认罪。从各国实施刑事和解的制度来看,将被告人认罪作为和解的前提,已经成为一种通例。[2] 只有被告人认罪,刑事案件中引入和解因素方存在可能。实践中存在争议的问题是,在被告人拒不认罪的情况下,如果被告人的家属愿意代其进行赔偿,被害人表示愿意接受赔偿,并同意对被告人从轻处罚的,能否予以允许。笔者认为,刑事和解不能等同于单纯的经济赔偿,应当充分考虑到被害人的感受和其精神上的需求,在被告人不认罪的情况下,允许当事人双方进行刑事和解,很难保证被害人意愿表达的真实性,等于将赔偿与减刑直接联系起来,这就违背了刑事和解制度运用的初衷,在实践中也会产生一定的负面效果。因此,被告人不认罪的案件,不应当纳入刑事和解运用的范围。当然,实践中要注意的是,被告人认罪并不是要求被告人不能进行辩解,被告人对基本作案事实予以承认,对行为性质及具体

---

[1] 宋培海:《我国适用刑事和解制度的理论、实践及其完善》,载黄京平、甄贞主编:《和谐社会语境下的刑事和解》,清华大学出版社2007年版,第252页。

[2] 杜宇:《"犯罪人—被害人和解"的制度设计与司法践行》,载《法律科学》2006年第5期。

情节的辩解不影响和解的适用。

(3) 被告人真诚悔罪、赔罪及道歉。刑事和解的首要价值就在于被害恢复[①]，在刑事和解的制度和程序设计时，应当充分考虑到对被害人伤害的弥补。应当说，被害人在刑事司法程序中，除了有强烈的要求得到经济补偿的愿望外，还有对被告人真诚悔罪，承认自己的罪过，并对被害人真诚表示赔罪和道歉的合理期待。被告人的真诚悔罪、赔罪和道歉，是取得被害人方从情感上对被告人谅解的重要条件。实践中也确实存在着被告人方真诚赔罪的，其和解比较容易达成的情况。如前述被告人汪某故意杀人一案，汪某在庭审中就当庭表示向被害人方赔罪和道歉。庭审后，汪某的父亲和姐姐又积极通过被害人的诉讼代理人联系被害人的家属，当面向被害人家属代表表示道歉，汪某的父亲在道歉过程中态度真诚地向被害人家属请求原谅。通过被告人及其家属的努力，其诚意一定程度上为被害人方所接受，虽然其经济赔偿数额并不算高(仅 8 万元)，但还是取得了被害人方一定程度的谅解，达成了和解协议。因此，对于被告人的赔罪和道歉，也应当作为死刑案件中适用和解的前提条件之一。

(4) 被告人方积极赔偿被害人的经济损失。被告人及其家属在经济上尽量补偿被害人方的经济损失，也是死刑案件和解适用的重要条件之一。被告人积极进行赔偿，本身就是表达悔罪、赔罪态度的一方面，同时也能尽可能地解决被害人方因亲属被害而导致的生活困难问题，缓解其对立情绪。死刑案件中，被告人即使不判处死刑立即执行，也会面临较重的刑罚，这种刑罚表明国家代表整个社会对被告人的强烈谴责，这本身就在一定程度上能够给予被害人方一定的精神慰藉。因此，被害人经济损失的弥补，对于被害人的被害恢复，乃至于今后的生活，都显得十分重要。当前我国的附带民事诉讼调解工作，虽然存在着过于关注经济赔偿的弊端，但也确实在实践中发挥了较好的被害恢复的作用，这也充分说明了经济赔偿在死刑案件刑事和解运用中的重要性。

(5) 被害人方一定程度上对被告人进行谅解。一般来说，被告人方真诚道歉、赔罪，并且积极赔偿经济损失，均能一定程度上取得被害人方的谅解。在实践中强调将此作为和解适用条件，主要是强调在死刑案件适用刑事和解

---

① 马静华：《刑事和解制度论纲》，载《政治与法律》2003 年第 4 期。

时,一定要注重考察被害人方的真实意愿表示。一般来说,死刑案件被害人方很少能够完全谅解被告人,因此,在刑事和解运用中对谅解程度的判断上,不应要求过高。实践中只要被害人方同意将和解情况作为对被告人量刑时酌情考虑的因素,就表明其在一定程度上的谅解态度。需要强调的是,为确保被害人方主观上有对被告人进行谅解的真实意愿,还应当积极推进被害人的司法救助制度,对于死刑案件中的因被害而陷入生活困难的被害人及其家属有一定的司法救助措施,确保不出现被害人在生活困难情况下,出于生活所迫而被迫接受被告人方的赔偿的情况。在司法救助措施完备的情况下,被害人表达的谅解意愿更具有自愿性,能充分作出其真实的意思表示,从而确保死刑案件的和解制度更趋合理化。

六、刑事和解在死刑案件中运用的操作规范

在审判实践中准确把握刑事和解在死刑案件中运用的裁判平衡,还应当着重规范和解的操作方式。对和解的操作方式进行规范,能够一定程度上释缓社会公众对刑事和解在死刑案件中的适用会滋生腐败,导致"以钱买命"现象的担心,还能对被害人的利益予以更为全面的保护,真正体现刑事和解减少对立和矛盾,促进社会和谐的价值和功能。从目前各地法院对刑事和解在死刑案件中适用的情况来看,缺乏具体明确的操作规范,是一个普遍的现象,也是死刑案件和解运用容易招致公众非议和批评的重要原因。我国目前在轻罪案件中尚没有明确具体的刑事和解制度和操作程序设计,在重刑案件以及死刑案件中的和解适用就更加欠缺规范,这也在很大程度上影响了和解的适用范围和效果。

笔者认为,在相关法律和司法解释未对刑事和解的程序做明确的规范之前,在实践中应当积极探索刑事和解在死刑案件适用中操作方式的规范,确保刑事和解适用的效果。具体来说,有以下三个方面的问题亟待解决:

首先是刑事和解运用的判断主体问题。从目前各地法院的实践来看,有的地方法院提出了在死刑案件中法官是否进行附带民事调解要经过分管院长或者审判委员会同意的做法。[①] 这种做法体现了对死刑案件运用刑事和解

[①] 《江苏省高级人民法院关于刑事附带民事诉讼调解与赔偿工作若干问题的规定(试行)》,https://www.faxin.cn/lib/dffl/DfflContent.aspx?gid=B683572,最后访问日期:2022年12月20日。

的慎重态度,一定程度上能从程序上对法官的自由裁量权进行约束。然而,这种做法在实践中也会产生不利于案件准确、高效处理的弊端。合议庭因为亲历了案件审理的全过程,能够全面把握案件的具体情况,从而在作出是否运用和解的判断上具有一定的优势。因此,还是应当将是否进行调解和和解的判断权交给合议庭,并对和解运用的范围和条件、程序予以一定规范,审判委员会应立足于总结相关的刑事和解运用的经验,并在合议庭对具体案件政策把握上存在困难时才予以介入。

其次是规范刑事和解达成的程序。从目前情况来看,死刑案件的和解适用的操作主要是建立在附带民事诉讼调解程序之中的,然而,我国附带民事诉讼调解程序从其性质和功能来看,尚不能等同于刑事和解程序。① 附带民事诉讼调解更多的是关注经济赔偿问题,而很少涉及对被害人与被告人之间关系的修复和被害人方情感的需求。这也是目前审判实践中,一些案件仅仅因被告人方赔偿经济损失,就据以从轻处罚或不判处死刑立即执行,而案件处理效果并不理想的原因。因此,刑事和解的达成程序应当在一定程度上强调在和解过程中体现被害人方与被告人方在情绪和情感上的沟通和协调,不能仅仅从赔偿数额上进行协调。当然,在死刑案件实践中,由于被告人和被害人方在情绪上往往处于高度对立的状态,这种沟通和协调程序的设计并不一定要采取被告人和被害人面对面的方式,可以借鉴德国在刑事和解中的做法,② 对于这种精神上的沟通和协调,可以通过第三方(如当事人亲属、诉讼代理人、街道干部等)的协助等方式,而被告人表示赔罪和道歉的方式,也可以包括庭审中的表态、庭后书面的道歉信等。这里关键强调的是在和解过程中应注重被害人精神层面的需求,从而体现出与单纯的附带民事赔偿调解的区别。

最后是规范和解协议的制作和生效方式。对于法院积极主导的刑事和解,可以由法院采用统一的协议制作格式,将当事人和解的内容载入,对于当事人自行达成的和解协议,也要进行审查,确保不出现协议不能履行或者可能存在隐患的情况。对于达成和解协议的,应当按照附带民事诉讼调解后撤诉的操作方式予以规范,并要求被害人方出具一定程度上谅解的书面声明。

---

① 马静华:《刑事和解的理论基础及其在我国的制度构想》,载《法律科学》2003年第4期。
② 杜宇:《"犯罪人—被害人和解"的制度设计与司法践行》,载《法律科学》2006年第5期。

规范性做法应当是:要求达成刑事和解的必须制作和解协议,和解协议中应当载明被告人向原告人赔偿的数额、方式以及原告人同意向法院要求撤回对该被告人的附带民事诉讼,并要求法院在对被告人量刑时酌情考虑本和解情况等内容。在双方签订和解协议、交接赔偿款后,应由原告人向法院提交撤诉申请书,要求撤回对已达成和解的被告人的附带民事诉讼,并表示服从法院判决,放弃对该被告人应当承担的民事赔偿份额的诉讼请求。法院在收到原告人的撤诉申请后,应以《准许撤诉笔录》的方式,口头向原告人宣布,经审查,其撤诉申请符合法律规定,裁定准许其撤回对全部或部分被告人的附带民事诉讼。原告人应当在该笔录上签名予以确认。通过上述操作方式上的规范,就使得死刑案件中刑事和解运用的效果能得到程序上的保障。

美国最高法院大法官伦奎斯特曾经说过:"贯穿政治理论长期历史和宪法发展历程的最难以裁决的案件是存在两种相互冲突的价值的案件,每一价值都应当得到应有的尊重,但它们却相遇在此消彼长的竞争当中。"[①]刑事和解在死刑案件中的运用同样存在着相互冲突的价值竞争,而这种价值冲突在目前阶段还不具备条件运用立法的手段来予以调整,因此,我们有必要在审判实践中准确把握裁判平衡,从刑事和解适用的合理范围、操作层次、适用条件和操作规范等方面进行积极的探索,从而在实践中兼顾相冲突的价值,实现价值平衡,最大限度发挥刑事和解在死刑案件中运用的积极作用,避免负面影响和评价,充分贯彻宽严相济刑事政策,确保案件处理法律效果和社会效果的统一。

第五节　正确对待认罪认罚案件精准化量刑建议

2018年《刑事诉讼法》在法律层面确定了认罪认罚从宽制度,将提出量刑建议作为检察机关的义务性要求,明确检察机关在认罪认罚案件中"应当"提出量刑建议,法院在作出判决时"一般应当采纳"检察机关的量刑建议。2019年"两高三部"《关于适用认罪认罚从宽制度的指导意见》进一步细化了量刑建议的提出、调整、审查方式等。2021年,最高人民检察院印发《人民检察院办理认罪认罚案件开展量刑建议工作的指导意见》,再次明确了检察机

[①] 转引自张建伟:《刑事司法:多元价值与制度配置》,人民法院出版社2003年版,第23页。

关在认罪认罚案件中提出精准化量刑建议的要求，即对认罪认罚案件一般应当提出确定刑量刑建议，包括主刑、附加刑、刑罚执行方式等；对新类型、不常见犯罪案件或量刑情节复杂的重罪案件等可以提出幅度刑量刑建议，但也要求严格控制幅度，力求明确具体。

对此，不少刑事法官表示不太理解，认为过于精准的量刑建议事实上侵蚀和削弱了法官的量刑裁量权，检察机关应当以提出幅度刑量刑建议为主，为法官的量刑留有足够的空间。个别法官在认罪认罚案件中检察机关量刑建议没有明显不当的情况下，仍坚持根据自己的裁量结论作出量刑判决。

上述认识和做法无疑是不正确的，是不符合认罪认罚从宽制度改革精神和实施要求的。刑事法官应当如何正确对待检察机关精准化量刑建议？下文将从三个方面展开讨论。

一、正确认识精准化量刑建议对量刑权的影响

笔者认为，量刑建议精准化是认罪认罚制度改革的必然要求和趋势，精准化量刑建议不会侵蚀或削弱法官的量刑权，并不存在确定刑量刑建议不利于法官行使量刑权，幅度刑量刑建议则有利于法官行使量刑权的差别。

首先，从权力属性来看，量刑建议无论是在一般案件中作为检察机关单方的诉讼主张，还是在认罪认罚案件中作为与被告人充分协商后形成的合意，本质上仍均属于求刑权的范畴。量刑建议再精准，再确定，也还是建议，而不是结论，都需要经过法庭审理和法官审查并确认后，才能形成发生法律效力的刑罚裁决。

其次，从审查方式来看，无论是精准化的量刑建议，还是相对幅度较宽的量刑建议，法官进行审查的方式都是一致的，都要求进行全面实质审查。对于量刑建议适当的应当采纳，对于明显不当的应当改变。不存在检察机关提出确定刑量刑建议，法官就没有了审查和改变空间的问题。相反，量刑建议越精准，法官的实质审查就越有针对性。

最后，从采纳标准来看，无论检察机关提出确定刑量刑建议还是幅度刑量刑建议，法院审查后采纳与否，都是同样的要求和标准。对于案件事实清楚、证据确实充分、指控的罪名准确、量刑建议适当的，就应当采纳。对于量刑建议明显不当的，法院有权要求检察机关调整，不调整或者调整后仍然明显不当的,则依法作出公正适当的量刑结论。不存在确定刑量刑建议必须被法院采纳或者采纳标准降低的要求。相反,实践中确定刑量刑建议被法院不采纳的可能性往往更大一些。

笔者认为,精准化量刑建议并没有削弱法院的量刑权,它影响的是认罪认罚案件中法官行使量刑权的方式。在认罪认罚案件中,尤其是检察机关提出精准化量刑建议的情况下,检察机关一般来说已经对影响量刑的法定和酌定情节充分查明,并充分听取了各方诉讼主体的量刑意见,按照量刑规范化的要求形成了明确具体的量刑建议。法官不宜再按照一般案件的量刑方法和经验进行刑罚裁量,而应当侧重于以检察机关作出量刑建议的依据和过程为基础,对精准化量刑建议的适当性进行审查。

按照这种方式对认罪认罚案件精准化量刑建议进行审查,结论就只存在量刑建议"适当"和"明显不当"两种情形。量刑建议明显不当就是量刑建议不适当,并不存在量刑建议既不适当又不属于明显不当的采纳上的两难情况。

二、准确把握对精准化量刑建议明显不当的审查和认定标准

那么,法官应当如何对精准化量刑建议是否明显不当进行审查?这就需要我们既要明确对精准化量刑建议适当性审查的总体原则,又要明确对量刑建议是否明显不当审查和认定的具体标准。

笔者认为,对量刑建议的适当性进行审查,仍然应当以量刑建议是否符合量刑公正的要求为首要的检验原则和标准。认罪认罚制度的贯彻与落实,要在维护司法公正、保障公平正义的总体目标下推进,不能片面追求效率。要充分发挥认罪认罚制度的功能作用,当然要尽量用量刑上的适当减让来感化和教育被告人,促其认罪认罚,但确保量刑公正仍然应当是提出精准化量刑建议时追求的首要价值目标,绝不能将被告人是否能接受、量刑具结书是否能签署作为提出量刑建议的主要考量因素。

要保障精准化量刑建议的公正性,就需要同时满足量刑实体公正和程序公正的双重要求。量刑实体公正就是要做到罪责刑相适应和量刑平衡。精准化量刑建议既要体现认罪认罚从宽,又要充分考虑被告人所犯罪行的轻重、应负刑事责任和人身危险性的大小,确保罚当其罪。在提出精准化量刑建议时,还应当借鉴审判实践中成熟的量刑规则和方法,对同一类型、情节相

当案件的量刑建议要保持大体一致，避免量刑明显失衡。

量刑程序公正则包括以下四个方面的要求：首先是要确保量刑主体的充分参与。精准化量刑建议应当建立在充分听取犯罪嫌疑人、被告人、辩护人或者值班律师意见的基础上，必要时，可召开量刑建议听证会，听取各方的意见。其次是要确保量刑事实的充分查明。提出精准化量刑建议时，要充分准确查明量刑事实，避免因量刑事实和情节遗漏或认定不当而导致建议不当。再次是要确保量刑理由的充分阐释。提出精准化量刑建议，要充分叙明量刑建议的理由和依据，为法院对适当性的审查提供基础。最后是要确保量刑不满的充分救济。任何量刑决定的做出，均不应当是终局性的。要保障受精准化量刑建议影响的诉讼主体有寻求合理救济的途径。

在确保量刑公正总体要求下，审判实践中对精准化量刑建议是否明显不当进行审查，可以从以下八个方面具体把握：

一是量刑幅度和基准的确立不当。例如，应当认定为情节特别严重，在十年以上量刑幅度内处罚的，检察机关在提量刑建议时认定为情节严重，在十年以下量刑幅度内提出量刑建议的，则属于明显不当。

二是法定量刑情节认定不当或出现新的法定量刑情节。例如，检察机关在提出量刑建议时认定被告人自首，经法院审查认为自首不能成立的，或者在审判阶段查实了被告人具有立功或退赔全部损失等情节的，原有的量刑建议就属于明显不当。

三是酌定量刑情节的认定明显不当。例如，在被害人是否具有过错的认定上，检察机关在提出量刑建议时认为被害人没有过错，而经过法庭审理后认为被害人具有明显过错，在对被告人量刑时应当酌情予以考量，此时量刑建议就属于明显不当。

四是量刑情节对量刑的调节幅度确定明显不当。例如，检察机关起诉指控的罪名量刑幅度在十年以上，仅依据被告人具有自首和赔偿被害人损失的情节，就提出建议对被告人判处有期徒刑三年缓刑三年，这一量刑建议显然就属于量刑情节对量刑的调节幅度确定明显不当的情形。

五是量刑建议的附加刑和刑罚执行方式明显不当。例如，对于罚金刑的建议明显违反法律、司法解释的规定；对于应当数罪并罚的，没有建议数罪并罚；对于不应当适用缓刑的被告人建议适用缓刑，这些都属于量刑建议明显不当的情形。

六是量刑建议与同类案件处理明显不一致。例如，对于同样具有认罪认罚情形的分案处理的共同犯罪人，在犯罪中的地位、作用和其他量刑情节均相当，可能因为案件由不同检察官办理，提出的量刑建议具有明显差别的，属于量刑建议明显不当的情形。

七是量刑建议明显偏离一般的司法认知。例如，如果因认罪认罚而对共同犯罪中主犯提出的量刑建议大大轻于没有认罪认罚但起次要辅助作用的从犯，这样的量刑建议就很可能偏离了一般的司法认知，属于明显不当的情形。

八是其他量刑建议明显不当的情形。例如，在一些特殊案件中，检察机关的精准化量刑建议虽然从形式上看是在法定量刑幅度内，但其裁量结果未能充分体现社会主义核心价值观，甚至严重背离社会公众朴素正义感的，也应认定为明显不当，依法予以调整。

三、稳妥处理与精准化量刑建议相关的上诉抗诉案件

在认罪认罚制度贯彻实施中，出现了一些与精准化量刑建议相关的上诉抗诉案件。不少二审法官在处理此类案件时，感觉有些棘手。那么，如何在确保案件质量、保障被告人诉讼权利和促进认罪认罚制度实施效果之间实现平衡和兼顾？

笔者认为，二审法院在处理此类上诉抗诉案件时，还是应当严格把握诉讼法规定的上诉抗诉案件"改发"的条件，以相关判决是否确有错误作为是否改判和发回重审的标准，同时兼顾确保认罪认罚制度准确贯彻实施，充分发挥制度功能作用的要求，区分以下情形慎重稳妥处理：

一是对于原审法院无正当理由不采纳量刑建议，检察机关据此提出抗诉的案件：(1) 经审理认为原审判决在认定事实、采信证据、适用法律等方面确有错误，或者不采纳量刑建议导致量刑畸轻畸重的，应当支持抗诉。(2) 经审理认为不采纳量刑建议并未导致量刑畸轻畸重的，应当驳回抗诉。同时，也要向原审法院指出其在认罪认罚从宽制度贯彻实施中存在的问题，促其整改或由检察机关通过检察建议等方式进行法律监督。

二是对于原审法院采纳量刑建议从宽处罚后被告人又提出上诉，检察机关据此提出抗诉的案件：(1) 经审理认为被告人的上诉并非无正当理由的，应当按照一般的上诉案件依法进行审理并裁判，对检察机关要求加重处罚的

抗诉应当驳回;(2) 经审理认为被告人的上诉确实没有正当理由,属于已对其适用认罪认罚从宽处罚后又无故反悔的,可向上诉人进行法律释明,经释明后其表示认罪服判,自愿撤回上诉的,应当裁定准许,检察机关也以相应撤回抗诉为宜;(3) 被告人属于没有正当理由上诉,经法律释明后其仍坚持不愿撤诉的,经审理认为原判适用认罪认罚从宽作出的量刑明显不当,甚至导致量刑明显失衡的,应依法支持抗诉,对案件进行改判或发回重审。

总之,当前认罪认罚从宽制度在我国还处于初创和探索阶段,不应过于追求认罪认罚的高适用率和精准化量刑建议的高采纳率,而应当加强检法沟通,共同检视存在的问题,确保制度正确贯彻实施。相信经过一段时间的探索,认罪认罚案件量刑建议一定会越来越精准和规范,量刑的实体公正和程序公正也一定会更有保障。